W0313187

Yvonnick Denoël

Yvonnick Denoël est historien et éditeur, spécialiste du renseignement. Il a publié en collaboration avec Gordon Thomas *Le livre noir de la CIA* (2007), traduit en plusieurs langues, et *1979, guerres secrètes au Moyen-Orient* (2009). Son dernier ouvrage *Histoire secrète du XXe siècle* a paru en 2010. Toutes ses œuvres sont publiées aux éditions du Nouveau Monde.

Pour contacter l'auteur
ydenoel@gmail.com

SEXUS ECONOMICUS

YVONNICK DENOËL

SEXUS ECONOMICUS

LE GRAND TABOU DES AFFAIRES

NOUVEAU MONDE ÉDITIONS

Le papier de cet ouvrage est composé de fibres naturelles, renouvelables, recyclables et fabriquées à partir de bois provenant de forêts plantées et cultivées durablement pour la fabrication du papier.

ISBN : 978-2-266-20888-8

Le pouvoir, surtout dans ses formes traditionnelles, est impensable sans référence à la sexualité. [1]

Georges Balandier

1. « Le Politique des anthropologues », dans Madeleine Grawitz, Jean Leca (dir.), *Traité de science politique*, tome 1, PUF, 1985.

Introduction

LE GRAND TABOU

« PARIS – Un haut dirigeant de TF1 a été mis en examen samedi à Paris pour "homicide involontaire" et "infraction à la législation sur les stupéfiants" après la découverte jeudi d'un cadavre à son domicile, a-t-on appris de source judiciaire. Il a été laissé libre sous contrôle judiciaire.

Président de TF1 International, une filiale spécialisée dans la production et la distribution de longs métrages, Patrick B., 55 ans, avait été interpellé jeudi matin à son domicile du 11e arrondissement de Paris en compagnie d'un autre homme. Les policiers découvraient alors le corps de Fabrice L., 40 ans, chef du bureau du cabinet du ministre de la Culture. Selon l'autopsie, l'homme aurait succombé à une overdose de drogues.

Lors de leur garde à vue dans les locaux de la 2e Division de police judiciaire (DPJ), les suspects expliquaient avoir participé à une soirée en compagnie d'autres hommes.

De la cocaïne et du GHB, drogue dite du "violeur" en raison de ses fonctions désinhibitrices, y auraient été consommés en quantité. Ce mélange aurait notamment provoqué la mort du fonctionnaire du ministère de la Culture.

Deux autres protagonistes de cette soirée spéciale ont été également interrogés et remis en liberté. »

Associated Press, 19 avril 2008.

Si vous regardez assidûment les journaux télévisés de TF1, vous avez peut-être raté cette information… qui a d'ailleurs été reprise avec parcimonie par la presse écrite [1]. D'ordinaire, ce genre d'affaires mettant en cause des personnalités haut placées ne sortent pas, ou bien elles sont instrumentalisées à des fins politiques. « Des scandales potentiels, petits ou gros, touchant la vie sexuelle des grands patrons, des hauts fonctionnaires, des hommes politiques, on en voit passer plusieurs par semaine, mais la maison est bien tenue ! » s'amuse un policier en retraite. La préfecture de police de Paris est habituée à traiter ce genre de dossiers « sensibles » avec la discrétion requise [2]. Quel serait l'intérêt de dévoiler des « turpitudes » strictement privées ? Aucun en effet, sauf que l'on n'applique pas forcément le même souci de discrétion à des faits divers impliquant monsieur ou madame tout-le-monde.

Comme tout un chacun, les grands patrons ont droit au respect de leur vie privée. La presse française écorne parfois ce principe pour les stars du showbiz, voire les politiques qui jouent un peu trop la

1. À notre connaissance, seuls *Le Parisien* et *Le Figaro* en ont fait mention.

2. Jean-Michel Décugis, Christophe Labbé et Olivia Recasens, *Place Beauvau*, Laffont, 2006.

corde « people ». Mais pour les élites économiques qui s'évertuent à donner une image de compétence et de sérieux au service exclusif de leurs actionnaires, la prudence reste de rigueur. Il faut une mort violente pour lever le silence, comme dans l'affaire Stern, ce banquier abattu par sa maîtresse lors de jeux sado-maso [1].

La presse a plus de coups à prendre dans ce genre d'histoires que de ventes à gagner : les grands groupes du CAC 40 sont aussi d'importants annonceurs publicitaires pour un secteur durement éprouvé par la crise et les nouveaux médias. Peut-on se permettre de s'en aliéner, ne serait-ce que quelques-uns ? Et puis, ces grands patrons peuvent s'offrir les meilleurs avocats de la place et mener sans souci des batailles judiciaires de plusieurs années... Pour qu'un sujet touchant à la vie intime des dirigeants ait une légitimité journalistique, il faut démontrer qu'il a des conséquences tangibles sur la vie des affaires. Or les infos glanées en la matière relèvent le plus souvent de la rumeur, par essence difficile à vérifier. Les journalistes économiques qui couvrent l'actualité des grands patrons recueillent souvent dans les entourages quelques secrets d'alcôves croustillants. Ils voient parfois les stars du CAC 40 s'afficher avec de très jeunes femmes (ou jeunes hommes) qui ne figurent dans l'organigramme d'aucune société. Mais cette tranquille ostentation ne constitue pas en soi matière à publication dans un pays comme la France, où l'on a toujours considéré l'hyperactivité

1. Voir le chapitre 8 : « Les financiers ».

sexuelle des gouvernants comme un signe de saine vitalité.

Et pourtant… l'enquête qui va suivre, laissant de côté toute position morale, et se limitant aux seuls cas dans lesquels l'interférence entre affaires et vie privée est avérée, aboutit à des découvertes qui dépassent nos interrogations initiales. Oui, le sexe est le grand tabou des affaires. Il explique la réussite ou l'échec de certains *deals*, la faveur ou la défaveur de tel dirigeant… Il obsède une proportion étonnante de cadres de haut niveau, et même jusqu'aux plus grands « gourous » de l'économie.

Prenez Warren Buffet. À 80 ans passés, le fondateur du fonds Berkshire Hathaway est décrit par la presse économique comme le vieux sage de la finance, menant une vie d'ascète, et ayant toujours su rester à l'écart des spéculations malsaines qui ont plongé le monde dans la crise en 2008-2009. Chaque année, des milliers de petits porteurs viennent religieusement consulter ses oracles lors de l'assemblée annuelle de son fonds. Un site satirique américain a pourtant réuni un florilège de ses déclarations récentes, qui détonnent dans un tel tableau. En voici quelques extraits :

> « C'est bien d'avoir beaucoup d'argent, mais vous savez, vous ne voulez pas le conserver pour toujours. Je préfère acheter des choses. Autrement, c'est un peu comme économiser le sexe jusqu'à ses vieux jours. »

À propos de la diversification des placements en Bourse :

« Si vous avez un harem de quarante femmes, vous n'arriverez jamais à en connaître une très bien. »
« Accorder le nom d'investisseurs à des institutions qui font du trading actif est comme appeler quelqu'un qui multiplie les aventures d'un soir un "grand romantique". »

À propos du plan de relance économique de l'administration Obama :

« Vous ne pouvez pas faire un enfant en un mois en mettant neuf femmes enceintes, ça ne marche pas comme ça. »
« Les produits dérivés sont comme le sexe, la question n'est pas avec qui nous avons couché, c'est avec qui ils ont couché qui est le problème [1]. »

Comme quoi le bon sens financier n'est pas incompatible avec un humour de potache. En vingt-quatre heures, le florilège intégral a fait le tour du monde des forums financiers et boursiers sur Internet. « Papy Warren » a été reçu cinq sur cinq par son jeune public…

Et pour cause, certains domaines professionnels comme la finance, mais aussi l'armement, l'aviation, le BTP, le pétrole, et quelques autres, ne sauraient fonctionner sans la prostitution de luxe. À tort ou à raison, celle-ci est considérée comme un ingrédient indispensable de la relation client, et parfois comme une arme dans la guerre économique. Les entreprises constituent une des plus grosses clientèles de certaines call-girls. Un phénomène méconnu car peu

1. « Warren Buffet on Sex », sur le site de Modey Fool.

ou pas étudié… sauf aux États-Unis, où quelques chercheurs et journalistes se sont intéressés à ce sujet « tabou ».

Le sexe et les affaires : une hypocrisie qui a la vie dure

La première étude sur l'usage clandestin du sexe par les acteurs économiques date de la fin des années 1950. Un documentaire radiophonique d'Edward Murrow fait scandale aux États-Unis. Murrow est ce journaliste incarné par David Strathairn dans le film *Good Night and Good Luck* (2005) de George Clooney. Il fut l'une des rares vedettes des médias à combattre ouvertement le maccarthysme. Son enquête, « The Business of Sex », est, à notre connaissance, la première à mettre l'accent sur les liens étroits entre les affaires « respectables » et la prostitution. On y entend par exemple un cadre supérieur décrire les activités d'une « Madam » (proxénète de haut vol) : « Cette femme travaille seulement avec les plus gros poissons. Vous savez, quand de grandes entreprises organisent une fête, elles contactent cette femme. Elle leur fait un prix forfaitaire – mettons 3 000 dollars ou 5 000 dollars selon le nombre de filles demandées – et elle leur envoie un catalogue pour que les clients choisissent les filles. Les plus grandes multinationales travaillent avec elle. » Un courtier en acier explique encore comment il l'a emporté sur six concurrents et gagné 60 000 dollars grâce à deux filles recrutées pour séduire les deux hommes clés du marché…

Hélas pour la bonne réputation des hommes d'affaires, un livre enfonce le clou en 1960, *They Sell Sex, the Call Girl and Big Business* [1]. Cette fois, il s'agit d'un travail d'enquête mené par une sociologue reconnue de la prostitution, Sara Harris, avec des témoignages anonymes, trop détaillés et précis pour être entièrement inventés. L'ouvrage connaît de nombreuses rééditions. Mais il ne sera pas traduit en français, comme si ces témoignages concernaient une réalité purement américaine. Ils ont pourtant valeur universelle, telles ces observations de « Maurice Keim », 42 ans, président de société à New York : « Eh bien, si un homme d'affaires désire trouver de la compagnie pour ses relations d'affaires en visite dans sa ville, il y a plusieurs moyens que tout le monde connaît, c'est en quelque sorte l'ABC des affaires. Vous pouvez d'abord appeler un certain numéro et demander une fille, ce qui est la façon la plus courante. Vous n'aurez jamais la fille elle-même en direct au bout du fil. Le numéro se transmet de bouche à oreille. Par exemple, je fréquente un club de gym... si vous avez un besoin urgent, il y a des types là-bas qui peuvent vous dépanner et vous filer un numéro de téléphone. Pas besoin de publicité... Les numéros changent souvent, à peu près une fois par an. Au bout du fil, ils vous demandent votre nom, votre société et un numéro pour vous rappeler. Ils ont bien sûr les moyens de vérifier qu'il n'y a pas d'entourloupe avant de vous rappeler. [...] Les filles

1. Sara Harris, *They Sell Sex. The Call Girl and Big Business*, Fawcett Books, 1960. Traduction de l'auteur.

dans ce cas ne reçoivent pas chez elles mais visitent le client à son hôtel uniquement.

» Le deuxième cas de figure, c'est la fille indépendante qui reçoit chez elle, comme une petite amie normale. Elle sait recevoir un client, le mettre à son aise, lui servir à boire et bavarder avec lui pour commencer, ce qui donne à l'affaire un parfum d'aventure. J'ai eu un client qui venait de New York pour quelques jours et un de mes concurrents lui avait arrangé le coup avec une fille comme ça. Il m'a confié avoir passé une soirée formidable et comme j'avais la semaine suivante deux autres clients à recevoir, je lui ai demandé les coordonnées de la fille. Je suis allé la rencontrer, dans un bel appartement. C'est une jolie fille, pas Marilyn Monroe mais agréable à regarder, bien éduquée. L'appartement est joliment décoré, avec une très belle bibliothèque. Je ne sais pas si c'est vrai mais elle m'a dit qu'elle allait suivre des cours à Columbia. À l'évidence, elle a un enfant. Elle ne vit pas dans cet appartement, elle y travaille de 14 heures à 23 heures ou minuit. Elle m'a annoncé ses tarifs, qui sont très élevés. Elle prend 50 dollars [de 1960] par personne pour une soirée. Elle peut recevoir deux personnes pour 75 dollars et au maximum trois pour 100 dollars. Elle a un bar bien fourni et ils peuvent rester plusieurs heures. Elle ne presse personne. Elle m'explique, “Supposons que vous emmeniez dîner trois clients. Cela va vous prendre toute la soirée et le repas dans un bon restaurant vous reviendra déjà à 60 ou 70 dollars. Ensuite si vous les emmenez au spectacle, il faut ajouter le prix des tickets, c'est-à-dire une fortune. Grâce à moi, vous avez votre soirée de libre, vous pouvez la passer en famille. Je m'occupe de divertir ces messieurs et, croyez-moi, ils vont passer un bon moment. Vous pouvez même leur dire qu'ils ont droit à une deuxième fois. La plupart des hommes pensent qu'ils peuvent le faire plusieurs fois de suite, mais la plupart en sont incapables ! [...]" »

Bien entendu, les chefs d'entreprise qui acceptent de témoigner anonymement jurent tous, la main sur le cœur, qu'ils n'ont eux-mêmes jamais « consommé » ce genre de divertissement réservé à leurs clients de passage ! Une version difficile à croire quand on connaît la personnalité et la vie des « grands patrons »...

« Je ne connais pas de dirigeants normaux »

Profil sexuel des hommes de pouvoir [1] est le titre d'une autre enquête pionnière, réalisée dans les années 1970, et basée sur des centaines d'heures d'entretiens avec quatre-vingts call-girls de Washington. On y lève l'hypocrisie selon laquelle le « big business » aurait bien recours à la prostitution, mais de façon pragmatique, juste pour rester dans la course face à la concurrence. Un moindre mal en quelque sorte. Ce n'est pas la faute des entreprises si les clients ont parfois des exigences indécentes ! Cette version occulte une réalité beaucoup plus gênante : les magnats sont souvent eux-mêmes de grands obsédés !

1. Sam Janus, Barbara Bess, Carol Saltus, *A Sexual Profile of Men in Power*, Prentice Hall, 1977.

Selon les témoignages recueillis par l'étude, une écrasante majorité des clients de ces prostituées sont des hommes de pouvoir, économique ou politique. On établit pour la première fois de façon scientifique que les « hommes de pouvoir » sont bien plus actifs sexuellement que la moyenne, et ce jusqu'à un âge avancé. Ils sont aussi plus nombreux à fréquenter des prostituées, et le font plus souvent, y consacrant des sommes beaucoup plus élevées. Un fort pourcentage de leurs demandes concerne des pratiques sexuelles hors du commun : fétichisme, voyeurisme, et particulièrement sado-masochisme.

Cette hyperactivité est avant tout une manifestation de leur narcissisme, elle leur donne un sentiment de toute-puissance justifié par leur importance extraordinaire. Le narcissisme est une dimension souvent occultée dans la littérature sur le management, sauf dans les cas de débordements les plus visibles. Pourtant, les chercheurs commencent à s'y intéresser. La psychologue Bénédicte Haubold a récemment étudié les plus grands dirigeants français à travers ce prisme [1]. Elle cite un associé du second cabinet mondial de chasseur de têtes : « De toute évidence, je ne connais pas de dirigeants normaux, c'est-à-dire de monsieur tout-le-monde. Je pense qu'ils ont tous quelque chose de spécifique, de très particulier et surtout de hors du commun. Cela peut aller de traits de personnalité extrêmement forts, tels qu'une haute créativité, une très forte empathie, ou bien même une vision, qui ne sera pas

1. Bénédicte Haubold, *Vertiges du miroir. Le narcissisme des dirigeants*, Lignes de repères, 2006.

nécessairement stratégique du reste, jusqu'à la maladie mentale comportant des troubles psychotiques. Le narcissisme est un des plus intéressants phénomènes, à cause de sa place, de sa visibilité. Le narcissisme est lié au pouvoir, au sexe, à l'argent, au plaisir, au désir [1]. »

D'autres motivations entrent en ligne de compte. Les dirigeants de haut niveau sont continuellement soumis à des tensions professionnelles qui les maintiennent sous pression. Le sexe est un moyen d'évacuer cette pression. Ils doivent aussi apparaître comme des êtres totalement rationnels, s'imposant une discipline de fer. Il n'y a pas ou peu de place dans leur monde pour l'intuition, la fantaisie ou le trivial. Ce qui revient à nier que certaines décisions de gestion, parmi les plus importantes, sont parfois prises sous le coup de la colère, de la jalousie, ou de l'orgueil. Chacun a besoin d'une évasion de son carcan quotidien, y compris les hommes de pouvoir. À la différence du commun des mortels, ces derniers ont les moyens de vivre leurs fantasmes, et pas seulement de les imaginer : il leur suffit de payer. Sans compter que les privilèges et les tentations font partie de leur vie quotidienne. Et, même si l'on ne vient pas d'un milieu social privilégié, on s'habitue vite à vivre au sommet de l'échelle !

Les hommes arrivés au pouvoir en viennent à considérer l'accès facile à des femmes qui le sont tout autant comme un avantage de leur fonction. Leur vie sociale et professionnelle est scandée par des interventions en public, des réceptions officielles

1. *Ibid.*

(déjeuners de travail, cocktails, etc.), pendant lesquelles il est valorisant d'être vu en compagnie de jolies femmes : cela flatte leur ego. Il peut s'agir de collaboratrices, de prestataires diverses ou même de call-girls. Toute occasion de paraître, de briller, de convaincre un auditoire. Selon le mot attribué à Henry Kissinger, « le pouvoir est le meilleur des aphrodisiaques ». Mais si, de surcroît, il est exercé par une personnalité charismatique, presque rien ne lui est interdit. La soif de pouvoir et la soif de sexe finissent par se confondre. Les lobbyistes et intermédiaires de toutes sortes recherchant leur contact savent que le sexe est une des meilleures façons de créer et d'entretenir de bonnes relations d'affaires.

Le monde des grandes entreprises et de la haute administration ressemble à la politique : il est rempli d'intrigues, de complots, de renversements d'alliances, d'affrontements sans merci entre clans. Autant d'occasions de provoquer de fortes frustrations que le sexe permet de calmer provisoirement. Le recours bien plus fréquent que la moyenne aux pratiques sado-maso est typique de personnalités dominées par la quête du pouvoir. Pour conserver leur équilibre intérieur, elles ont besoin de subir à leur tour des actes violents ou humiliants qui leur permettent d'atteindre l'orgasme et le repos.

Une majorité d'hommes de pouvoir sont mus par un sentiment d'invincibilité qui les autorise à se mettre dans des situations scabreuses sans crainte d'être découverts. La loi des simples mortels ne s'applique pas à eux. Et dans une majorité de cas, cette confiance se révèle justifiée.

Bien sûr, le sexe en entreprise ne se limite pas à la prostitution. On l'a vu, les hommes de pouvoir sont aussi sollicités, de façon plus ou moins intéressée, par de jeunes et ambitieuses collaboratrices. Du moins, il y a peu de sociétés dans lesquelles on ne l'affirme pas en chuchotant.

Dans les grandes entreprises, la courtisane est un mythe omniprésent, sans doute fondé sur une part de réalité, mais aussi de fantasme. Les magazines en raffolent, témoin ce récent dossier sur « l'irrésistible ascension des courtisanes[1] », qui sévissent en politique mais n'épargnent pas le secteur privé : « Quand une nouvelle équipe se met en place, explique le DRH d'un groupe de communication, ce qui est de plus en plus fréquent avec les mouvements de fusion-acquisition, on cherche à mettre des gens à soi. Or, quoi de plus sûr qu'une ancienne maîtresse ? » On pourrait objecter, quoi de plus dangereux aussi ! En cas de contre-performance, « l'ex » peut devenir difficile à recaser, encore plus à contrôler si elle a le sentiment que son mentor l'a laissée tomber pour une autre... Le mythe de la courtisane est parfois une simple variante de la dénonciation du « jeunisme » qui frappe notamment les industries du luxe et de la communication, au détriment des hommes et surtout des femmes d'expérience : « À 45, 50 ans, on te place une minette de dix ans de moins au-dessus, pour que tu plies l'échine ou que tu te casses », constatent deux

1. *Marianne*, 7 novembre 2009.

journalistes économiques d'un grand quotidien du matin. Mais le soupçon de la promotion canapé, rarement fondé sur des faits vérifiables, devient aussi un instrument de contestation interne « en-dessous de la ceinture » : « Ces filles-là sont assoiffées de fric et de pouvoir, s'émeut la déléguée syndicale d'une jeune société déjà en restructuration. Les patrons apprécient ces créatures qui pactisent avec eux. Elles partagent leur vision de l'entreprise, mais aussi des rapports hommes-femmes. Elles ne les mettent pas en question [1]. »

Il serait naïf de nier la réalité du phénomène, bien réel dans nombre de cas. Mais du soupçon d'échange de faveurs professionnelles et sexuelles à la calomnie, il n'y a qu'un pas qui est vite franchi.

Il n'existe pas d'étude sociologique ou journalistique de grande ampleur sur la « promotion canapé », car les principaux concernés n'ont aucun intérêt à parler. En revanche, il est un phénomène largement étudié par les chercheurs, tout à fait mesurable et quantifiable, qui peut expliquer de nombreux cas trop vite stigmatisés comme tels. C'est ce que le sociologue Jean-François Amadieu a appelé *Le Poids des apparences* [2]. Même si bien des recruteurs se feraient couper en rondelles plutôt que de l'avouer, l'aspect physique des candidat(e)s joue un rôle déterminant dans les recrutements et les promotions. Toutes les

1. *Marianne*, *op. cit.*
2. Jean-François Amadieu, *Le Poids des apparences. Beauté, amour et gloire*, Odile Jacob, 2002.

études sur la question [1] vont dans le même sens : il y a bien une prime à la beauté qui, à compétences égales, explique des embauches à de meilleurs postes, de meilleures rémunérations et un avancement plus rapide. C'est sans doute injuste, mais c'est ainsi. Les individus au physique agréable, s'ils ne sont pas incompétents, ont un déroulement de carrière plus rapide et mieux orienté. Cinq ans après leur entrée dans la vie active, les avocats au physique favorisé gagnent déjà mieux leur vie que les autres, et l'écart ne fait ensuite que se creuser...

On ne progresse pas dans l'entreprise uniquement sur la foi de son apparence physique. Le diplôme et les aptitudes professionnelles démontrées jouent un rôle considérable. Mais tout indique que le physique n'est pas neutre non plus, et permet de faire la différence.

Il y aurait là matière à d'utiles débats politiques sur les façons de mettre un terme à ces discriminations tenaces. D'autant plus que les « primes à la beauté » s'accompagnent aussi de défaveurs envers les personnes au physique défavorisé.

Mais notre propos ici est de souligner que l'on désigne sans doute trop souvent comme des « promotions canapé » des coups de pouce plus ou moins conscients à la carrière de jeunes femmes (et de

1. Par exemple, I. Frieze *et alii* : « Attractiveness and income for men and women in management », *Journal for Applied Social Psychology*, 21 (3), juillet 1991 ; ou encore P. Morrow *et alii* : « The effects of physical attractiveness and othet demographic characteristics on promotion decisions », *Journal of Management*, 16, 1990. On se reportera à l'ouvrage de Jean-François Amadieu pour une bibliographie plus complète.

jeunes hommes) agréables à placer dans son entourage. Bien souvent, des attractions érotiques se développeront entre hommes de pouvoir et jeunes femmes promues. Mais le passage à l'acte n'est pas forcément nécessaire pour qu'il y ait favoritisme. L'explication première est tout bêtement celle de l'attraction physique. D'éventuelles liaisons sexuelles ne viendront que renforcer ce lien entre un mentor et sa protégée.

Entre recherches universitaires sporadiques et dossiers de magazines, la dimension sexuelle du pouvoir économique, aux effets parfois imprévisibles, demeure un sujet « indigne ». Notre enquête n'en a été que plus ardue. Nombre de témoins bien placés qui racontent volontiers de croustillantes anecdotes lors de « dîners en ville » se referment comme des huîtres face à l'enquêteur. La plupart des témoins cités dans ce livre ont accepté de répondre à nos questions sous condition d'anonymat. Cependant, les informations recueillies et les affaires évoquées ici composent une cartographie inédite de la vie des affaires, que l'on ne peut plus feindre d'ignorer.

L'exploration commence à Paris, porte de Versailles…

CHAPITRE 1

LE CONGRÈS S'AMUSE

Novembre 2009. Le salon Milipol dédié aux professionnels de la sécurité et de l'armement fête ses vingt-cinq ans à la porte de Versailles de Paris. Le grand public n'y a pas accès. On entre sur invitation uniquement. Il est vrai que l'ambiance est un peu surprenante pour les non-initiés : entre tenues de combat, grenades et armes de poing, drones et attachés-cases. Un univers des plus virils…

Pour les organisateurs, les salons représentent un enjeu financier considérable, avec des budgets parfois pharaoniques. Dans la compétition économique internationale entre grandes villes d'accueil, le choix du lieu d'organisation est toujours âprement discuté… Paris peut donc s'enorgueillir d'héberger chaque année un salon aussi select, qui la place au cœur du marché international des armes.

26 000 visiteurs de près de 140 pays sont accueillis ici par 900 exposants du monde entier pour prendre connaissance des dernières innovations technologiques permettant d'assurer la « sécurité des biens et des personnes », ou encore la « gestion démocratique des foules » (comprenez la maîtrise des manifestations sans effusion de sang). Cette année, les drones et robots roulants ont le vent en poupe : Thales présente par exemple le Mu-trooper, un petit engin de reconnaissance au sol, et le Spy Arrow, un mini-avion espion sans pilote. L'Américain Remington dévoile son tout nouveau fusil d'assaut ACR, modulable sur le terrain en versions courte et longue, adaptable pour droitiers et gauchers, etc. Le salon offre aussi à de petites sociétés l'occasion de se faire remarquer avec des innovations dans l'air du temps, comme le TruScreen, petit boîtier à l'usage des agents de sécurité des aéroports qui permet de scanner sans l'ouvrir une bouteille d'eau pour vérifier la nature du liquide, ou encore le PILARw, capteur sonore à l'usage des gardes du corps qui détecte les coups de feu même dans les environnements les plus bruyants. Bref, c'est l'événement annuel à ne pas rater pour les industriels de l'armement, les militaires et officiels de la Défense, mais aussi pour les agences de renseignement et les sociétés militaires privées. Ce 20 novembre, une rumeur court les allées : plusieurs armes auraient été dérobées la veille sur un stand ! Des sources proches de l'enquête confirmeront le vol, révélé par le site d'information www.bakchich.info : le larcin serait de

sept pistolets automatiques avec leurs chargeurs vides de munitions, six de calibre 9 mm et un de calibre 22 mm. Pour un salon de professionnels de la sécurité, il faut bien reconnaître que cela ne fait pas très sérieux…

Dans les allées et sur les stands, on remarque une écrasante majorité d'hommes, même si les plus grandes sociétés ont pris soin d'amener quelques figures féminines, parité oblige. Un petit stand britannique attire notre attention : une accorte jeune femme y prend la pose devant quelques photographes d'occasion avec entre les mains un fusil-mitrailleur dont elle n'a, à l'évidence, qu'une connaissance sommaire. Ravi de l'attention suscitée, le responsable répond volontiers à nos premières questions. Oui, même si cela se fait « de moins en moins », il trouve « sympathique » d'animer son stand avec une hôtesse dont il loue les services à la journée. « Cela plaît particulièrement aux clients moyen-orientaux et asiatiques », précise-t-il. Sur son comptoir, on remarque une petite pile de cartes illustrées, proposant d'assister gratuitement à une soirée spéciale « métiers de la sécurité »… au *Hustler Club*, établissement de strip-tease bien connu près des Champs-Élysées ! Les explications deviennent plus embarrassées : « Ce genre de soirées est une tradition dans la profession. Nous y emmenons nos meilleurs clients et payons leurs consommations. » Quand on lui fait remarquer que l'entrée est gratuite sur présentation du carton, il remarque : « Les clients boivent beaucoup… ce doit être très rentable pour le club. » À 200 euros la bouteille, c'est probablement le cas. Mais que font ces professionnels après un si chaud

Carton d'invitation du Hustler Club

spectacle bien arrosé ? « Chacun rentre se coucher ! » réplique avec sérieux notre interlocuteur qui exige soudain que ni son nom, ni celui de sa société ne soient cités. Un bon connaisseur du secteur nous confirmera que les soirées Milipol dans tel ou tel établissement sont suivies par des « troisièmes mi-temps gratinées » où certains clients ont pris l'habitude de se voir offrir plus qu'un spectacle de charme : ils entendent bien ne pas finir seuls la nuit !

Exception ou tradition ? Tous les salons professionnels ne fonctionnent pas sur le même modèle, mais pour certains, la pratique est déjà ancienne. Dans une enquête qui fit scandale en 1960 [1], la sociologue américaine Sara Harris rapportait déjà ce

1. Voir l'introduction.

témoignage d'un homme d'affaires américain sur des « filles qui travaillent comme mannequins et font de la représentation dans des salons. On pourrait croire qu'à 25 dollars [1960] la journée, elles gagnent bien leur vie, mais le soir, certaines enchaînent en visitant des clients choisis parmi les exposants, dans leur chambre d'hôtel, pour 50 dollars de l'heure, parfois pendant six ou sept heures ! [...] Pour les salons, un fournisseur réserve une suite, disons trois ou quatre pièces, et il fait venir quatre ou cinq filles et les clients se présentent. Ils ont probablement deux ou trois chambres communicantes et un salon où l'on sert à boire. Un client peut prendre un verre puis s'éclipser avec une fille. Un gars que je connais, qui fabrique des boîtes à chaussures, réserve chaque année pour le Salon de la chaussure une grande suite dans un hôtel et organise ce genre de festivités. Il y invite les acheteurs de chaussures des différentes chaînes de magasins. Ce qu'il veut, c'est qu'ils indiquent aux fabricants de chaussures qu'ils veulent recevoir les produits emballés dans *ses* boîtes. À travers les acheteurs de chaînes, il influence les fabricants. Il s'en tient à sa formule : de la nourriture, des filles qui déambulent en tenue légère, et si vous voulez, vous pouvez en emmener une dans une chambre. Quand elles ne sont pas occupées, elles s'asseyent au salon et discutent. Elles sont payées une somme fixe pour la nuit [1] ». L'Amérique puritaine découvre alors une vérité gardée secrète par les hommes d'affaires : procurer certains plaisirs au

1. Sara Harris, *op. cit.*

client est bon pour le business. Et pour cela, pas de meilleure occasion que le Salon professionnel.

Bien sûr, il est tentant pour ceux qui utilisent ces auxiliaires commerciales un peu spéciales de les tester eux-mêmes, voire d'y prendre goût. Au risque d'y perdre le sens des relations humaines « normales ». L'ancienne actrice porno Brigitte Lahaie, reconvertie comme animatrice d'émissions sur la sexualité pour la radio, raconte dans ses Mémoires sa courte expérience d'hôtesse dans les années 1970 : « Entre deux séances de photos et une journée de tournage dans un petit film, j'avais encore suffisamment de temps pour chercher de nouvelles activités de "dépannage". Pendant quelques soirées, je suis devenue hôtesse. Une agence spécialisée recrutait des jeunes femmes ayant "une bonne présentation" pour accueillir les visiteurs sur des stands lors des salons et autres foires-expositions. [...] Hôtesse-mannequin, à première vue, cela pouvait paraître plus innocent que la profession de comédienne érotique pour films "hard". On ne peut pas commettre une plus grave erreur. C'est sans doute au cours de ces journées qu'il m'a été donné de rencontrer le plus grand nombre d'obsédés sexuels des deux sexes. Le Salon du prêt-à-porter était à l'époque – mais je serais bien étonnée qu'il soit devenu un temple de la vertu – le plus grand et le mieux achalandé des baisodromes parisiens. Des centaines de filles, jolies, remplies d'illusions et de vitalité, s'abattaient sur cette institution où l'on embauchait à tour de bras – et débauchait plus encore. Des "miss" de province, des jeunes mariées qui voulaient arrondir leurs fins de mois, des call-girls professionnelles qui désiraient souffler deux jours, des comédiennes au chômage, des top models indépendants, des débutantes, des salopes, des nymphos, des mythos. [...]

» Jamais de ma vie je n'eus à remettre à leur place autant de mains égarées sur mes fesses. Jamais je n'eus à décliner autant d'invitations à aller baiser dans la remise, les toilettes ou l'arrière-stand. [...] Je ne pus supporter longtemps ces Don Juan de foires qui se livrent au chantage le plus minable, sur des filles qui ne comprendront jamais qu'il y a plusieurs façons de se vendre, et qu'elles choisissaient pour leurs débuts la pire, celle qui ne laisse aucun espoir [1]. » Certes, on est ici dans du « harcèlement sexuel » pur et simple, mais l'expérience de l'auteure montre que les exposants qui ont tenté leur chance considéraient alors toutes les hôtesses comme des prostituées en puissance. Un climat général qui a quelque peu diminué, à en croire de nombreuses dénégations. Aujourd'hui, les agences d'hôtesses affirment, véhémentes, que leurs collaboratrices sont des étudiantes sérieuses, qui se contentent du travail pour lequel elles sont recrutées, et qu'elles sont incitées à signaler tout comportement inapproprié, afin qu'il y soit mis bon ordre. Elles ont désormais la loi pour elles, en particulier celle sur le harcèlement sexuel, votée en France le 2 novembre 1992.

Bien sûr, une main baladeuse au Salon du prêt-à-porter ou une gâterie au Salon de la chaussure n'ont pas grand-chose à voir avec les soirées de luxe de l'armement ou d'autres secteurs dans lesquels les

1. Brigitte Lahaie, *Moi, la scandaleuse*, Filipacchi, 1987.

contrats se chiffrent en dizaines ou centaines de millions, voire en milliards. Mais la démarche est la même : satisfaire le client-roi à l'occasion d'une petite escapade professionnelle.

Sans doute en raison d'une moindre permissivité des mœurs et d'une sanction croissante des « dérapages » entre les sexes, mais aussi dans un souci de discrétion, beaucoup de pratiques clandestines ont migré vers des contrées moins répressives, pays d'accueil de grand-messes professionnelles. C'est ainsi que des villes sans âme comme Las Vegas (dont il sera question plus loin) ont connu un essor inattendu, à l'égard de leur culture commerciale, accédant au statut envié de leaders dans la compétition mondiale pour l'accueil de grands salons. Pour les mêmes raisons, certains secteurs sensibles préfèrent organiser, loin des regards, des séminaires de travail au programme vague. À l'instar des marchands d'armes, les géants de la distribution d'eau et du BTP raffolent de ces festivités exotiques…

Les plaisirs de l'eau

Responsable de communication d'un grand groupe de distribution d'eau (entre autres !) de la fin des années 1980 au milieu des années 1990, « Daniel » accepte de témoigner des sacrifices qu'imposait son poste : « Un an après mon embauche, mon DG m'appelle. On reçoit le maire d'une grande ville, qui a envie de passer "une bonne soirée". Ça faisait partie des attributions de mon prédécesseur. J'étais totalement ignorant de ces questions, j'ai dû demander à mon adjoint ce qu'il fallait faire. "Dans ces cas-là, me dit-il, on appelait madame X pour arranger l'affaire en précisant le genre de fille voulu. On payait en cash." Ce qu'on a fait. Après ça, j'ai compris que je devais me créer un réseau. Très vite, tout le monde dans la boîte a su que j'étais l'homme ressource pour ces questions. Quand un commercial recevait un élu, il préparait à l'avance sa visite avec moi.

» Au début des années 1990, j'ai organisé un "voyage d'étude" dans une capitale africaine pour des maires, adjoints au maire et cadres de mairie. Les premières soirées étaient "normales", en présence du DG et de son staff. Puis il est reparti sur Paris et m'a fait comprendre qu'en son absence j'avais "carte blanche" pour que le "congrès s'amuse". Il faut dire que les gars n'attendaient que ça et faisaient des plaisanteries de plus en plus lourdes sur le thème "quand est-ce qu'on passe à l'action ?". Panique ! J'ai loué en catastrophe la boîte de nuit du *Sheraton* local. Mon adjoint est parti à la recherche de filles, via des intermédiaires plus ou moins louches... Je ne voulais pas en savoir plus. La soirée commence : rien ! Je me suis mis à transpirer, d'autant que les gars ont commencé à boire. Heureusement, il s'est pointé vers 21 heures... avec deux minibus. Trente filles qu'on a lâchées dans la boîte. C'était de la folie ! Pour être juste je dois préciser que quelques-uns se sont éclipsés à ce moment-là. Mais les autres... il y en a qui ont carrément sauté des filles devant tout le monde, sur un tabouret de bar, sans monter dans leur chambre. Évidemment, après ça on n'a plus tout à fait la même relation avec le client. Ni la même vision du clivage gauche / droite ! »

S'intéresser au marché de l'eau, c'est ouvrir les poubelles de la République, tant les cas de corruption d'élus et de fonctionnaires se sont multipliés dès la fondation de la Générale des Eaux, il y a plus de cent cinquante ans, puis de la Lyonnaise. Développant de bonnes relations avec les hauts fonctionnaires, les élus et les politiques de tous bords, les majors de l'eau se sont diversifiées sur toutes les activités relevant des mairies : gestion des déchets, transports publics, énergie, auxquels est venu s'ajouter le BTP, lorsque Bouygues est entré sur le marché des deux groupes historiques en rachetant la société indépendante Saur, pour en faire le troisième grand du secteur.

Entre la fin des années 1970 et le début des années 1990, l'oligopole des trois groupes privés a réussi à mettre la main, en toute légalité, sur plus de 50 % de la distribution d'eau en France, au détriment des régies municipales des grandes villes, souvent moins coûteuses pour le contribuable et, bien sûr, sans mise en concurrence. Avec pour effet une spirale inflationniste des tarifs facturés au consommateur. La pratique des droits d'entrée a joué un rôle capital dans cette mutation : le groupe prétendant à la privatisation verse en une seule fois une forte somme (parfois plusieurs dizaines de millions de francs) à la commune en contrepartie de l'accès à son réseau, pour lequel elle a consenti de lourds investissements. Évidemment, l'entreprise va ensuite se rembourser sur les factures d'eau des consommateurs, pendant vingt-cinq ans minimum, ce qui signifie que ce droit d'entrée s'assimile plus à un prêt aux communes... remboursé par les administrés ! Cette pratique était considérée comme légale jusqu'au début des années 1990. Ce qui ne l'a jamais été, en revanche, ce sont les pots-de-vin versés en parallèle à certains maires, sous forme de travaux dans leurs propriétés, de recrutement fictif de collaborateurs ou de militants, voire comme à Grenoble sous Alain Carignon le rachat d'une entreprise éditrice de journaux à la gloire du maire alors qu'elle est au bord de la faillite. Il y a donc parfois un intérêt électoral dans l'opération, en plus d'un intérêt gestionnaire de court terme pour l'élu : il est tentant d'accepter l'important droit d'entrée offert par le secteur privé pour financer de nouveaux équipements (piscine, palais des congrès) qui seraient comme par hasard inaugurés à la veille des prochaines élections municipales. Le maire peut ainsi faire la preuve de son dynamisme sans avoir à augmenter les impôts... du moins en apparence.

Autre pratique contestable de cette « époque formidable », celle des « provisions pour travaux » imperturbablement facturées au client, alors que celles des années précédentes n'ont pas été utilisées entièrement. Les groupes se constituaient ainsi, très légalement, une belle trésorerie invisible et non imposable ! Bref, les concessions des moyennes et grandes villes s'apparentaient à de véritables jackpots qui valaient bien des efforts.

Offrir de beaux voyages aux élus que l'on courtise fait partie du travail ordinaire des commerciaux et des chargés de communication des géants de l'Eau.

Eux seuls connaissent l'étendue des petits soins dispensés pendant ces voyages. Dans son enquête sur *L'Empire de l'eau* [1], Yvan Stefanovitch cite en exemple des « pratiques commerciales courantes » préliminaires à la signature d'un contrat, le cas d'André Fougerousse, vice-président de la Communauté urbaine de Strasbourg (CUS), chargé de l'écologie urbaine et de l'eau : « Au début de cette année-là [1991], la CUS se pose la question de savoir si elle va laisser son service de l'eau et d'assainissement en régie municipale. Si ce docteur ès sciences nie s'être laissé corrompre, il reconnaît avoir été courtisé par le triumvirat de l'eau. Sans en informer Catherine Trautmann, présidente socialiste de la CUS, le maire PS d'Ostwald (Bas-Rhin) va multiplier en quelques mois les voyages d'agrément et de détente aux quatre coins du monde en compagnie de plusieurs autres élus. En janvier 1989, une filiale de la Lyonnaise lui sort le grand jeu. Il séjourne au Canada, puis à Las Vegas, survole en hélicoptère le Grand Canyon du Colorado, visite Hollywood et termine par un petit voyage d'agrément à New York. En avril de la même année, ce globe-trotter découvre l'île de la Réunion et l'île Maurice grâce, cette fois, à une autre filiale de la compagnie. En août suivant, il remet le couvert en compagnie de sa femme et part se balader à Singapour, en Indonésie et à Hong Kong grâce encore à la même filiale de la Lyonnaise. »

Sans doute ébloui par ses voyages d'affaires, ce grand distrait en oublie de payer le treizième mois des

1. Yvan Stefanovitch, *L'Empire de l'eau. Suez, Bouygues et Vivendi. Argent, politique et goût du secret*, Ramsay, 2005.

employés municipaux (en tout 500 000 francs que l'on retrouve égarés sur son compte personnel). Il est dénoncé par son épouse à la police et Catherine Trautmann l'oblige à démissionner de tous ses mandats en mai 1991, sans qu'il soit poursuivi par la justice [1]. Pour un scandale comme celui-ci, combien sont-ils, plus discrets ou plus raisonnables, à en avoir « profité » en toute tranquillité ?

Selon Daniel, à l'époque les instructions étaient très claires : « Tous les coups sont permis. Les mairies font des appels d'offres. Il n'y a que trois ou quatre groupes capables de concourir. Leurs qualités sont très comparables... Tout cela donne lieu à un lobbying effréné. Il y a des ententes entre distributeurs qui s'accordent sur un partage des grandes villes. Il est entendu que telle grande ville revient à tel distributeur et que les concurrents feront des réponses "à côté de la plaque". On n'hésite pas à envoyer sur le terrain des commerciaux ou moi-même pour négocier un marché promis d'avance à la concurrence... Quand on veut embêter le concurrent, on fait de la surenchère, juste pour l'obliger à payer plus cher ! Des pratiques très "limites" permettent de renouveler sans appel d'offres un "contrat en cours" : dans le cas d'un contrat de vingt ans, on peut signer pour vingt ans de plus la dix-neuvième année ! Dans un tel contexte, les désirs des clients sont des ordres ! »

Les négociations s'étalant sur plusieurs années, les élus finissent par développer un rapport amical avec

1. Voir Gilles Gaetner, *Les Épinglés de la République*, Lattès, 1995.

« leurs » commerciaux qui, de dîners en matchs de foot, apprennent à bien les connaître et se chargent de réaliser leurs rêves secrets. Les séminaires à l'étranger sont bien sûr l'occasion rêvée pour faire d'une pierre plusieurs « coups ».

« Toujours au début des années 1990, se souvient Daniel, je dois m'occuper d'un congrès organisé en Europe de l'Est, à Budapest. Il y avait beaucoup d'élus de petites et moyennes villes de province. Un adjoint au maire de 72 ans débarque de l'avion, me serre la main et dit avec un clin d'œil : "Il paraît qu'on va bien s'amuser !" Celui-là était terrible : il lui fallait une gâterie au réveil, une autre à l'heure de la sieste, en plus de ce qui était normalement prévu pour la soirée !

» Il fallait trouver un "lieu distingué". Cette fois-ci, je m'y suis pris à l'avance. C'était un manoir très protégé, avec une grille, des gardiens et des chiens. Nous sommes reçus par une maîtresse de maison huppée, comme s'il s'agissait d'une soirée privée tout ce qu'il y a de plus normal. Sauf que les salons sont peuplés des plus belles filles de la planète ! Mes "clients" se répandent dans les salons… et assez vite montent avec la fille de leur choix. Certains incitent même "leur" commercial à monter avec eux pour en profiter ! Ils m'interrogeaient du regard pour savoir s'ils avaient le droit, j'étais "l'œil du DG" ! »

Selon notre témoin, ce genre de voyages d'étude était pratiqué par les trois grands groupes (Générale des Eaux, Lyonnaise des Eaux et Bouygues), mais aurait aujourd'hui beaucoup moins cours : « Cette époque, c'était un peu le Far West, nous rappelle

Daniel. La loi Sapin [1993] a quand même moralisé tout ça, les rapports avec les clients ont changé. Je ne dis pas que la pratique n'existe plus, mais... Disons que c'était de la "petite corruption", mais certainement pas décisive. On ne tient pas des types de ce calibre par la queue ! »

Une « petite corruption » qui pouvait s'avérer contagieuse pour les cadres de ces grands groupes. Yvan Stefanovitch raconte ainsi certaines découvertes faites par Jean-Marie Messier à son arrivée à la tête de la Générale des Eaux en 1996 : « Un rapide examen des comptes permet à "J2M" de découvrir la manie de l'élite de l'entreprise : gaspiller les royalties de l'eau. Ses "colonels" arrivent au bureau conduits par leur chauffeur au volant de berlines de fonction, uniquement des 605 ou des Safrane. Rien à redire. Mais ce n'est que la partie visible de l'iceberg. Certaines berlines de la compagnie n'ont jamais roulé sur l'asphalte de la rue d'Anjou. Ce sont les épouses, compagnes, amies ou maîtresses de ces messieurs qui sont au volant d'Austin ou de Jeep [1]. » Des pratiques qui posent une question presque philosophique : peut-on rester intègre quand on a pour mission de corrompre les autres ?

Plusieurs scandales, comme celui de la mairie de Grenoble (son maire Alain Carignon est incarcéré en 1994), ont sonné la fin de l'âge d'or pour les majors de l'eau. Le cartel desservait 31 % des Français en 1954, 60 % en 1980 et 75 % en 1990. Cette ascension est désormais stoppée et les marges plus que confortables des opérateurs diminuent sous la

1. Yvan Stefanovitch, *op. cit.*

pression conjuguée des médias et des associations de consommateurs, mais aussi grâce à la renégociation imposée par certaines mairies conseillées par des experts, parmi lesquels des cadres retraités qui décryptent pour les municipalités les contrats de leurs anciens employeurs ! Ils sont bien placés pour en connaître toutes les chausse-trappes et peut-être apaiser ainsi leur conscience... Enfin, les lois Sapin (1993) et Barnier (1995) ont mis un terme à la pratique des droits d'entrée. Dès lors, selon notre source, il est logique que les « voyages d'étude » soient devenus moins courants. Dorénavant les majors de l'Eau sont sur la défensive. Occupées à se diversifier dans l'énergie ou la propreté, elles ne cessent pas pour autant de cultiver de bonnes relations avec les élus, dont continuent de dépendre leurs marchés. Mais on est désormais prié de rester discret : fini les débordements collectifs. On laisse ça à des milieux vulgaires, du genre de ceux qui n'hésitent pas à se réunir chaque année à Las Vegas, par exemple...

« Ce qui se passe à Vegas reste à Vegas »

Chaque année, au mois de janvier, le gotha de l'électronique grand public se déplace en masse pour assister au Consumer Electronics Show (CES), qui était suivi jusqu'à une époque récente par le COMDEX, grand salon annuel de l'informatique où les grands du secteur venaient dévoiler leurs nouveaux joujoux high-tech. Contrairement à bien des salons qui tournent de ville en ville et de pays en pays, le CES et le COMDEX ont toujours fait preuve d'une fidélité totale à Las Vegas, ville connue pour son immense capacité hôtelière et pour ses casinos. Se pourrait-il que les organisateurs soient habités par une secrète addiction aux jeux de hasard ?

Un voyagiste spécialisé dans le tourisme d'affaires s'amuse de notre naïveté : « Le grand secret de Las Vegas, c'est que, en semaine, le jeu n'est pas la première activité de la ville, seulement la deuxième ; les joueurs viennent surtout le week-end, or il faut bien remplir les hôtels les autres jours, d'où le tourisme d'affaires. La prostitution, ça marche sept jours sur sept… à condition d'avoir un bon alibi pour se rendre à Vegas en solo ! Mais ce n'est un secret que pour ceux qui n'y ont jamais mis les pieds… et pour les épouses des cadres, qui plaignent leurs maris de devoir y effectuer un pèlerinage annuel dont ils reviennent crevés, les pauvres ! » Les différents salons professionnels qui se succèdent tout au long de l'année à Vegas attirent entre 5 et 6 millions de visiteurs professionnels, dont 90 % des hommes seuls, sans leur épouse ou compagne légitime (« chérie, je suis sûr que tu t'ennuierais là-bas, il n'y a rien à faire à part jouer, c'est au milieu du désert »). D'après les estimations du magazine *Time*, ils dépensent en moyenne un peu plus de 1 000 dollars pendant leur court séjour [1]. Selon une étude réalisée pour le Département d'État, les recettes annuelles de l'industrie du sexe pour la seule ville de Las Vegas monteraient

1. « The Strip is Back », *Time*, 26 juillet 2004.

jusqu'à 5 ou 6 milliards de dollars [1] ! L'instance en charge du tourisme d'affaires à Vegas (The Las Vegas Convention and Visitors Authority) faisait encore récemment sur son site web, www.visitlasvegas.com. la promotion des agréables à-côtés des congrès. Son grand slogan, inspiré par celui des Alcooliques anonymes : « Ce qui se passe à Vegas reste à Vegas. » Une publicité radiophonique enfonce le clou. Il s'agit d'un dialogue entre une femme et son compagnon, à qui elle demande ce qu'il a fait pendant son séjour :

> « Euh… on a mangé ! »
> Et comme elle insiste :
> « Chérie, c'était un week-end entre hommes. On a parlé boulot, c'est tout. »
> La publicité s'achève sur ce commentaire en voix off :
> « La qualité de notre gastronomie pourrait être votre alibi. »

Au comble du serviable, le site proposait en 2007 de paramétrer un « kit d'alibi », permettant notamment de réserver son séjour sous un faux nom. En se promenant dans Las Vegas, on a du mal à croire que la prostitution y est illégale : les panneaux publicitaires, plus que suggestifs, tendent à prouver le contraire (« Hot Babes… direct to your Room ! »). La même année, l'annuaire des pages jaunes de la capitale du jeu comptait pas moins de 172 pages

1. Melissa Farley, *Prostitution and Trafficking in Nevada. Making the Connections*, Prostitution Research and Education, San Francisco, 2007.

d'annonces pour des services d'« escortes » ou de « massages », ce qui représente déjà une dépense publicitaire de 11 millions de dollars. Les bordels légaux, autorisés dans certains comtés du Nevada, sont cantonnés à la périphérie de Las Vegas. Ils représentent tout au plus 10 % de l'industrie du sexe de l'État. 90 % des services sont illégaux : call-girls se déplaçant dans les hôtels et casinos, « danses contact privées » dans les clubs de strip-tease, salons de massages, etc. Ils ne sont pas poursuivis pour autant. La police déclare se concentrer sur la prostitution des mineurs et les trafics d'étrangers en situation irrégulière. L'exemple vient d'en haut : le maire de Las Vegas, Oscar Goodman, déclare imprudemment dans une entrevue avec un journaliste du *New York Times* que la ville pourrait réaliser des profits « magnifiques » si on y autorisait la construction d'une série de bordels de luxe [1]. Avocat d'affaires avant d'être élu maire, Goodman a longtemps entretenu des liens étroits avec la Mafia. Il a d'ailleurs accepté, pour sa campagne, une contribution de 40 000 dollars d'un patron de club lié à la famille mafieuse Bonanno. Après la parution de l'article très critique du journaliste Bob Herbert dans le *New York Times*, Goodman a tout simplement menacé ce dernier de « prendre une batte de base-ball et de lui défoncer la tête s'il remet les pieds ici ». D'une manière générale, les politiciens, shérifs, procureurs et juges du Nevada sont nombreux à se laisser corrompre par un sac rempli de billets, en échange de

1. « City as Predator », *New York Times*, 4 septembre 2007.

leur mansuétude sur un procès en cours ou une licence d'ouverture de club. Ce qui ne semble pas troubler leurs électeurs, qui savent d'où la ville tire ses recettes.

L'industrie du jeu et celle du sexe ne sont pas déconnectées mais s'épaulent mutuellement. 80 % des plus gros joueurs dans les casinos de Vegas sont des touristes et hommes d'affaires asiatiques. S'ils sont seuls à la table de jeu, la direction leur accorde, en plus des boissons gratuites, une charmante compagnie qui a pour instruction de les faire dépenser le plus possible avant de monter leur soulager les nerfs dans leur suite, elle aussi offerte par la maison.

L'industrie du sexe fait pratiquement vivre toute la ville. Les chauffeurs de taxi représentent ainsi un pouvoir occulte considérable à Las Vegas. D'après certains policiers, cette corporation serait d'ailleurs contrôlée par des mafieux russes. Quel intérêt pour eux ? Selon Melissa Farley, qui a interviewé nombre de conducteurs, environ un client sur quatre qui monte dans un taxi demande au chauffeur de lui trouver « de l'action », ou « des filles ». Qu'ils conduisent leur client dans un bordel ou un club de strip-tease, les chauffeurs touchent une commission qui peut varier entre 50 et 200 dollars. On estime le total des bakchichs perçus par les taxis à 50 millions de dollars annuels ! Les clubs qui refusent cet arrangement sont boycottés et périclitent. Une récente tentative d'action groupée des clubs pour refuser de payer les taxis a été bien vite étouffée dans l'œuf. Les taxis menaçaient de faire grève. Le gouverneur de l'État a même mis son veto à un projet de loi interdisant ce type de pratique.

Les chauffeurs de taxi ont encore d'autres soucis : les portiers d'hôtel qui leur « volent » une partie de leur clientèle. S'ils repèrent un client solitaire qui s'apprête à héler un taxi, ils s'enquièrent de ses besoins et lui proposent un service de taxi-limousine d'une société indépendante avec qui ils ont des accords. Dans ce cas, la commission est partagée entre le portier et le taxi.

Bien entendu, il serait injuste d'en conclure que *tous* les visiteurs mâles de Las Vegas, à titre professionnel, cèdent aux charmes (voyants) de la ville. Selon une estimation conservatrice, ils seraient au moins un quart à succomber aux tentations, en groupe ou en solo. Ce qui est déjà un chiffre élevé. Le Consumer Electronics Show n'est qu'un salon parmi d'autres, de portée internationale, organisés chaque année dans la même ville : Army Navy Military Expo (armement), International Builders Show (BTP), Aviation Industry Expo, Net Finance, Global Gaming Expo (jeux vidéo), Curve (lingerie), et on en passe.

Ce n'est pas un hasard si tant d'organismes professionnels ont élu Las Vegas, qui ne peut se targuer d'aucune tradition commerciale. C'est le résultat d'une politique systématique menée avec détermination et efficacité par les « entrepreneurs » locaux et leur maire, le bien nommé Oscar Goodman. Dans la compétition mondiale, pour attirer le tourisme d'affaires, les à-côtés de charme prennent une importance croissante. En vérité, ont-ils jamais été négligés ? L'histoire de Paris, ville longtemps incontournable pour les affaires internationales, peut en dire long sur la question.

CHAPITRE 2

TRADITIONS PARISIENNES

Sous tous les régimes, permissifs ou répressifs, Paris est resté une capitale de la prostitution, pour le plus grand bonheur des milieux d'affaires. Constatant l'impossibilité d'éradiquer une prostitution endémique, c'est le Directoire qui a décidé l'ouverture et le contrôle des maisons closes. En 1802, pour lutter contre le développement de la syphilis, Fouché impose le fichage et le suivi sanitaire des 30 000 prostituées recensées. Leur existence légale est confirmée par Napoléon en 1804. Dès lors, les maisons closes deviennent une sorte de spécialité française, que l'on vient visiter du monde entier, même si la formule est imitée ailleurs.

Âge d'or et « disparition » des maisons closes

À Paris, on compte en 1850 près de 200 établissements officiels, chiffre diminué ensuite par la concurrence de brasseries à serveuses « montantes » et d'instituts de massage. La police estime leur fréquentation à 40 000 clients par jour. Pour les riches visiteurs étrangers, les bordels les plus luxueux et raffinés deviennent des attractions incontournables, où l'on croise de nombreuses célébrités : *Le Chabanais*, annexe du Jockey Club, *Le Sphinx* du boulevard Quinet, et *Le One Two Two*, du 122 rue de Provence, avec son restaurant *Le Bœuf à la ficelle* où les serveuses évoluent les fesses à l'air. La dernière patronne de l'établissement, Fabienne Jamet, le décrit ainsi : « Imaginez un gigantesque salon circulaire dont le parquet était recouvert d'un tapis vert imitant la mousse, entouré de colonnades montant vers un vélum, ébauche de temple grec. Dans chaque intervalle, un socle éclairé par un projecteur. Sur chacun des supports, une femme, mince ou bien en chair, grande, parée, en robe du soir, figée comme une statue, épaules nues, un sein parfois totalement à découvert. D'autres jeunes personnes étaient assises sur la mousse, leurs jupes gracieusement étalées en corolle. Tissus rouges, roses, bleus, jaunes. Lumières. Peaux blanches. Bras nus. Maquillages éclatants. Longues jambes gainées de soie que découvrait une jupe fendue. Seins dressés. Merveilleux déjeuner de campagne. Il en venait à l'homme une moiteur aux mains et une excitation soudaine. Derrière lui, la dame en noir susurrait : "Monsieur a fait son choix ?"

» Un instant, un désir boulimique l'envahissait. Toutes. Et puis, la raison l'emportait. Il lui aurait fallu les forces d'un Hercule. Il n'était, hélas, qu'un homme. Après un long regard pour la fresque champêtre, peinte tout au long des murs, qui encerclait ces étranges et délicieuses bergères sans troupeaux – des feuillages, tombant artistiquement du plafond, accentuaient le caractère bucolique de l'ensemble –, sa main se tendait vers l'un des corps offerts. »

L'établissement, ouvert de 14 heures à 5 heures du matin, emploie dans les années 1930 près de 60 filles et 40 employés de maison : cuisiniers, coiffeurs, manucures, pédicures, lingères, etc. 300 visiteurs y consomment 150 bouteilles de champagne par jour et s'offrent 200 « passes ». Toute la haute société parisienne s'y croise et s'y observe : ministres, truands, financiers. On y emmène naturellement un client de province que l'on veut soigner, on y vient fêter la signature d'un contrat. Sous l'Occupation, *Le One Two Two* sera pris en main par l'armée allemande, qui ne songe nullement à le débaptiser et le réserve à ses officiers, en y instaurant des règles sanitaires draconiennes : le visiteur doit faire remplir à chaque visite un petit carnet nominatif qui permettra, en cas de contamination vénérienne, de retirer du circuit la fautive.

Seule une poignée d'établissements accueille donc « l'élite » des affaires, de la politique et des arts. Mais contrairement à d'autres pays, ces lieux mythiques connaissent une longévité exceptionnelle. Les maisons closes traversent sans faiblir le XIXe et le XXe siècle car elles correspondent à une vision hygiéniste et policière des élites : elles permettent de contrôler la bonne santé des filles, évitent de contaminer les forces vives de la population mâle, tout en gardant un œil sur les inévitables déviances des hommes de pouvoir et en s'assurant qu'elles restent à l'abri de l'opinion publique. En somme, un cloisonnement du vice qui satisfait l'esprit administratif du XIXe siècle. Le double échec de cette politique, à contenir la prostitution dans les limites fixées et à éviter la propagation des maladies vénériennes, n'a pas remis en cause cette politique solidement ancrée dans les mentalités jusqu'à la Libération... sans doute aussi car nombre de parlementaires de la IIIe République poussaient le souci du bien public jusqu'à vérifier régulièrement le bon fonctionnement de ces établissements.

À la Libération, on compte dans la capitale 180 établissements officiels accueillant environ 7 000 pensionnaires. Mais, à côté de ce système officiel, Paris héberge sans doute près de 10 000 professionnelles en majorité soumises à un proxénète et un nombre inconnu d'occasionnelles. En 1946, la loi Marthe Richard ferme officiellement les maisons closes. La prostitution indépendante est désormais tolérée en France à condition de ne troubler ni l'ordre public ni la morale. En revanche, le proxénétisme et le racolage sont toujours sanctionnés. L'État français ne ratifie pourtant qu'en 1960 la convention internationale de 1949 contre « la traite des êtres humains et l'exploitation de la prostitution d'autrui ». Peut-être parce qu'il n'ignore pas que ses armées, en Indochine ou en Algérie, ne vont nulle part sans leur « BMC » (bordel militaire de campagne). Il n'hésite pourtant pas à imposer les prostituées, qui payent une taxe professionnelle, un impôt sur le revenu et cotisent à l'Urssaf... sans pour autant pouvoir prétendre à toucher le chômage ! Dans les années 1970, plusieurs mouvements alertent l'opinion et réclament de nouveaux droits sans parvenir à changer radicalement la donne. En 1994, à l'initiative du ministre de l'Intérieur Nicolas Sarkozy, le nouveau Code pénal fait du proxénétisme un crime lorsqu'il est organisé ou exercé avec violence, contrainte ou torture. Par ailleurs, le fait, « par tout moyen, de procéder publiquement au racolage d'autrui en vue de l'inciter à des relations sexuelles », est un délit passible de deux mois d'emprisonnement et d'une amende de 3 750 euros. Bizarre schizophrénie de l'État, qui dénonce et punit des pratiques qu'il connaît fort bien pour les surveiller de près… quand ce n'est pas pour y avoir recours !

Un rouage « capital » du système

Si la plupart des maisons closes ont bien été éradiquées, de discrètes et luxueuses exceptions sont consenties pour « raisons supérieures ». Le charme de la France aux yeux des décideurs économiques tient à bien des facettes de l'art de vivre à la française : l'industrie du luxe, la gastronomie, le tourisme… mais aussi un certain sens de l'accueil. Les responsables du Quai d'Orsay ou de grands groupes privés invitant de prestigieux clients étrangers à Paris le savent bien. Leurs visiteurs ne se contentent pas d'un bon restaurant et d'une visite au *Moulin Rouge*. Hors de question, bien sûr, de les laisser repartir mécontents de leur séjour dans la Ville Lumière ! Il faut bien trouver des solutions…

Et c'est ainsi que l'on rouvre les maisons closes peu après les avoir interdites ! Le contexte n'est pas seulement économique, mais aussi politique. La France ne peut se priver de cet « outil d'influence » en pleine guerre froide et dans les soubresauts de la décolonisation. Les services secrets sont donc à la manœuvre. Roger Faligot et Rémi Kauffer racontent : « En 1960, tandis que la guerre d'Algérie bat son plein, le contre-espionnage français, en liaison intime avec la Mondaine, organise la mise en place de réseaux de call-girls ou bien s'annexe des réseaux déjà existants qui, ainsi protégés, vont prospérer. Objectif visé ? Les hommes d'affaires, les diplomates, les chefs d'État en goguette à Paris qui, dans les bras de prostituées de luxe, révèlent des secrets bien utiles à la France. [...] Bientôt, ces maisons de rendez-vous vont essaimer dans la France entière, avec une prédilection pour Paris et la Côte d'Azur. Ainsi *L'Étoile-Kléber*, au 4 rue Paul-Valéry, qui a vu le jour en 1943, la belle époque ![1] » *L'Étoile-Kléber* ? C'est le royaume de Madame Billy !

Mariée à un chanteur de cabaret, Marie-Aline Roblot, dite « Billy », reste, malgré le vote de la loi Marthe Richard, l'hôtesse de charme du Tout-Paris, en parfaite harmonie avec les autorités. Elle a ouvert sous l'Occupation une « maison de rendez-vous » qu'elle décrit comme « un établissement très bourgeois. Il y avait un bar où venaient des messieurs. Derrière, le petit salon... où ils faisaient connaissance avec les jeunes filles. Et puis dix chambres meublées, très coquettes. Et aussi un beau piano à

1. Roger Faligot, Rémi Kauffer, *Porno Business*, Paris, Fayard, 1987.

queue[1] ». Lorsqu'elle débute, les Allemands imposent une hygiène sans faille : visite médicale hebdomadaire et prise de sang mensuelle. À la Libération, Billy est autorisée sans problème à poursuivre sa « petite activité hôtelière ».

Il faut dire qu'elle bénéfice après-guerre de deux alliés de poids : les Renseignements généraux et le Service de documentation extérieure et de contre-espionnage (SDECE). « Ils voulaient savoir qui venait chez moi. Ils s'intéressaient principalement aux hommes politiques et à leurs éventuels travers. Les représentants des Renseignements généraux ne venaient me voir qu'environ une fois par mois. Le reste du temps, ils téléphonaient. Mais ils exerçaient une surveillance rue Paul-Valéry, photographiaient les clients qui entraient et sortaient, relevaient les numéros d'immatriculation des voitures en stationnement à proximité de la maison[2]. »

Les principaux « clients » qui intéressent le SDECE et le Quai d'Orsay sont des chefs d'État, princes et hommes d'affaires des pays arabes et africains. Il y a bien sûr un enjeu politique : la France gaullienne a besoin de leurs votes à l'ONU, notamment dans l'affaire algérienne. Mais il s'agit aussi, en Afrique et au Moyen-Orient, de gagner des marchés pour l'industrie française (armement, aviation) et des concessions pétrolières pour Elf. Si, à elle seule, une charmante jeune femme peut emporter la décision

1. « Les confidences de Madame Billy », interview donnée au *Nouvel Observateur*, 5 août 1988.

2. Madame Billy, *La Maîtresse de « maison »*, La Table ronde, 1980.

d'un décideur, elle accomplit un acte de « patriotisme économique » tout en gagnant sa vie. Tout le monde est content ! À la longue, certains chefs d'État deviennent des habitués, ce qui a forcément des répercussions diplomatiques et économiques. Le Chah d'Iran, jusqu'à sa chute en 1979, était devenu un fidèle de *L'Étoile-Kléber*, comme de bien d'autres établissements. Sa première visite était prévue pour durer quarante minutes et au bout de deux heures, les policiers chargés de sa protection sont venus frapper à la porte, inquiets de ne pas le voir reparaître…

Que le client soit ou non « surveillé » par les services français, la maîtresse de maison se met en quatre pour satisfaire ses désirs particuliers : « Un milliardaire hollandais a voulu enterrer chez nous sa vie de garçon. Nous avions commandé chez *Maxim's* des plats "humains". Les jeunes filles étaient étendues sur des plats en argent. Elles avaient du caviar et de la crème au chocolat dans les oreilles et entre les orteils. On riait beaucoup. C'était une époque merveilleuse [1]. »

Lorsqu'un prince arabe souhaite emmener une jeune fille quelques jours avec lui dans son pays, Billy donne son accord après validation par le Quai d'Orsay. Pour éviter tout dérapage, la fille fera le voyage avec un chaperon, généralement un jeune attaché d'ambassade, chargé de garantir son retour. Une précaution pas inutile : en 1973, une délégation d'un pays arabe s'installe dans un palace parisien pour négocier une importante vente d'avions. Des « jeunes filles » d'un autre établissement sont

1. « Les confidences de Madame Billy », article cité.

conviées à une soirée privée. L'une d'elles en sort sérieusement endommagée. On intervient alors en haut lieu pour qu'elle accepte de garder le silence contre une forte somme d'argent… Une « époque merveilleuse », vraiment ?

Un rien perfide, la retraitée Billy [1] fait remarquer que, chez elle, on accueillait « tous les chefs d'État, sans distinction de couleur de peau ». Petit coup de pied de l'âne à sa grande consœur et rivale, la très médiatique Madame Claude, qui a popularisé en France le concept de « call-girl ».

L'empire de Madame Claude

Des dizaines de réseaux ont prospéré en même temps que le sien, mais aucun n'a atteint son importance ni sa renommée mondiale. Fernande Grudet, dite Madame Claude, serait une ancienne de la Résistance, entrée en « galanterie » dans les années 1950 auprès des grands de ce monde. Elle décide de monter son propre réseau de call-girls, qu'elle anime par téléphone depuis son appartement de la rue de Marignan. Avec elle, ce sont les filles qui se déplacent chez les clients. Une pratique discrète, importée des États-Unis.

Le mot « call-girl » (littéralement « fille que l'on appelle ») naît outre-Atlantique dans des circonstances imprévues. En 1897, un conseiller municipal de La Nouvelle-Orléans, Sydney Story, préconise de rassembler les prostituées de la ville dans un seul

1. Elle a été condamnée en 1980 pour proxénétisme hôtelier.

quartier. Ignorant sans doute des réalités du « marché », il n'a pas prévu que les dames les plus coûteuses refuseront de se mêler au commun des filles de joie. Résultat, les prostituées « de luxe » se réfugient chez elles et demandent à leurs clients de les contacter par téléphone, inventé par Graham Bell vingt ans auparavant. Elles se rassemblent pour éditer leur premier annuaire, le « Blue Book ». Pragmatique, le « big business » américain saura, au XXe siècle, se saisir de cette innovation curieusement absente des manuels d'histoire économique.

Parce qu'elle n'a pas les moyens de s'offrir une « maison de rendez-vous », comme c'est la pratique en France jusqu'aux années 1940, Fernande Grudet va donc travailler « à l'américaine ». Malgré la moindre vulnérabilité d'une telle activité, qui n'est pas à la merci d'une descente de police, Claude choisit, comme sa consœur Billy, la sécurité. Elle accepte la « protection » des RG et du SDECE, qu'elle informe sagement sur les commandes de ses clients, recrutés surtout par le « bouche à oreille ».

Selon ses dires, Claude fixe très haut la barre des services rendus par son agence, pratiquant une sélection drastique et formant ses « filles » plusieurs mois durant, dans des domaines très variés : « Quand elles arrivaient chez moi, relativement jolies, elles étaient persuadées que ce job était facile. Je devais leur expliquer qu'elles n'étaient pas du tout aussi belles qu'elles le croyaient, qu'il leur faudrait beaucoup d'efforts pour arriver à être parfaites. Que ce métier n'était pas de tout repos, qu'il fallait apprendre maintes choses pour réussir. Beaucoup se décourageaient, mais si elles restaient, elles étaient gagnantes. Il fallait, jour après jour, leur donner des notions simples que, souvent, leur mère avait négligées. Je les obligeais à apprendre l'anglais, l'italien ou l'allemand, à lire (elles étaient quelquefois incultes). Leurs progrès, le goût d'apprendre chez certaines, était un de mes plus grands plaisirs [1]. » Pour elle, une bonne call-girl est donc avant tout une jeune femme d'un certain niveau culturel, qui maîtrise toutes les recettes de l'élégance et de la beauté.

Mais il y a aussi la partie « travaux pratiques », et l'on entre alors au cœur des « secrets de fabrication » de Madame Claude : « Bien faire l'amour [...] c'est un art que je leur apprenais comme le reste. "N'en faire ni trop ni pas assez." Il y a là une recherche permanente dont les hommes ne doivent pas connaître les secrets. Il faut pour cela une grande disponibilité d'esprit, une bonne volonté et une envie d'apprendre que l'on ne rencontre pas chez toutes les jeunes filles. J'en ai vu de bloquées pendant des mois avant de trouver le ton juste, avant de devenir ce que j'appelais la "salope distinguée à l'érotisme contrôlé", le juste "ce qu'il faut". Celle qui fait penser que la prochaine fois on en aura davantage et qui, effectivement, le fait. Les femmes (les autres) pensent que l'érotisme est une succession d'actes dégradants. Il n'en est rien. Suggérer, permettre à l'homme avec un mot, un geste, de dépasser ses limites avec un rien d'imagination, reculer les frontières de ses désirs et de ses réalisations, c'est cela

1. Jacques Quoirez, *Allô, oui, ou les Mémoires de Madame Claude*, Stock, 1975.

l'important. Bien plus que de savantes accumulations qui tiennent davantage de l'acrobatie que d'une manifestation du plaisir [1]. »

De son propre aveu, Madame Claude n'est pas seulement un professeur d'art de vivre. C'est aussi une surveillante sévère qui exige ponctualité, disponibilité, présentation impeccable et réprime rigoureusement les écarts ou les refus de satisfaire tel ou tel caprice d'un client, qui est bien entendu « roi ». Dans ce type de cas, elle prélève 30 % sur les recettes des filles, pourboires et cadeaux non compris, mais elle veille aussi à les « tenir » le plus longtemps possible : lorsqu'elles intègrent l'agence, la patronne leur constitue une garde-robe chez de grands couturiers, leur offre des bijoux, des soins de beauté chez Carita… Toutes dépenses qu'elles mettront longtemps à rembourser. Il ne lui est cependant pas possible pour autant d'empêcher une certaine « évaporation », soit parce que certaines épousent un client, soit parce que d'autres estiment avoir mis de côté un pécule suffisant pour acheter le commerce de leurs rêves. Il y a donc un mouvement de renouvellement permanent, qui ne nuit d'ailleurs pas au succès de l'agence, même si certains départs laissent tel ou tel client provisoirement « inconsolable ».

Les « filles » de Madame Claude voyagent partout où les réclament d'illustres clients : en Iran sur invitation du Chah, en Grèce pour animer les soirées d'Aristote Onassis, aux États-Unis (le président Kennedy les apprécie particulièrement), et bien sûr au Moyen-Orient. Bien malgré elle, Madame Claude

1. *Ibid.*

est la seule patronne de réseau de call-girls à être devenue une vedette de son vivant. La presse s'est emparée de son personnage, plusieurs livres lui sont consacrés et même deux films produits dans la foulée ! L'époque s'y prête : le cinéma érotique est en pleine expansion. Pour *Madame Claude* (1977), confié au réalisateur d'*Emmanuelle* (1974), le photographe Just Jaeckin, on engage donc des vedettes comme Françoise Fabian (dans le rôle titre), Maurice Ronet ou Klaus Kinski. La musique est confiée à Serge Gainsbourg. Le personnage de Françoise Fabian, toute de distinction et d'autorité, est fidèle à l'image défendue par son modèle. Nous découvrons un chef exigeant, dur à la tâche et attentif au moindre détail. Madame Claude impose à ses filles une formation quasi militaire, avec remodelage complet de leur apparence physique : coiffure, maquillage, dentition, constitution d'une garde-robe, etc. Les « employées » doivent obéir à des règles de vie strictes. Claude surveille leurs fréquentations et les réprimande sèchement pour leur frivolité, jusqu'à reprocher à l'une d'elles le désordre de son sac à main : « Tant que vous serez chez moi, je déciderai de ce que vous êtes libres de faire ou pas. Je vous ai fabriquées ! Et si je ne vous avais pas aussi bien réussies, vous ne pourriez pas vous payer des manteaux de 3 millions. Sans moi, vous ne seriez rien ! » Sur un arrière-plan très frivole, le film assume les principes moraux de l'éthique capitaliste la plus classique : pour réussir dans toute entreprise, il faut de la rigueur, du travail et une organisation sans faille. Politique, le film révèle les connexions presque institutionnelles de Madame Claude avec le pouvoir. Rencontrant son avocat, elle explose : « Presque tous les ministères, les ambassades, toutes les grandes entreprises se servent de mon organisation et de mes jeunes filles. Et puis, ça leur rapporte, hein ! Sur quel budget croyez-vous que nous soyons payées ? » Le seul nom cité est celui de l'américain Lockheed, mis en cause par la presse pour son recours à des call-girls dans un marché public. Quand un comparse demande au personnage principal quelles sont ses motivations pour diriger une telle affaire, elle répond :

« La puissance, le pouvoir…

— Sur qui ?

— Sur les hommes, bien sûr. Ce sont eux qui dominent le monde. »

Dans *Madame Claude 2* (François Mimet, 1981), Claude, cette fois interprétée par Alexandra Stewart, explique à l'une de ses filles :

« L'homme le plus puissant du monde n'est rien qu'un homme entre tes bras. Il espère satisfaire un fantasme, un rêve à travers toi. C'est ce qui rend ce que tu vas faire aussi fascinant. […] Il faut que tu comprennes que si tu tombes amoureuse, tu limites ton pouvoir à un seul homme, tandis que tu peux étendre ton pouvoir à tous, si seulement tu gardes la tête froide. La tête froide, ma chérie, c'est la clé du pouvoir. »

Le mythe de la courtisane intrigante n'est pas neuf. Jaeckin et Mimet modernisent ici une vieille peur masculine, faisant de Claude une femme tentatrice et dévorante, prête à tout pour s'approprier le pouvoir de l'homme.

Ingrate, Hollywood n'a pas produit de remake des *Madame Claude*. Elle lui doit pourtant beaucoup. On peut aujourd'hui révéler que certains des plus grands acteurs américains comptèrent parmi ses clients : Anthony Quinn, George Peppard, Yul Brynner, Richard Burton et Steve McQueen… entre autres !

À partir de 1974, pour la première fois sous la Ve République, le pouvoir n'est plus tenu par la famille gaulliste, et les giscardiens semblent vouloir en finir avec un certain nombre de pratiques « immorales », celles des « copains et des coquins », pour reprendre une expression de Michel Poniatowski, futur ministre de l'Intérieur de Giscard. Déjà sous Pompidou, un certain nombre d'affaires financières éclaboussent opportunément les gaullistes, alors que Valéry Giscard d'Estaing, en tant que ministre de l'Économie et des Finances, dispose d'informations privilégiées. Lorsque celui-ci accède à la fonction suprême en 1974, certains réseaux semblent perdre leurs « protections ». La Mondaine est mise sur la sellette en 1975 lors d'une enquête de l'Inspection générale des services (IGS), la police des polices, sur « l'affaire Taki » : Dimitri Petropoulos, organisateur de « parties fines » connu du Tout-Paris, est arrêté sur une péniche qui abrite certaines de ses « soirées ». Membre du Service d'action civique (SAC), il faisait partie d'un réseau protégé, selon Faligot et Kauffer [1], par la 2e section des RG, qui prenait des photos compromettantes de célébrités en pleine action dans le but d'une exploitation

1. Roger Faligot, Rémi Kauffer, *op. cit.*

financière. À la suite de ce scandale, plusieurs policiers membres du SAC sont mis sur la touche et c'est tout le système de « protection » des lieux de prostitution de luxe qui est fragilisé. La Mondaine est officiellement dissoute en juin 1975, remplacée par la Brigade des stupéfiants et du proxénétisme (BSP). La chasse aux proxénètes est ouverte. Si Billy ne sera pas inquiétée avant 1980, Claude en revanche est poursuivie dès 1975 par un jeune juge d'instruction du nom de Jean-Louis Bruguière, et placée en garde à vue par la première femme patronne de la BSP, la jeune Martine Monteil.

Madame Claude a fourni, en 1994, une explication inattendue de ses déboires soudains : une de ses jeunes filles avait à l'époque une liaison avec une jolie danseuse du *Crazy Horse*, dont elle était terriblement jalouse. Elle la surprend au lit avec un Monsieur…

« Négligeant l'homme, aveuglée par la fureur, elle s'est précipitée sur l'infidèle, laquelle, entraînée quotidiennement par des heures de répétitions au *Crazy*, ne manquait pas de répondant. Tandis qu'elles se crêpaient furieusement le chignon, Monsieur se drapait dans sa dignité et dans une serviette de bain puis sortait de la pièce. Quelque temps après (les fureurs des deux amantes commençaient à s'épuiser) il est reparu vêtu de pied en cap et cravaté de près. Fabienne, remettant à plus tard le règlement de son différend avec sa maîtresse, a retrouvé pour quelques minutes ses manières de femme du monde et l'a raccompagné jusqu'à la porte. Elle l'avait à peine refermée que la vérité l'a brutalement illuminée : "Merde ! Mais c'était…" Notre grand argentier.

» Elle ne m'expliqua la fin de la scène avec sa danseuse et ne me révéla le nom de l'homme que bien plus tard – lorsqu'il fut trop tard, justement. Car celui-ci, sans rien en laisser paraître, n'avait pas l'intention d'oublier l'irruption de Fabienne. Vindicatif et rancunier, convaincu qu'il s'agissait d'un coup monté par mes soins, il déclencha contre moi les foudres de son ministère [1]. » Selon une source policière (retraitée), il ne faut pas forcément entendre qu'il s'agissait du ministre en titre à ce moment-là, mais d'une personnalité haut placée ayant exercé cette fonction et disposant du pouvoir de créer bien des ennuis à son organisation... Notre source semble avoir une idée précise mais refuse de lâcher un nom... Quoi qu'il en soit, Madame Claude doit s'exiler dès 1977.

Son réseau est brièvement reconstitué par l'une de ses filles, Catherine Virgitti, à son tour dans le collimateur de la justice. Pleine d'assurance, la jeune femme débarque dans le cabinet du juge Bruguière, presque nue sous son manteau de fourrure [2]. Cela ne suffit pas à empêcher son inculpation. En perquisitionnant un coffre-fort qu'elle louait dans les sous-sols de la banque Rothschild, avenue George-V à Paris, les enquêteurs découvrent les raisons de cette insolence : une série de clichés la représentant aux côtés de Valéry Giscard d'Estaing lors d'un safari en Afrique. Les photos datent de l'époque où celui-ci

1. Claude Grudet, *« Madam ». Madame Claude raconte*, Lafon, 1994.

2. Jean-Louis Bruguière, entretiens avec Jean-Marie Pontaut, *Ce que je n'ai pas pu dire*, Laffont, 2009.

était ministre des Finances. Elles disparaissent aussitôt et ne sont pas versées au dossier. Les policiers perquisitionneront plus tard chez la mère de Catherine Virgitti à Toulon, où elle aurait dissimulé un jeu plus complet de photos du même safari. Sans succès... Avant leur arrivée, la cave a été « nettoyée » de fond en comble par une équipe très bien équipée, ce qui laisse deviner la main des services secrets.

Pour sa part, Catherine Virgitti est condamnée en 1979 à six mois de prison, tout en continuant à gérer son réseau via une autre fille, Dominique Robert... ce qui conduit Bruguière à la remettre en prison en 1980.

Les « années porno »

Dans les années 1970, la libéralisation des mœurs semble toucher de plein fouet la société française. L'essor de la littérature érotique et surtout celui du cinéma « X », qui occupe jusqu'à un tiers des salles au milieu de la décennie, en sont les signes les plus visibles. Mais tout le monde ne participe pas de la même façon à ce mouvement. Les actrices porno deviennent vite un objet de fascination pour une « haute société » aimant les plaisirs d'exception. Et, presque naturellement, des passerelles se créent entre le « porno » et la prostitution de luxe. « Étienne », un ancien réalisateur de films X se souvient : « Nous faisions nous-mêmes les castings de nos films, ça se faisait de façon assez informelle, par cooptation. Des filles nous présentaient telle ou telle copine qui était intéressée. Des filles venaient de la prostitution, elles voulaient faire du porno par fascination pour le cinéma. D'autres venaient pour s'émanciper, par provocation familiale ou autre. Il y avait aussi des filles qui avaient tourné dans le circuit des partouzes mondaines et venaient au porno comme une récréation. Il y avait enfin quelques call-girls qui venaient s'amuser chez nous : Emmanuelle P., qui a tourné dans *L'Essayeuse*, ce film détruit par la censure, était une ancienne de chez Madame Claude. À l'époque, les hardeuses et les hardeurs exerçaient une véritable fascination sur ceux qui avaient le pouvoir, politique ou économique. Du coup, ils étaient très sollicités et acceptaient parfois, pour arrondir leurs fins de mois. Beaucoup de riches clients faisaient appel à deux gros "pourvoyeurs" du milieu : Gabriel P. et Richard L., plus connu sous son nom d'acteur. »

Tout ce petit monde se retrouve dans quelques boîtes connues des initiés. Les filles ne « draguent » pas en direct, elles sont présentées par des amis ou des amis d'amis. Le premier QG est *L'Élysée-Matignon*, une boîte très sélect dans laquelle se croisent beaucoup de gens d'horizons très différents : industriels, banquiers, hommes d'affaires en tout genre. On en retrouve l'ambiance dans le film *Mort d'un pourri* de Georges Lautner (1977) avec Alain Delon. « Il y avait là des personnalités fantasques ou des gens très comme il faut, mais fascinés par le monde de la nuit, poursuit "Étienne". Par exemple, Yves Mourousi adorait faire l'intermédiaire entre le "gratin" et l'interlope. Il n'aurait jamais pensé à se faire payer pour cela, c'était vraiment pour le plaisir d'être au centre de tout, de rendre service à des gens puissants. Des industriels venaient parfois avec leurs clients japonais en goguette, pour eux c'était le fin du fin, le traitement VIP ! Ils en repartaient avec des étoiles dans les yeux et s'en souvenaient pendant des années ! »

Ces soirées réservées n'échappent pas pour autant à la surveillance policière : « Les flics savaient comment tout ce petit monde fonctionnait, ils surveillaient cela sans agressivité. Au bar de *L'Élysée-Montmartre*, il y avait souvent un flic des RG, toujours le même, et à côté de lui, Raymond Mamoudy qui a écrit des chansons pour Bécaud ou Piaf, mais qui était aussi une sorte de "*consigliere*" du Mitan. Tous les deux surveillaient "leur" monde et chacun faisait ses petites affaires sous le double regard des RG et du Milieu ! »

En ces années-là, les vedettes du « X » sont courtisées comme de vraies stars de cinéma. Dans ses Mémoires [1], Brigitte Lahaie évoque certaines assiduités dont elle fut l'objet, par exemple de la part d'un haut responsable politique : « Et cet homme politique, ce battant voué au destin le plus grand, qui me faisait rechercher chaque fois que son formidable appétit sexuel ranimait ses fantasmes. Je n'étais jamais libre pour le rencontrer, et il revenait sans cesse à la charge, sans vouloir comprendre que je ne serais jamais une égérie qu'on aime à la sauvette entre deux discours électoraux. » Qui peut bien être « ce battant voué au destin le plus grand », au « formidable appétit sexuel » ? Notons simplement que l'actrice publie ces lignes en 1987, un an avant

1. Brigitte Lahaie, *op. cit.*

que Jacques Chirac n'affronte François Mitterrand à l'élection présidentielle.

La belle ne refuse pourtant pas toutes les sollicitations. De sortie dans une boîte à la mode avec son compagnon du moment, elle se laisse pourtant prendre au charme pressant d'un écrivain en vogue : « Dîners, spectacles ou soirées "très spéciales", Philippe savait à merveille varier les plaisirs. C'est par son entremise que je fis la connaissance d'un célèbre romancier, porté sur l'érotisme et l'action, qui parut, dès notre première rencontre, très attiré par ma personne. [...] Je lui expliquai que le Monsieur qui m'accompagnait ce soir-là m'accompagnait aussi dans la vie de tous les jours. [...] En clair, j'expliquai à mon écrivain qu'il pourrait me posséder s'il organisait une agréable soirée à quatre, au cours de laquelle les couples auraient tout le loisir de s'échanger.

» Le désir fait accomplir aux hommes des prodiges. Une heure ne s'était pas écoulée que le romancier en question brandissait une ravissante créature sous les yeux de Philippe, en proposant que nous terminions cette soirée dans un lieu plus discret. Je n'ai jamais su comment cette fille, drôle et jolie, avait surgi, en plein milieu de la nuit, au bras de cet auteur à sensations, mais je devinais qu'il possédait quelques réserves de ce genre, à en croire sa constante curiosité en matière de sexe. Nous nous sommes retrouvés dans un appartement cossu, ouaté, où le champagne ne tarda pas à couler et où les passions aboutirent sans s'éterniser dans les interminables et habituels préliminaires qui gâchent la moitié du désir. Ce fut une nuit particulièrement agitée, au cours de laquelle ce romancier si prolifique se montra touche-à-tout, entreprenant, où il s'avéra que cet homme n'avait pas que la plume facile, mais aussi la bouche preste. » On le sait, les romanciers n'hésitent pas à recycler dans leur œuvre les éléments les plus marquants de leur vie. Celui-ci fit d'une pierre deux coups. « Une autre photo avait recouvert les murs de Paris : celle où j'avais posé pour la couverture du dernier ouvrage de mon amant romancier, dans lequel il raconte notre folle soirée, avec force détails sur mes talents sensuels, avec une nette insistance sur la douceur de mes lèvres et la profondeur de ma bouche [1]. » Peu rancunière, Brigitte n'en dit pas plus. Mais un fin connaisseur du roman d'espionnage à la française nous fait remarquer cette couverture de 1978, portant le nº 52 de la série SAS de Gérard de Villiers, auteur et éditeur comblé, dont la « constante curiosité en matière de sexe » est avérée.

Toujours gaillard à 80 ans passés, Gérard de Villiers donnait fin 2009 une conférence au Centre d'histoire de Sciences-Po dans le cadre d'un séminaire sur l'histoire du renseignement, auquel assistait un impressionnant parterre d'anciens responsables de la Direction générale de la sécurité extérieure (DGSE). Il ne put s'empêcher de livrer l'anecdote suivante : « Je dîne au restaurant avec une amie et je croise Michel-Édouard Leclerc, que je n'ai jamais rencontré auparavant, en charmante compagnie. Il me reconnaît et vient me saluer très chaleureusement et me glisse à l'oreille : "Vous avez fait mon éducation sexuelle !" » Combien d'autres

1. *Ibid.*

grands patrons lecteurs assidus de SAS pourraient souscrire à cette confession ?

Retour aux années 1970 et au récit d'« Étienne ». Deux autres boîtes accueillent la même faune que *L'Élysée-Matignon*, mélangeant le porno, la politique et les affaires : *Le Privé* et *Le Keur Samba*, tous deux rue La Boétie. « *Le Keur Samba*, raconte notre ex-réalisateur, c'était l'*after*, on y allait en fin de nuit et là, il faut bien dire que ça commençait parfois à se laisser aller sur les banquettes ! » Autres champs de bataille, autres lieux d'encanaillement de la « haute », les clubs échangistes, alors en plein essor : *Le Roi René*, *Le Cléopâtre*, mais aussi *La Villa Montmorency* à Saint-Cloud, qui en ces années-là sert à de nombreux tournages porno, en journée, ou, moins connu, *Les Marronniers*, rue Clausel. Là encore, les festivités n'échappent pas aux observateurs attentifs. L'hebdomadaire *Minute* [1], consultant les registres du commerce, s'aperçoit en 1980 que l'on trouve à la direction du *Roi René* l'ancien officier du SDECE Régis Bénézit et Marie-Noëlle Charier (fille du fondateur), et que, ô surprise, on retrouve les mêmes à celle d'une société de négoce d'armes sise à Neuilly, la Compagnie française d'exportation d'équipement terre-air-mer (COTAM). Sans doute y a-t-il des « synergies » possibles entre les deux affaires…

Dans les années 1980, la demande ne faiblit pas et d'autres hardeurs jouent le rôle d'intermédiaires : Christophe G., lui aussi plus connu sous son nom de

1. 13 août 1980.

scène, et un célèbre hardeur, coanimeront plus tard un club où défileront bien des célébrités.

Dans ces mêmes années, les plus riches des hommes d'affaires obsédés par le sexe vont devenir commanditaires de films X privés. Brigitte Lahaie raconte avoir refusé une proposition de ce genre, au moment où elle « décrochait » du X. D'autres, en revanche, acceptent ces tournages un peu spéciaux. Un réalisateur va même s'en faire une spécialité.

Le metteur en scène Michel Ricaud, un bon vivant au physique poupin, ne vivait que pour le sexe… mais habitait chez sa mère. Même en week-end avec des amis acteurs et actrices, il avait toujours avec lui une caméra vidéo et ne pouvait s'empêcher d'improviser des bouts de scènes. Il est connu pour sa production de films commerciaux, dont certains ont créé la controverse. Mais il est aujourd'hui possible de révéler que la plus grande partie de son activité a consisté à tourner des films « privés » à l'usage exclusif de riches clients, qui avaient un droit de regard, voire plus, sur le casting et le scénario. C'est ainsi qu'une hardeuse française connue l'a régulièrement accompagné en Italie, dans le château d'une des plus grosses fortunes industrielles de la Péninsule. Thème quasiment unique de ces productions « sur mesure », des scènes de sexe entre bonnes sœurs et divers étalons, parfois vêtus en prêtres ! Tournage après tournage, l'actrice devait se plier à la même « figure imposée » : une pénétration par un crucifix. On laissera aux psychanalystes le soin d'interpréter cette fixation d'une grande figure des affaires transalpines…

Aujourd'hui, la plupart des protagonistes de cette époque sont « retirés des affaires ». L'industrie du X a beaucoup changé : industrialisation de la production, captée par de grandes multinationales, développement du hard « pseudo-amateur », exploitation multisupport en DVD, chaînes satellites et Internet, et rotation accélérée des starlettes, de plus en plus recrutées dans les pays de l'Est. Mais la porosité avec la prostitution de luxe n'a pas disparu, bien au contraire. On retrouve de nombreuses actrices X à la notoriété récente dans les nouveaux réseaux de call-girls ou proposant leurs services sur Internet…

CHAPITRE 3

NOUVEAUX RÉSEAUX

Le 22 juin 1988, un réceptionniste de l'hôtel *Pullman Albane* de Rouen frappe sans discontinuer à la porte d'une chambre dont le client ne répond pas aux femmes de chambre. On ne l'a pas revu depuis la veille et il est censé avoir quitté l'hôtel depuis plusieurs heures. L'employé décide d'ouvrir la porte, et découvre le corps sans vie de son client. Jacques W., 47 ans, s'est donné la mort en avalant des barbituriques. Ce client n'est pas n'importe qui. Ingénieur en aéronautique, conseiller de Laurent Fabius au cabinet du ministère de l'Industrie en 1984, il a rejoint l'état-major de l'assureur GAN, comme directeur des services immobiliers. Quelques jours avant son suicide, la brigade financière et la brigade du proxénétisme (plus connue comme la Mondaine) venaient de démanteler un réseau de call-girls un peu particulier [1]. D'ordinaire, ce genre d'entreprises

1. Marie-France Etchegoin, « Le sexe dans les affaires », *Le Nouvel Observateur*, 5 août 1988.

recherche avant tout la discrétion. Or, en l'occurrence la petite entreprise Euro-Services France (ESF), régulièrement déclarée au registre du commerce, avait pignon sur rue, précisément au 16 rue Léningrad dans le 8e arrondissement (aujourd'hui rue Saint-Pétersbourg). Dirigée par un couple « moderne », Fabienne Millot (se faisant appeler Élisa de Saint-Florian) et Jacques Isenshmid, elle proposait, sans guère se cacher, des services d'« accompagnements féminins de prestige ». À la pointe des techniques modernes de marketing, ESF envoyait à 5 000 chefs d'entreprise une plaquette aussi convaincante que détaillée sur les services proposés : « Réagissez à la concurrence ! Utilisez nos services affaires... » Élisa de Saint-Florian, une belle brune en tailleur chic qui pose en couverture, a des arguments frappants : « L'escorte féminine de qualité influence vos résultats. » « Vos objectifs méritent nos quinze hôtesses ravissantes... aux sourires de trois continents. » « Pour deux heures d'évasion, un simple déjeuner ou plus, assurez-vous de notre compétence par une mission test. Nos tarifs abordables, factures concertées et conseils vous justifieront notre excellente réputation à Paris. » Un supplément à la brochure 1987 propose même des « offres spéciales d'été », avec « des prix légers sur des escortes allant de 48 heures à 30 jours. » « Vous qui profitez de l'été pour voyager en France comme à l'étranger, osez conjuguer affaires et évasions avec la délicieuse complicité d'une ravissante accompagnatrice de votre choix, qui illuminera de charme et de discrétion votre programme de déplacement et ses objets professionnels. » Qu'en termes délicats ces choses-là sont dites ! Comment résister alors que la mission « évasion » de 48 heures est proposée à un tarif réduit de 13 000 francs hors taxes (au lieu de 16 000) ?

L'audacieux projet d'ESF consiste tout simplement à institutionnaliser l'utilisation de prostituées dans les affaires, en proposant un cadre fiscal et légal acceptable pour tous. Marie-France Etchegoin, dans *Le Nouvel Observateur*, explique la manœuvre : « Il faut se mettre à la place des entreprises. Elles doivent justifier auprès du fisc des dépenses engagées pour le moindre petit cadeau de fin d'année. *A fortiori* pour une call-girl. Elles pourraient jouer franc jeu. Ajouter dans leur budget, à côté de la rubrique "relations publiques", un poste "relations sexuelles" et expliquer à leurs comptables "Voilà une note de 20 000 francs. Soit deux nuits avec une jeune dame pour notre client brésilien." Le fisc, dans une logique purement économique, ne devrait rien trouver à redire ("Nous ne sommes pas dans la brigade des mœurs", dit un expert des impôts). Mais voilà, il y a l'article 334 du Code pénal ! "Toute personne qui favorise une activité de prostitution est coupable de proxénétisme aggravé." Alors les entreprises se débrouillent comme elles peuvent. Première solution : payer en liquide en puisant dans une caisse noire. "Simple, mais peu rentable fiscalement, explique notre expert des impôts. Ces sommes ne peuvent pas être déclarées. Elles ne viendront donc pas en déduction de l'impôt sur les bénéfices." Et pour les grandes sociétés d'aéronautique, de pétrole, de commerce d'armes, qui traitent des affaires portant sur des milliards très lourds et dépensent parfois des millions de francs en call-girls, le manque à gagner devient considérable. Alors comptables et services financiers se livrent à de savants exercices pour "habiller" ces coupables dépenses. C'est la deuxième solution : les nuits érotiques de l'attaché militaire du Pérou passeront dans la rubrique "autres services" ; les parties fines de la délégation africaine iront s'inscrire dans le poste "visites de monuments"[1]. »

Des petits arrangements qui relèvent, au mieux, du « bricolage ». C'est ce qui explique le succès momentané mais foudroyant d'ESF. L'entreprise proposait une « troisième voie », celle d'une facturation en bonne et due forme pour « accompagnatrices multilingues » ou « traduction », ce qui n'était pas toujours faux mais souvent incomplet. Une solution hypocrite, mais qui convenait à tout le monde, pouvoirs publics compris qui fermaient les yeux, estimant qu'il y avait des délits plus graves et plus urgents à poursuivre. Malgré une large diffusion de ses plaquettes, ESF n'aurait peut-être pas été inquiétée si elle s'en était tenue à ces « petits arrangements ». Car, peut-être grisée par son succès, l'entreprise servait aussi de société écran pour un trafic de fausses factures. Elle fournissait à certains clients (dont une société de travaux publics) des factures bidons, que ceux-ci réglaient en chèques, et ESF leur rétrocédait 85 % de la somme en liquide. Ils se constituaient ainsi une caisse noire servant à payer des pots-de-vin. Une transgression qui n'a pas du tout fait rire

1. *Ibid.*

le fisc et a déclenché une enquête sur les deux fronts : fausses factures et proxénétisme.

Et puis, il y a eu mort d'homme. Quand Jacques W. s'est donné la mort dans sa chambre d'hôtel à Rouen, il était à quelques jours d'être entendu par le juge Humetz qui instruisait alors l'affaire ESF. Une vingtaine de sociétés – dont Bouygues et le GAN – étaient alors dans le collimateur du juge. Jacques W. a utilisé les services d'ESF, c'est sûr, mais lesquels exactement ? On ne se suicide pas pour une simple affaire de mœurs. Dès l'annonce de cette pénible affaire, le GAN a publié un démenti catégorique : « La mort de M. W. est une affaire d'ordre privé. Elle ne concerne en rien notre compagnie. » Dont acte. Rappelons pourtant qu'ESF travaillait exclusivement avec des sociétés. À quel titre M. W. aurait-il donc été mis en cause par la justice ? Hélas pour les curieux, on n'a plus jamais reparlé de cette affaire.

Pour autant, le système n'a pas disparu, comme le confirment les témoins interrogés.

Certes, Madame Claude en tant qu'institution de renommée internationale n'a pas vraiment été remplacée même si des agences basées à l'étranger tentent périodiquement de prendre la place, sans y mettre la rigueur quasi militaire de Claude. Un « revival » de son agence a d'ailleurs été esquissé pour satisfaire la demande de clients nostalgiques. Gilberte Spellier, dite « Madame Gil », une ancienne du réseau, a recueilli une dizaine de call-girls qui travaillent chez elle avenue Paul-Doumer jusqu'en 1992, fonctionnant en circuit fermé avec, pour l'essentiel, d'anciens clients, parlementaires vieillissants, personnalités du show-business et hommes d'affaires. L'une de ces personnalités a cependant eu la malchance de se trouver sur place, mercredi 4 décembre 1992, au moment de l'intervention de la Brigade de répression du proxénétisme de la préfecture de police de Paris. Elle a pu retourner à ses activités. Malheureusement pour « Madame Gil », la trahison est venue de l'intérieur : son adjointe Évelyne Robert voulait l'éliminer pour mettre en place un réseau concurrent. Leur antagonisme leur a été fatal à toutes deux.

On voit même une vénérable agence matrimoniale mettre « les doigts dans le pot de confiture » : Madame Desachy, première agence matrimoniale de France implantée dans le 18e arrondissement, est inquiétée en mars 1980 pour proxénétisme. À côté d'une ancienne activité de mariage par correspondance, elle avait en effet développé des services plus prosaïques, promus par petites annonces dans *Le Nouvel Observateur* et *Le Chasseur français*. Si l'on observe que le nombre d'agences matrimoniales a doublé entre 1981 et 1991, passant de 1 000 à 2 000, sans que les sociologues aient pour autant observé une recrudescence de leur fréquentation dans le but d'y trouver l'âme sœur, on peut en conclure que le cas de Madame Desachy n'est pas isolé.

Mais dans les années 1980-1990, ce sont surtout des agences de mannequins ou d'hôtesses multilingues qui proposent, à la marge, ce genre de services facturables, en essayant de se faire les plus discrètes possibles. Officiellement, elles ne vendent que des services d'accompagnement et de traduction. Si le « courant » passe entre une jeune interprète et un client, ce qui se noue entre eux après la mission ne les regarde en rien. Si les agences ne font pas de vagues, elles ne risquent rien, *a fortiori* si elles savent cultiver de puissants clients. Ne dit-on pas que même les responsables du service des voyages officiels du ministère de l'Intérieur ou ceux du Quai d'Orsay ont toujours dans leur calepin quelques bonnes adresses en cas de besoin ? Parfois, il n'y a pas besoin d'aller chercher bien loin... Prenons l'exemple de Christiane Couderc, une proxénète qui ne manquait pas de toupet. Proposant par voie de presse des « rencontres sélectionnées d'hôtesses interprètes », elle s'est tout simplement installée au 29 de la rue de Bièvre, dans une galerie de tableaux située en face de l'hôtel particulier de Roland Dumas et à quelques mètres du domicile de François Mitterrand ! Ce qui la plaçait *de facto* sous la protection des policiers chargés de veiller sur le premier des Français. Elle avait d'ailleurs choisi comme raison sociale les initiales... CIA ! Rien à voir avec la célèbre agence américaine, mais c'était assurément du plus bel effet. Les sculpturales jeunes femmes de son réseau retrouvaient leurs clients dans des hôtels de luxe du quartier, puis se rendaient rue de Bièvre pour remettre leur commission. Hélas pour elle, Christine Couderc ne bénéficiait pas des protections que pouvait laisser supposer son implantation au cœur du pouvoir. Elle fut arrêtée au début du second septennat de François Mitterrand [1].

En général, les nouveaux réseaux de call-girls s'efforcent à plus de discrétion. Ils se calquent sur le

1. *Le Parisien libéré*, 17 février 1989.

fonctionnement des agences de mannequins qui les hébergent parfois. Eux aussi envoient de séduisants « chasseurs de têtes » courir les grands salons professionnels et les boîtes de nuit de la capitale. Les jeunes filles qui se montrent réceptives à leurs arguments sont reçues dans les locaux de l'agence pour les mettre en confiance. Une fois « accrochées », elles peuvent se constituer un « book » photographique qui sera présenté à une clientèle de choix. Réactivant la méthode de Madame Claude, l'agence n'hésite pas à avancer des sommes importantes pour financer des frais esthétiques ou l'achat de vêtements. On remet à chaque « mannequin » un téléphone portable, afin qu'elle reste disponible pour sa nouvelle activité. En début de semaine, les filles devront communiquer leurs disponibilités. La clientèle se recrute uniquement par bouche à oreille. Ce sont pour l'essentiel des habitués, exigeants sur la disponibilité et la présentation.

L'un des poids lourds du « mannequinat canaille » de ces années-là évolue dans le meilleur monde, sous le nom d'Isaac Sellam, ou parfois « Monsieur Sinclair », ou encore « Jacky Cohen ». Ancien plagiste à Saint-Tropez, il a débuté comme rabatteur pour Madame Claude, avant de mettre son talent au service de plusieurs agences. Il repère des jeunes étrangères ou provinciales, les convainc de leur potentiel avant de les envoyer dans des agences « amies ». Là, certains directeurs abusent aussitôt d'elles, avant de leur expliquer qu'il est indispensable, pour percer dans le métier, d'en accepter des à-côtés tarifés, présentés comme incontournables. Issues de familles souvent aisées, les filles sont recrutées à un moment de déprime ou de dettes et pensent pouvoir sortir rapidement de ce nouvel engrenage… mais elles adoptent un train de vie qui les oblige à continuer. De son côté, Monsieur Sinclair qui fréquente assidûment les cercles de jeu de la capitale, leur fait profiter de son carnet d'adresses, qui compte notamment un homme d'affaires pilier de la Françafrique, un prince arabe, un magnat de la presse et divers milliardaires. L'enquête établira qu'il touchait tout simplement 50 % des recettes générées par les filles. De l'argent qu'il dépensait aussitôt dans les galeries d'art contemporain de la capitale.

Les réseaux asiatiques

Les nouveaux réseaux tendent désormais à se spécialiser. Une agence, bien connue des grandes entreprises asiatiques, propose à celles-ci une « plongée » dans le monde des clubs échangistes, qui n'existent pas au Japon : « Pour 600 euros, raconte le journaliste Jean-Baptiste Drouet, les businessmen asiatiques, fascinés par les débauches parisiennes, se voient donc proposer la formule "duo câlin en club". Accompagné par une jolie hôtesse lors d'un "circuit canaille" soigneusement balisé par l'agence, le négociant d'Osaka aura droit à une langoureuse fellation, sous latex, chaude caresse buccale dispensée par une superbe hôtesse libanaise de 22 ans, dans l'atmosphère décadente d'une "discothèque coquine" proche de la pyramide du Louvre. Pour sa prestation, l'étudiante en architecture touche 400 euros. Le reste de la somme est pour l'agence. Les frais de taxis, entrées en boîte et consommations sont naturellement à la charge du client... Si celui-ci veut aller plus loin et, par exemple, goûter aux charmes de l'échangisme pur et dur avec son accompagnatrice, il doit débourser 300 euros supplémentaires. En bout de course, l'homme a dépensé près de 1 200 euros, rien que pour s'initier aux sulfureux plaisirs des orgies parisiennes [1]. »

Le « segment asiatique » du marché des call-girls est lui aussi un domaine en soi, monopolisé par les Triades, en plein essor dans la France des années 1980, comme dans toute l'Europe occidentale. Les jeunes femmes sont repérées par leurs correspondants dans divers pays d'Asie et livrées – vierges – sur le marché parisien, moyennant une somme forfaitaire. Leur seule séance de « défloraison » par un très riche client suffit largement à rembourser tous les frais engagés. En fonction de leur succès et de leurs « spécialités », elles tournent sur divers sites européens. À Paris, on les trouve dans un discret triplex de l'avenue Victor-Hugo, bien connu du monde des affaires (du moins de ceux qui ont la carte de « membre ») sous le nom de *La Cascade*. Aménagé avec un luxe raffiné, dirigé d'une main de fer par une tenancière appelée Madame Phan, l'établissement accueille, au milieu des années 1980, pas moins de 24 filles, 10 jeunes garçons et 2 transsexuels, sans compter deux « videurs », un maître d'hôtel et quelques femmes de chambre. À l'intention des sado-masochistes, le triplex dispose d'une

1. Jean-Baptiste Drouet, *Les Nouveaux Visages de la prostitution*, Filipacchi, 1997.

« salle de tortures » insonorisée, avec tout le raffinement nécessaire : croix, chevalet, carcan, chaînes, etc. Les habitués sont prévenus de l'arrivée de nouvelles filles par des petites annonces codées insérées dans l'*International Herald Tribune*.

Dans le Paris des années 1980, c'est la « bande du Guang » qui contrôle toute la galanterie asiatique. Elle complète ses activités en faisant trafic de « pilules miracles », fabriquées dans un laboratoire clandestin de Californie, et d'importation clandestine. Destinées à faire grossir les seins de jeunes femmes asiatiques pour mieux correspondre aux standards occidentaux, elles présentent toutefois l'inconvénient de légers effets secondaires : cette technique est en effet ni plus ni moins que de la chimiothérapie... À court terme, l'effet est celui souhaité, et c'est tout ce qui compte vu la durée de séjour moyen des « pensionnaires ».

La bande du Guang dispose également d'un monopole sur les « oreillers asiatiques » réclamés par les clients des grands palaces aux concierges de nuit, via un réseau bien entretenu. Les rares proxénètes qui se risquent à prendre sous leur aile une Asiatique subissent des rétorsions immédiates. Un malfrat corse s'est ainsi vu amputer d'une main par un coup de hachoir lors d'une partie de cartes dans un bistrot parisien pour avoir ignoré un avertissement téléphonique. Impassibles, les deux agresseurs sont ressortis aussi tranquillement qu'ils étaient entrés. Ce genre de messages, très clair, circule à grande vitesse dans le milieu. La bande du Guang dispose enfin d'établissements délocalisés dans les années 1980, comme *L'Infernal Séjour* à Strasbourg, cette fois tout entier dédié aux joies du sadomasochisme, dont certains députés européens qui officient à proximité semblent friands. La presse locale peut confirmer que les sessions du Parlement européen coïncident avec de nombreux séjours à durée limitée de prostituées de haut vol, cette fois pour des prestations relativement classiques. Ce double positionnement – prostitution asiatique raffinée et sadomasochisme – semble correspondre à une demande en progression dans les plus hautes sphères de la société.

La filière moyen-orientale

Mais, à en croire la plupart des témoignages recueillis, la spécialisation la plus « juteuse » du marché concerne la riche clientèle du Moyen-Orient. Dans les années 1970, on voit apparaître dans les boîtes de luxe parisiennes de nombreux hommes d'affaires libanais, puis des princes saoudiens, qui deviennent « accros » à la décadence occidentale. « Il y a deux sortes de clients moyen-orientaux, explique un policier. Ceux qui veulent des femmes exotiques, différentes de celles qui les entourent, de préférence des blondes aux yeux clairs. Et puis il y a ceux qui préfèrent un type moyen-oriental. Pour ceux-là, les jolies jeunes Marocaines conviennent tout à fait. » Dans *Paris, capitale arabe* [1], Nicolas Beau montre que cette clientèle s'est progressivement concentrée dans des lieux spécialisés : « L'atmosphère bon enfant des cabarets [fréquentés

1. Nicolas Beau, *Paris, capitale arabe*, Seuil, 1995.

par les Orientaux] masque une prostitution massive. Peu à peu, les réseaux de call-girls européennes ont cédé la place à de jeunes Marocaines qui ont déjà appris à connaître la clientèle du Golfe sur la corniche de Casablanca. De Paris à Genève et jusqu'à Tripoli, la prostitution marocaine devient une vraie spécialité locale. Ce qui est normal, ajoutent les mauvaises langues, pour un pays pauvre dont les deux premiers postes en devises sont l'émigration et le tourisme. Interlocuteur souvent privilégié par le Golfe, le Maroc concurrence sérieusement la France pour attirer le plus de pétrodollars. Et ça marche : le prince héritier Abdallah, marié (entre autres femmes) à une Marocaine, s'est fait construire un superbe palais à Casablanca, où il a investi 50 millions de dollars, et ne met pratiquement plus les pieds à Paris. Ministre de la Défense saoudien, Sultan prend aussi le chemin du Maroc. Enfin, le roi Fahd possède un grand palais à Fez dont il change les décors tous les deux ans grâce aux bons soins de la société Auger-Maroc, propriété de Rafiq Hariri, homme d'affaires avant d'être un homme politique. » On croisera dans un prochain chapitre les intermédiaires qui ont été les artisans de ce recentrage.

En observant les habitudes prises par cette clientèle orientale, qui descend chaque année dans les mêmes palaces et fréquente les mêmes clubs, certains ont vite compris l'intérêt de s'y consacrer exclusivement. Matthew Barrett est un voiturier britannique d'origine jamaïcaine qui travaille pour une clientèle fortunée. Avec un complice, descendant d'une famille de la noblesse anglaise, ils font travailler une dizaine de filles pour satisfaire leurs clients du Golfe lors de leurs séjours dans le Midi ou en Normandie. Matthew se présente comme « nutritionniste et coach sportif pour une très riche famille du Moyen-Orient ». En mars 2003, suite à des écoutes, la police l'arrête dans sa suite de l'hôtel *Élysées Regencia* et interpelle une demi-douzaine de jeunes Brésiliennes logées dans l'hôtel d'en face. Celles-ci avouent être au milieu d'une « tournée » devant les conduire à Dubai, Bahrein et Marbella, à l'issue de laquelle elles doivent toucher 20 000 dollars chacune, forfait pour l'ensemble des clients traités, surtout des hommes d'affaires arabes et des émirs. L'équipement du réseau est éloquent. « Dans la suite, relate Véronique Willemin dans son histoire de la Mondaine, les policiers mettent sous scellés la parfaite panoplie du proxénète de luxe : des répertoires, un Caméscope numérique Sony avec des cassettes, des cédéroms, des liasses de dollars, un ordinateur portable, des passeports pour les filles, de nombreux relevés d'analyses médicales pour le HIV, l'hépatite B, les recherches de mycoplasmes et de chlamydiae, faites dans un laboratoire privé du 16e arrondissement au nom des escort-girls et des escort-boys, des notes de frais au *Ritz*, trois talkies-walkies, des factures de suites dans des palaces à Dubai, São Paulo, Beyrouth, des trousseaux de clés de coffres bancaires, 450 livres anglaises, 1 000 livres libanaises et 24 chèques American Express [1]. » Deux des coffres bancaires perquisitionnés recèlent chacun 100 000 euros en liquide. C'est le juge N'Guyen,

1. Véronique Willemin, *La Mondaine. Histoire et archives de la police des mœurs*, Hoëbeke, 2009.

déjà en première ligne dans une affaire de proxénétisme international en 1997, qui est chargé de l'affaire. Un instant, la presse s'attend à le voir convoquer Leonardo di Caprio, que Matthew Barrett a fréquenté, comme il avait convoqué Robert de Niro dans l'affaire précédente, mais il n'en sera rien.

La chute d'un réseau comme celui de Matthew Barrett n'empêchera jamais la clientèle moyen-orientale de trouver satisfaction ailleurs. Un réseau chasse l'autre et sera lui-même remplacé. En 2006, après plusieurs mois de surveillance suscitée par une dénonciation, la Brigade de répression du proxénétisme (BRP) fait tomber « Nadia », Marocaine d'une trentaine d'années qui règne sur les cabarets orientaux du 18e arrondissement. Flambeuse, cette ancienne prostituée entretient un lien affectif avec la plupart de ses filles, des Marocaines sans-papiers à qui elle fait miroiter une vie de luxe, mais elle développe aussi souvent entre elles une liaison homosexuelle, ce qui renforce encore leur dépendance et leur motivation. Elle organise l'éducation de ses filles et prend 20 à 30 % de commissions sur leurs prestations. Une partie de l'argent repart au Maroc.

« Grande ordonnatrice de tous les plaisirs de l'un des plus hauts dignitaires de l'émirat du Qatar, Nadia organise tout : restaurant, cabaret, filles, suites dans les palaces… Tout est payé en liquide, rubis sur l'ongle. Satisfait des prestations luxueuses qui lui sont offertes, le prince en parle à ses nombreux amis, et leur recommande Nadia. Le bouche à oreille fonctionne à merveille, surtout lorsqu'il s'agit du plaisir et du sexe… » Hommes d'affaires, princes des différents Émirats, dignitaires de Libye font appel aux services particuliers de Nadia. « Elle sait envoyer des filles dans le Golfe pour une fête, un événement, ou satisfaire les désirs de l'un des fils du colonel Kadhafi lors de ses escapades parisiennes [1]... » Nadia est finalement emblématique d'une nouvelle génération d'entrepreneuses qui n'ont pas froid aux yeux et appliquent à la prostitution toutes les règles du management moderne. Mais elle n'arrive pas à la cheville de sa consœur Margaret McDonald.

Margaret la « féministe »

La plus ambitieuse candidate au trône, surnommée la « Madame Claude de la jet-set », est aussi une femme : Margaret McDonald. Cette jolie brune, ancienne escorte devenue obèse, est surtout une femme de tête et une redoutable femme d'affaires. Diplômée de l'École polytechnique de Londres et de l'ESC de Reims, elle parle anglais, français, allemand, espagnol, italien, grec, et un peu l'arabe et le japonais. Elle vit luxueusement entre ses deux résidences de Grèce et d'Italie, passe quelques semaines par an dans des trois-étoiles parisiens. Jonglant avec les téléphones portables et les cartes SIM, elle anime un réseau qui compte jusqu'à 440 filles, dont 120 en France, le reste réparti sur une dizaine de pays. La plupart de ses filles sont de jeunes « modèles » entre 20 et 25 ans, mais on trouve aussi des occasionnelles. Sa raison sociale : l'European Escort Agency ; un site web : eurescort.com. Et des tarifs à l'avenant, à partir

1. *Ibid.*

de 1 000 euros. Eurescort passe des annonces dans l'*International Herald Tribune*, quotidien édité à Paris, mais imprimé et diffusé dans 28 villes du monde, touchant en priorité un public d'hommes d'affaires cosmopolites. Les publicités servent à la fois à recruter des clients, mais aussi à trouver de nouvelles filles. Celles-ci vont la perdre : en avril 2002, Margaret est interpellée à Paris, ses dossiers informatiques sont saisis. Son réseau est démantelé, elle est emprisonnée. « Cette Britannique de bonne famille, diplômée de l'École polytechnique de Londres, facturait ses filles 1 000 euros de l'heure et 3 000 euros le week-end à de riches hommes d'affaires, des membres du show-business et des sportifs connus, empochant au passage 40 % de commission [1]. » À l'audience, sans rien perdre de son sang-froid, elle va dérouler face à l'accusation un argumentaire... féministe :

« Au départ, plaide-t-elle, c'était un groupe de copines qui travaillait un peu comme ça, dans la désorganisation la plus totale. » Peu à peu, elle apporte son savoir-faire : « J'ai eu la chance de recevoir une excellente éducation en France où je m'étais spécialisée dans le marketing. L'important, c'est de savoir bien vendre son produit, que ce soit des ordinateurs ou autre chose. [...] Je voulais offrir quelque chose d'un peu plus haut de gamme que ce qui existait sur le marché. Je voulais connaître les filles, je déjeunais toujours avec elles avant de les faire travailler. [...] Mon agence était un moyen discret de faire se rencontrer des gens. » La présidente

1. *Le Point*, 19 janvier 2007.

l'interrompt : « Mais pouvez-vous sérieusement soutenir que ce qu'achetaient les clients, ce n'était pas des relations sexuelles ? » Réponse : « Je ne veux pas être hypocrite. Je sais très bien ce qui se passe après un dîner dans une chambre d'hôtel, que la fille soit payée ou pas. Le but d'au moins un des deux, c'est de finir au lit. Mais moi, ça ne me regarde pas. [...] Si le client ne plaisait pas à la fille ou l'inverse, ils se quittaient et c'est tout, explique-t-elle. Il ne paie pas le prix complet s'il n'a pas consommé tout ce qu'il y avait à consommer. » Quant à sa commission : « [elle correspondait] aux frais de l'agence », notamment les annonces dans l'*International Herald Tribune*. « C'est très cher. Ils ont été les premiers à comprendre que l'on pouvait gagner beaucoup d'argent avec cela. Moi, j'ai toujours voulu être honnête. Le principe de cette agence, c'était la coopération entre les femmes », répète-t-elle [1]. Un argumentaire culotté, mais qui ne convaincra pas complètement le tribunal. Le réseau McDonald reste à ce jour le plus important jamais démantelé.

Dans les années 2000, les scandales sont devenus plus rares. Les agences, pour la plupart basées à l'étranger, sont gérées avec doigté, et compartimentent leurs activités. Elles savent que bien des jeunes mannequins n'ont pas vocation à devenir des call-girls, et tenter de les forcer ne peut qu'aboutir à des catastrophes. Car cette activité requiert une forte motivation et ne s'improvise pas du jour au lendemain. C'est sans doute ce qui a perdu la société

1. « Margaret MacDonald défend son activité, faite "par une femme et pour des femmes" », *Le Monde*, 20 septembre 2003.

libanaise de « mannequinat » Style Modeling Agency, qui se présentait comme une multinationale, avec ses succursales à Dubai (Émirats arabes unis), en Italie (Milan) et au Venezuela. En août 2007 son responsable, l'homme d'affaires libanais Elie Nahas, est interpellé avec une quinzaine de personnes, complices ou associées, à Cannes, pour proxénétisme. La police soupçonne l'entreprise de servir de paravent à un réseau de prostitution international. « Il organise d'abord des élections de miss (Internet, bikini, tourisme) pour attirer les jeunes filles, puis il les met en condition (photos, press-book). Ensuite, il les envoie participer à des « événements » dans le milieu du luxe : défilés de mode, soirées jet-set, etc. Le tout se terminant dans une chambre de palace, dans une villa privée ou sur un yacht avec de fortunés clients, en particulier du Moyen-Orient, tel Hannibal Kadhafi, un des fils du chef d'État libyen [1]. » L'agence employait 30 filles sur les 100 que compte son réseau dans la seule région de Cannes et des environs.

Le temps des bars à hôtesses

Le plus souvent, les jeunes femmes entrent donc dans la prostitution de luxe en étant recrutées par une agence ou un réseau. La tentation de l'indépendance ne vient qu'une fois acquise l'assurance qui va avec

1. Stéphane Joahny, « Des miss transformées en call-girls », *Le Journal du dimanche*, 19 août 2007 ; cité par Jean-François Gayraud dans *Showbiz, people et corruption*, Odile Jacob, 2009.

l'expérience. L'appartenance à un réseau permet à la fois d'« apprendre le métier » et d'avoir un volant d'activité régulier. Mais elle fait perdre au moins 30 % du chiffre d'affaires, prélevé par l'agence, et elle amène tôt ou tard à s'emmêler dans les mailles de la justice (et du fisc), lorsque le réseau « tombe ». Dans les années 1980, les indépendantes ne pouvaient développer leur activité qu'à partir d'un carnet d'adresses préalable, où en passant des petites annonces à la rubrique « contacts » de certains magazines, voire en se risquant dans des clubs libertins, où elles n'étaient, *a priori*, pas les bienvenues. Bref, ce n'était pas très pratique. Toujours efficace, le marché a trouvé une nouvelle solution pour rapprocher l'offre et la demande : des bars sélects où hommes d'affaires en goguette et jeunes femmes en quête de mécènes pourront faire connaissance.

Au début des années 1990, dans les milieux d'affaires, tout le monde connaît le cabaret *Le Baron*, avenue Marceau – sans doute le plus beau « bar à hôtesses » de la capitale, aux dires des connaisseurs. Il sera fermé fin 2003 pour proxénétisme, à la suite d'une « descente » de police. Son gérant, connu sous le nom de « Monsieur Jacques », dirigeait simultanément plusieurs clubs, tels que le *Hammam Club*, *Le Cinq*, *La 4e Dimension* ou *Le QG*, tous prisés par le Tout-Paris. L'instruction estime que « l'établissement tolérait régulièrement la présence de prostituées, à raison d'une cinquantaine par soirée, à la recherche de clients qu'elles devaient d'abord inciter à consommer une ou deux bouteilles de champagne (au prix de 200 à 300 euros l'unité), afin d'être ensuite autorisées à quitter les lieux en leur compagnie pour leur vendre leurs charmes dans différents hôtels de la capitale à des tarifs de 200 à 500 euros la passe [1]. »

« Daniel », notre ex-responsable de communication d'un grand distributeur d'eau, a bien connu ce genre d'endroits : « Peu après mon arrivée dans le poste, j'ai compris que je devais me créer un réseau. J'ai appelé un fournisseur avec qui je m'entendais bien et dont je savais qu'il était un familier de ces questions. Il m'a organisé un vendredi soir la visite de quatre ou cinq "bars à hôtesses". Il y avait dans l'arrière-boutique des petits salons avec canapés permettant de consommer sur place. Il fallait des établissements pouvant facturer des prestations "normales" : notes de bar, traiteur, etc. Pour un client VIP, on n'allait pas nous chipoter quelques bouteilles de champagne à 500 francs ! Si un visiteur plus timide que la moyenne désire ramener avec lui une jeune femme lui ayant "tapé dans l'œil", on trouve toujours moyen de s'arranger. » « La grosse période de l'année, c'était le congrès des maires de France ! Là, il faut s'y prendre très à l'avance car toutes les filles de la capitale sont réservées ! Il faut absolument éviter la concurrence avec le public du Salon de l'agriculture. »

Depuis, les « bars à hôtesses » de la capitale se sont reconvertis en lieux « branchés ». La nouvelle direction du *Baron* insiste sur le fait que toute prostitution a disparu de l'établissement… Au moment de sa réouverture, on trouvait même à proximité des

1. « L'ex-gérant du Baron comparaît pour proxénétisme », *Le Nouvel Observateur*, 23 juin 2008.

« rabatteurs » accostant d'anciens clients qui ressortaient, déçus par la nouvelle formule ! Ils devaient pourtant savoir qu'il est désormais possible de trouver son bonheur sur Internet... au moindre risque.

Internet, royaume des services à la personne

Il suffit de taper « escort-girl » ou « call-girl » dans un moteur de recherche sur Internet pour accéder à des milliers de sites en français, et bien plus encore en anglais. Certains regroupent des centaines de filles, indépendantes ou appartenant à des agences. Les plus élaborés permettent de s'inscrire pour accéder aux commentaires des clients et à leur notation. C'est le cas du site « escort-annonce », qui arrose toute l'Europe avec 37 versions différentes regroupant près de 7 500 annonces d'« escorts ». Des annonces « enrichies » par les clients avec le plus grand soin. Comme dans une étude de *60 millions de consommateurs* ou dans les dossiers techniques de la Fnac, de multiples critères sont ainsi évalués : le temps passé et le prix payé, l'aspect général, l'accueil, etc. Les clients peuvent ensuite laisser un commentaire libre. Exemple :

À propos de la rencontre :

Place :	À mon hôtel
Durée :	60 minutes
Prix :	250 EUR

Apparence et Services :

Apparence :	9,5
Services :	8,5
Baiso-mètres	95,8

Elle a aussi rendu ces services :

Embrassades :	Embrassades avec la langue (french kiss)
Oral :	Oral sans Condom
Éjaculation :	Dans la bouche mais n'avale pas
69 :	Oui
Anal :	Non
Pénétration :	Enthousiaste
Plusieurs relations sexuelles :	Non, seulement qu'une
Poitrine :	Réelle
Attitudes :	Amicale
Conversation :	Intelligente
Disponibilité :	Facile de réserver
Photos :	Photo 100 % réelle

Commentaires sur le service :
une petite merveille

Évaluation :
une jolie blonde, grande, mince un visage doux et charmeur, une belle bouche pulpeuse, des yeux merveilleux et un corps de rêve douce et attentionnée elle n'a de cesse de vous donner ce que vous attendez d'elle très

gfe* elle se laisse aller au plaisir en votre compagnie un rêve de douceur et de tendresse dans ce monde pas toujours très doux ;-) à recommander à qui cherche une petite amie pour une heure ou plus merci xxxx pour ces moments si merveilleux

Traduction ultralibérale du marché sexuel pur et parfait ! Au vu de leurs propres évaluations, certains clients semblent avoir dépensé de véritables fortunes en un mois, ce qui suppose des revenus que l'on ne trouve qu'au sommet des grandes entreprises, ou dans la finance : 300, 400, 500 euros pour une heure, 1 000 ou 1 500 euros pour une soirée, déboursés une à plusieurs fois par semaine représentent un budget d'au moins 5 000 euros par mois pour ce seul poste. En France, ils n'étaient pas moins de 40 000 clients « privilège » à débourser 10 euros par mois pour avoir le droit de rédiger leurs commentaires !

Bref, une affaire qui roulait sans anicroche… mais qui a eu le malheur de faire grimper en flèche la prostitution étrangère dans des endroits inattendus, comme la bonne ville de Clermont-Ferrand, où la police locale n'a pas du tout apprécié une invasion de jeunes femmes de l'Est se relayant dans certains hôtels… Comme par hasard, elles étaient toutes inscrites sur le même site. En tout, ce réseau européen faisait travailler 7 500 prostituées qui touchaient en moyenne 300 euros par passe… et lui reversaient 270 euros par mois ! Une escort-girl qui s'est inscrite

* Gfe = « girlfriend experience ». Désigne un rapport ne se limitant pas au sexe, mais reproduisant le contexte d'une nuit avec une petite amie (embrassades, longs préliminaires, etc.).

gratuitement raconte qu'au départ tout semblait régulier : « Le site était bien coté. Il n'y avait pas de clientèle tordue. » Mais un jour, sa fiche a disparu : « On m'a répondu que je devais verser 270 euros par mois pour rester sur le site. »

En France seulement, ce juteux commerce rapportait 3 millions d'euros mensuels à ses instigateurs. En juillet 2009, au terme de plusieurs mois de recherches, les enquêteurs sont remontés jusqu'aux responsables du réseau. Le responsable pour la France, un homme de 44 ans surnommé « Karl », a été interpellé à Évry ainsi qu'un informaticien de 19 ans. Tous deux ont été mis en examen pour « proxénétisme aggravé, traite d'êtres humains et association de malfaiteurs ». Quatre autres personnes ont aussi été interpellées en Slovaquie, dont une femme. Le cerveau présumé, un Suisse-allemand de 32 ans, fait l'objet d'un mandat d'arrêt international. Cependant, début 2010, le site fonctionnait toujours car il est hébergé aux États-Unis, où la police française a du mal à obtenir sa fermeture.

Un site comme celui-ci en dissimule des milliers d'autres, beaucoup plus artisanaux. Selon une enquête du *Point*, les escort-girls qui proposent leurs services sur Internet « sont souvent des occasionnelles qui font des extras pour arrondir leurs fins de mois ou s'offrir une voiture. “Nous avons par exemple affaire à des femmes divorcées qui ont choisi de se prostituer pour garder leur train de vie, indique le commissaire Daniel Rigourd, patron de la BRP. Elles le font de temps en temps, souvent lors de week-ends facturés 3 000 ou 4 000 euros.” C'est le cas de Camille. Cette quadra à la beauté hitchcockienne, qui s'est séparée de son mari pilote de ligne, se prostitue deux fois par mois pour "maintenir [son] standing". "Il m'arrive aussi d'accompagner simplement des hommes, seuls ou en couple, pour les mettre en valeur lors de dîners professionnels", explique-t-elle. Camille a monté, comme la plupart des escort-girls, son propre site Internet. D'autres préfèrent recourir à des agences internationales qui mettent en ligne des catalogues [1] ». Mais on trouve aussi des professionnelles qui se signalent par la qualité de leur site, avec parfois un clip vidéo qui n'a rien à envier aux « films de charme » diffusés sur le câble à des heures tardives.

De nombreux sites de prostitution (de luxe ou non) se dissimulent derrière des sites légaux d'escortes (dans des pays où ils sont autorisés) et des sites de photos de charme. La police est souvent impuissante devant cette forme de cybercriminalité, car il est difficile de rechercher et de faire condamner un site hébergé dans un pays où la prostitution est légale. Or il y a plusieurs pays dans l'Union européenne où c'est le cas, notamment aux Pays-Bas ou en Allemagne.

Certains sites s'adressent visiblement à la clientèle des grandes entreprises et personnalités fortunées. C'est ainsi qu'un prestataire allemand proposait, en 2005, d'intéressants forfaits « Yachts and Babes » : « Voulez-vous expérimenter l'ultime aventure du luxe et du plaisir ? Alors prenez un yacht luxueux avec quelques jolies mannequins de notre agence d'escortes de grande classe et nous vous garantissons

1. « Prostitution : ces filles qu'on ne voit jamais dans la rue », *Le Point*, 19 janvier 2007.

la plus inoubliable expérience de votre vie. [...] Imaginez, vous et votre yacht de luxe, dans une baie non souillée, avec des créatures de rêve, du champagne, la perfection. Nous vous fournissons le yatagan, un skipper et si nécessaire une équipe. Vous choisissez les femmes qui vous accompagnent pendant votre séjour. Vous choisissez le lieu et la durée du séjour [1]. » Prix catalogue : 50 000 euros ! Pour avoir un cuisinier, comptez un supplément. Vous n'êtes pas convaincu ? Peut-être préférerez-vous le forfait « Jet and Babes », proposant à l'homme d'affaires allemand une petite virée de Francfort à Paris. Il sera accueilli à l'intérieur du jet privé par une équipe de charme et du champagne. Le temps d'une extase aérienne, le client déjà arrivé à Paris sera transféré dans un palace parisien, avant de passer une soirée spectacle de choix. Retour le lendemain matin, un brunch est même offert dans l'avion ! Et tout ça pour « seulement » 7 700 euros... On l'a compris, les possibilités sont aussi infinies que l'imagination des promoteurs.

Tout est-il possible pour les indépendantes à l'abri d'Internet ? Pas si sûr. Pour la première fois, une call-girl a été arrêtée en 2009 pour « racolage sur Internet », dans un hôtel de Toulouse [2]. La police essaie donc d'appliquer sur le Net la loi réprimant le racolage sur la voie publique. Une procédure validée par le parquet qui a convoqué la jeune femme devant

1. Cité par Marie-Élisabeth Handman et Janine Mossuz-Lavau dans *La Prostitution à Paris*, La Martinière, 2005.
2. *La Dépêche du Midi*, 17 octobre 2009.

le tribunal correctionnel pour mars 2010, tout en sachant qu'elle risque de ne pas se présenter puisqu'il s'agit d'une Brésilienne résidant en Espagne. La péninsule Ibérique est fortement frappée par la crise, certaines escortes tentent donc leur chance côté français. La procédure a surtout un usage dissuasif, visant à endiguer le flux transfrontalier. Sur le plan du droit, il sera intéressant d'observer comment la justice traite une affaire de ce type : il n'est pas évident que la notion de racolage sur la voie publique puisse s'appliquer à un site d'annonces sur Internet, sur lequel on ne tombe pas vraiment par hasard ! Sur le modèle des Anglo-Saxons, les call-girls prennent soin de poster à l'entrée de leur site des messages d'avertissement de ce type, vraisemblablement rédigés par des avocats :

> Ce site ne contient aucune image à caractère pornographique. Les liens vers les annuaires et autres services peuvent toutefois comporter des photos incompatibles avec leur visualisation par un mineur.
> — Je certifie donc avoir atteint l'âge de la majorité légale telle que définie dans mon pays de résidence.
> — Je m'engage à ne pas dévoiler l'existence de ce site à des mineurs.
> — Je déclare consulter ce site à titre purement personnel en n'impliquant aucune société ou organisme d'État.
> — Je certifie m'engager à mettre en œuvre tous les moyens existants à ce jour pour empêcher n'importe quel mineur de mon entourage d'accéder par mon ordinateur à ce site.

— Je décharge le webmaster et l'hébergeur de ce site de toute responsabilité si une personne mineure venait à pénétrer sur ce service par mon ordinateur.

Même si la dernière « décharge » n'a aucune valeur juridique, l'ensemble du texte, qu'il faut approuver par un clic sur le bouton « j'accepte », renforce l'argument selon lequel il est difficile pour une âme innocente de pénétrer « par hasard » sur le site. Cet avertissement se double souvent d'un autre, déjà rencontré dans l'affaire « McDonald » : « Mes services sont destinés uniquement à l'accompagnement. Toute relation plus intime qui pourrait se produire lors d'une rencontre ne serait que le fait de l'attirance entre deux adultes consentants. Cela relèverait donc uniquement de la vie privée et serait totalement détaché de la prestation. » Une affirmation hypocrite, bien peu susceptible de convaincre les juges, comme on l'a déjà vu…

Malgré quelques escarmouches, le recrutement sur Internet est encore la solution la plus sûre du point de vue juridique, même si elle fait courir le risque de tomber sur des « clients » dangereux.

Pourrait-on demain franchir une nouvelle étape dans la promotion des « services » de luxe ? Oui, si l'on en croit l'exemple britannique. De l'autre côté de la Manche, on réfléchit en effet très sérieusement à autoriser la publicité pour les « escorts »… à la télévision ! L'équivalent anglais du CSA, l'Independent Television Commission (ITC) y est en effet favorable, en raison de la manne publicitaire importante que cela apporterait, à condition que les annonces restent visibles par tous [1]. Une position qui choque de nombreux politiques, au moment où la ville de Londres s'efforce de « nettoyer » le district de Soho connu pour ses sex-shops et bars à strip-tease… et même certaines call-girls qui estiment qu'un afflux de publicités suggestives sur le petit écran ferait perdre à leur profession une part de son mystère !

1. « Nice and Sleazy Does it », *The Guardian*, 11 mai 2000.

CHAPITRE 4

CALL-GIRLS ET ENTREPRISES, MODE D'EMPLOI

« C'est l'histoire d'un client levé avenue Foch, par une prostituée en Mercedes décapotable. Il débarque chez elle dans un cadre somptueux, toiles de maîtres, meubles signés, livres rares et, encadré, le diplôme décerné à cette fille superbe par une grande école. Stupeur du monsieur : Enfin, je ne comprends pas. Faire ce métier, vous ! Comment vous avez pu ? » Alors, elle : « J'ai eu de la chance, voilà tout [1] ! »

À Paris, elles seraient, selon la police, quelques centaines, un millier au plus. Elles forment le « gratin » de la prostitution. Contrairement au reste de la profession, les call-girls de grand luxe sont majoritairement indépendantes. Elles n'ont pas besoin de s'afficher sur Internet pour aguicher le client de passage. On les connaît, et elles connaissent

1. Anecdote racontée par Claude Sarraute dans *Le Monde*, 5 juin 1993.

ceux qui peuvent faire appel à elles. Ce petit monde, très fermé, ne s'ouvre pas volontiers à notre curiosité.

Charmes et dangers de l'indépendance

La situation d'une indépendante présente de nombreux avantages. Au plan financier, elle touche 100 % du prix de sa prestation, contre 50 ou 60 % en agence. Elle ne risque pas le redressement fiscal lorsque l'agence est démantelée. La prostitution est considérée par l'administration fiscale comme une activité « normale », c'est-à-dire relevant des « bénéfices non commerciaux » (tandis que pour le proxénète éventuel, les revenus sont classés en « bénéfices industriels et commerciaux » !), ce qui entraîne une imposition à l'Urssaf. L'estimation des revenus est faite entre le fisc et les services de police : lorsqu'une prostituée est interpellée, elle doit expliquer le nombre de prestations effectuées dans une journée, une semaine, etc. À partir de cette estimation, le fisc calcule un revenu moyen et décide d'une imposition d'office. Ce qui pose plusieurs problèmes… D'une part l'activité et le revenu d'une call-girl peuvent varier d'une année sur l'autre (ce n'est pas un métier que l'on pratique très longtemps). *De facto*, une forte imposition ne facilite pas les reconversions, voire les dissuade. Il y a peu d'activités aussi rémunératrices et il est dangereux de s'en affranchir sans avoir réglé toutes ses dettes. La pratique du redressement fiscal contribue donc à maintenir les filles dans la prostitution. D'autre part, cette politique du fisc s'apparente à une légitimation du commerce sexuel combattu par ailleurs.

Autre avantage non négligeable : l'indépendante reste maîtresse du choix de ses clients et de son emploi du temps. Certes, des filles travaillant en agence s'arrangent parfois pour glisser leur numéro aux clients les plus intéressants, mais prennent alors le risque de sanctions si elles sont découvertes. L'idéal pour une indépendante expérimentée est de se constituer une clientèle fidèle et régulière, ce qui garantit une activité stable et élimine les risques liés aux mauvaises surprises. En effet une indépendante qui travaille en solitaire court le risque de ne pouvoir être secourue en cas de mauvaise rencontre, personne ne sachant où ni avec qui elle avait rendez-vous. C'est pourquoi bien des filles travaillent en réseau. Elles se tiennent mutuellement informées de leurs rendez-vous, se rappellent lorsqu'elles en sortent. Ainsi l'amie dispose de l'identité et des coordonnées du client et peut l'appeler, au cas où sa consœur ne s'est pas signalée dans les temps. Autre avantage du réseau, on peut transmettre à une amie un client dont on ne peut pas s'occuper, et vice versa. Malgré les rivalités, les amitiés professionnelles entre call-girls sont essentielles pour conserver un équilibre au quotidien car elles mènent souvent une double vie, cachant leur véritable activité à la famille et aux « amis en dehors du circuit ».

Quand une call-girl décide de « raccrocher », parce qu'elle se marie ou change d'activité, fortune faite, elle monnaye souvent son carnet d'adresses qui peut atteindre une valeur considérable. Des clients réguliers, fortunés et sans histoire, cela ne se trouve pas facilement ! D'autant plus que, dès les années 1980, poussées par la crise économique, les « occasionnelles » sont venues opposer aux call-girls installées une concurrence féroce à prix cassés et avec une offre constamment renouvelée. Or, on le sait bien, les clients sont forcément attirés, ne serait-ce qu'un temps, par la nouveauté et la fraîcheur. Dès lors, une call-girl expérimentée doit se positionner sur le haut de gamme en soignant sa distinction et sa connaissance de la « haute société ». « Lorriane », la trentaine, raffinée, analyse ainsi son métier : « Une bonne call-girl est d'abord une talentueuse escort-girl. Le travail de présence, de pure représentation n'est pas négligeable, qu'il s'agisse d'un vernissage à Londres, d'une vente aux enchères à Paris ou d'un défilé de voitures de collection à Saint-Germain-en-Laye. C'est là qu'il faut être au top de son professionnalisme. Une faute d'appréciation, un mot de trop et vous perdez votre client sur-le-champ. Il est donc fortement recommandé de parler un anglais parfait, d'appeler un ambassadeur “Son Excellence”, de dire “Monsieur le Ministre” à un ancien ministre et « mon ami » à un homme d'âge respectable. À table, il est exclu de lécher son couteau, de se servir soi-même ou de poser ses cigarettes à côté de son assiette [1]. » Ni plus ni moins que les préceptes de Madame Claude, remis au goût du jour.

« Au lit, c'est en fait le moins compliqué. Il faut miauler de plaisir, pousser des petits cris avec une pointe de distinction dans la voix, murmurer aux

1. Jean-Baptiste Drouet, *op. cit.*

amants les plus lamentables qu'ils font l'amour comme des dieux, et, le chic du chic, feindre la larme d'émotion juste après l'acte charnel. Mon grand truc, c'est de vouvoyer mon partenaire pendant l'action et de le tutoyer pendant son orgasme, avec une voix de femme conquise, pleine de sincérité. La plupart des clients me croient alors amoureuse. Vous savez, les hommes, même milliardaires, demeurent de petits monstres de vanité. Ils adorent être idolâtrés et se moquent éperdument de votre plaisir. Il n'y a qu'eux qui comptent. Il faut impérativement qu'ils se croient irrésistibles, extraordinaires et seuls au monde. Un client qui se sent admiré paie plus et vous rappelle. » Le secret est donc là : les hommes de pouvoir veulent du sexe, certes, mais c'est un service répandu qui leur est facilement accessible. S'ils payent très cher et restent fidèles, c'est pour s'attacher les faveurs d'une courtisane – et l'on peut employer ici le terme dans son sens historique. Plus que leur anatomie, c'est leur ego qui a besoin d'être caressé.

Le milieu des affaires est peut-être moins raffiné que celui de l'aristocratie, mais il reste d'un maniement tout aussi délicat, ce que confirme Lorriane : « Je suis désormais dans un monde très fermé de galantes où avoir 30 ans est plus un atout qu'un handicap. On n'envoie pas en mission une poupée de 20 ans, aussi radieuse soit-elle, quand des sommes vertigineuses sont en jeu. Sans certaines de mes interventions, nombre de grosses entreprises françaises auraient vu quelques beaux marchés filer à l'étranger... À Paris, nous sommes une trentaine spécialisées dans ce créneau. Nous travaillons pour les grandes firmes du bâtiment, de l'agroalimentaire, de l'assurance, du pétrole, de l'armement. Plus rarement dans le milieu des banques et de la politique, mais très souvent pour les marchands d'armes et les géants du BTP [1]. »

Circuits professionnels

Les rares call-girls qui acceptent de parler s'accordent à désigner les mêmes secteurs professionnels comme particulièrement friands de leurs services. Sans oublier les ambassades étrangères : selon « Charlotte [2] », les ambassades de pays arabes situées à Paris sont de bonnes clientes, régulières, aimant « remercier les invités ». Cela se passe « généralement dans des appartements privés, à l'extérieur de l'ambassade ». La jeune femme y trouve son compte : « Si c'est juste le dîner sans rien d'autre, 4 000 francs. Si l'on passe la nuit, cela peut monter jusqu'à 10 000. Si on est plusieurs filles et que l'on se connaît, on fait un forfait, 7 000 par personne. » Autres bons clients, les Japonais. « Pour un dîner de 20 h 30 à minuit, ils payent 6 000 francs deux jours à l'avance. Ils sont charmants. Très propres. La plupart du temps, ils ne demandent même rien. Ils ne sont pas portés sur la bagatelle. On dîne et on s'en va. »

Dans les années qui suivent ce témoignage, une autre clientèle s'impose sur la place de Paris : des Russes enrichis qui investissent massivement en

1. *Ibid.*

2. Propos recueillis par Dany Jucaud pour *Le Nouvel Observateur*, 5 août 1988.

Europe de l'Ouest. Confirmant les clichés les plus éculés, plusieurs témoignages insistent sur leurs mauvaises manières et leur descente redoutable d'alcools les plus divers. Avec, pour contrepartie, moins d'efforts à faire en deuxième partie de soirée : « Le seul point positif reste qu'ils s'endorment pendant l'acte et ne sont donc pas trop vicelards ! » sourit une ancienne call-girl. Ce n'est pas une ex-Miss France, bien connue des soirées SM, qui va la contredire : escort-girl occasionnelle, elle serait utilisée par un service secret pour « accompagner » certaines personnalités de passage à Paris. Selon une rumeur persistante, elle aurait passé une soirée auprès du président russe Boris Eltsine, alors proche du coma éthylique.

Quand ils débarquent, les hommes d'affaires russes qui ne connaissent pas encore les adresses et les intermédiaires ne font pas de chichis. Ils s'adressent tout simplement au chauffeur de limousine qui vient les chercher à l'aéroport. L'un d'entre eux, « Lionel », confie : « Nous avons tous les coordonnées de call-girls et de prostituées occasionnelles, un peu moins chères. Cela fait partie du métier. Nos patrons sont parfaitement au courant de ce petit manège mais ils préfèrent fermer les yeux et garder la clientèle friquée des pays de l'Est. D'ailleurs, les clients russes n'utilisent que les chauffeurs capables de fournir de belles filles. Ils se refilent les bons tuyaux dès l'aéroport et boycottent les autres. [...] Je gagne 1 200 euros nets par mois. Avec les commissions reversées par les filles, je grimpe à 5 000 euros nets. Alors je n'hésite pas. Mais je n'inscris jamais les numéros de téléphone des prostituées dans mon carnet d'adresses. J'apprends tout par cœur [1]. »

Malgré ces intermèdes de « prestige », le marché principal au quotidien reste celui des hommes d'affaires français : Charlotte, par exemple, n'a « pratiquement que ça. Beaucoup dans le bâtiment. À une époque, j'ai un peu travaillé pour la plus grosse entreprise française. Des week-ends en province pour des clients... Mais je n'aime pas les Français. Ils veulent tout sans rien donner. Juste baiser. Les Orientaux sont plus amicaux. » Parfois, la call-girl n'est pas présentée comme telle, mais intégrée à une réception avec pour objectif de « séduire » un invité de marque : « À Paris, dans les dîners d'affaires, on arrive à plusieurs. Les patrons nous font passer généralement pour une collaboratrice ou une cousine de province. On brouille les pistes. [...] Généralement, le patron de la boîte nous a convoquées avant. Il essaie de savoir, de trois ou quatre filles, quelle est la mieux en fonction de son client. Tout est question de psychologie. Avant le dîner, il nous dit ce qu'il attend de nous. On a toujours un rôle à jouer : soit il faut juste le séduire pour qu'il soit content, soit il faut qu'il tombe amoureux. Il suffit de l'"accrocher". Juste l'appâter. On ne lui donne pas notre numéro de téléphone. S'il a envie de nous recontacter, il sera obligé de repasser par notre employeur. Une fois sur deux, il tombe dans le piège. Les affaires, c'est comme l'amitié : ça s'entretient. »

1. Cité dans Christian Gettner, *Le Livre noir de la prostitution*, La Pieuvre noire, 2005.

Certaines entreprises, surtout des PME travaillant comme sous-traitants pour quelques très gros clients, se sont persuadées que les escortes sont indispensables à la réussite de leur activité. Un patron quinquagénaire, qui refuse même que l'on cite son secteur d'activité, confie en soupirant : « Nous faisons 90 % de notre chiffre avec trois distributeurs. Si j'en perds un, je meurs. C'est aussi simple que ça. Alors si, pour avoir la paix, il faut que je finance les cinq à sept du responsable achats de mon secteur, quel est le problème ? En ce moment, on est tellement pressurés… » Mais il reconnaît aussitôt que ce genre de pratiques a de moins en moins cours : « Je le fais pour un responsable achats qui est devenu un vieux copain, mais les plus jeunes ne mordent pas à l'hameçon. Ils ont trop peur pour leur place. Et ils sont pressurés, eux aussi. » Un autre P-DG, en retraite du BTP, reconnaît lui aussi en souriant avoir parfois dû « faire plaisir » à des élus et fonctionnaires locaux, pour obtenir tel ou tel marché. Mais tout en s'alignant avec le candidat mieux-disant, précise-t-il. Dans tous les cas, le schéma est le même : un gros contrat, capital pour l'entreprise, et des prix de marché équivalents. Il faut savoir être imaginatif et pousser sur les bons boutons pour faire la différence.

Ce type de collaboration doit avoir une vitrine légale… Relations publiques, par exemple. Pas question de payer sans justificatif. Et les caisses noires chères au BTP des années 1970-1980 sont beaucoup moins fréquentes aujourd'hui. Alors, parfois, le commanditaire demande à la call-girl de s'enregistrer comme traductrice !

Les concierges de nuit, dans les grands hôtels parisiens, sont souvent sollicités par la clientèle professionnelle en manque de « compagnie » agréable. Les listes de numéros à appeler se transmettent lors de la prise d'un nouvel emploi de concierge. En cas de besoin, on fait appel aux collègues qui ont un carnet plus étoffé. Les concierges touchent une commission en direct, qui peut atteindre 30 % du prix de la passe.

En 1985, on découvre que des employés de palaces « homologuent » des filles pour qu'elles aient le droit de travailler dans leurs établissements, moyennant une commission de 30 % sur leurs gains. Une fille qui s'est vu refuser l'accès de l'hôtel *California* va spontanément témoigner auprès de la Mondaine, ce qui déclenche la mise en place d'une surveillance serrée. Une commission rogatoire est délivrée le 21 mars 1985 à la BSP par le juge d'instruction du tribunal de grande instance de Paris, un certain Jean-Louis Debré. Les faits sont difficiles à établir. La réservation s'effectue par téléphone. À son arrivée, la fille sait dans quelle chambre elle est attendue, et n'a donc pas besoin de se présenter à la réception. Difficile dans ces conditions d'être sûr qu'il s'agit bien d'une call-girl. Par prudence, elle ne remet pas sa « commission » au concierge en sortant, mais en dehors de l'hôtel, lors d'un rendez-vous hebdomadaire dans un endroit discret. Il ne faut pas moins de six mois de surveillance, filatures, écoutes, pour dévoiler l'ensemble du réseau. Dans la nuit du 6 novembre, une surveillance est mise en place autour des hôtels *Sofitel Bourbon* (rue Saint-Dominique), *Vernet* (rue Vernet) et *California* (rue de Berri). Une perquisition simultanée est lancée à

6 heures du matin. Des petits répertoires téléphoniques sont saisis dans chacun d'eux et en tout, 21 concierges de nuit sont arrêtés et inculpés pour proxénétisme aggravé [1].

Au début des années 1990, le ministère de l'Intérieur mène la guerre aux portiers de palace, mais le phénomène ne disparaît pas pour autant, malgré les dénégations de la profession. Interrogé par *Le Monde* en 1995, Pierre Porte, chef concierge au *Méridien Montparnasse*, et président des Clefs d'or France, qui regroupe 400 concierges, assure que « le recours aux call-girls "n'existe plus" ». Ce que divers témoignages contredisent pourtant. « Tous les adhérents des Clefs d'or ont une déontologie qui les conduit à refuser de rendre ce type de services. Mais il y a toujours des brebis galeuses. » Certes. Des brebis galeuses, on en trouve aussi parfois dans les entreprises. L'histoire qui suit montre que le système, souvent présenté comme un mal nécessaire pour préserver les marchés des entreprises, peut être complètement détourné de son objectif initial… La récente affaire qui a frappé un géant de l'automobile n'a pas été suivie de très près par la presse française, mais elle a causé d'énormes remous outre-Rhin. Il ne s'agit pourtant pas d'une entreprise qui paye des prostituées à ses clients. Ce serait bien trop banal…

1. Véronique Willemin, *op. cit.*

Frais généreux chez Volkswagen

La « cogestion à l'allemande » entre direction de grandes entreprises et syndicats est une des spécificités, souvent citée en exemple de bonnes pratiques dans le reste de l'Europe. Dans la réussite économique allemande, Volkswagen représente la quintessence du modèle social rhénan qui permet de développer à la fois la compétitivité et les salaires. Un système qui confie aussi des pouvoirs étendus aux comités d'entreprise, dirigés par les représentants des salariés. Mais qui peut parfois conduire à de curieuses pratiques...

Tout commence par un scandale inhabituel au *Schlosshotel*, un cinq-étoiles de Berlin. Un homme complètement saoul déambule dans le hall avec une fille russe quasiment nue à son bras. La directrice lui demande de quitter les lieux. Il refuse, éructant qu'il dépense près de 25 000 euros par an dans cet hôtel et qu'il a le droit d'y faire ce qui lui plaît ! La directrice se plaint alors auprès de l'entreprise Volkswagen, l'employeur du client récalcitrant. Au siège, on tombe des nues : personne n'était au courant que Klaus-Joachim Gebauer, directeur du personnel du groupe, était un client régulier. Une enquête est lancée. Six mois plus tard, Gebauer est débarqué. Le scandale éclabousse aussi le DRH Peter Hartz, un ancien conseiller de Gerhard Schröder.

Klaus Volkert, directeur du comité d'entreprise Volkswagen, se retrouve à l'été 2005 au cœur de la tourmente. Cuisiné par la police allemande, il reconnaît avoir dépensé, sur les instructions de Gebauer, près de 500 000 euros en call-girls et hôtels de luxe,

« pour le bien du comité d'entreprise ». De son côté, Gebauer avoue avoir approuvé ces dépenses : « Les syndicalistes ne voulaient que le meilleur, explique-t-il. Pendant plus de dix ans, je leur ai fourni des prostituées, sans que cela soit remis en question. » Les filles représentaient des « cadeaux » faits aux responsables syndicaux que Volkert voulait récompenser : « Cela renforçait sa position de pouvoir – décider qui aurait droit à une fille et qui n'y aurait pas droit. » Une culture de la motivation en quelque sorte... La pratique aurait débuté en 1996, lors d'un séminaire de direction au Brésil. Un dirigeant du groupe aurait réclamé pour la nuit une belle Brésilienne, avant de tomber sous le charme et de faire payer à la demoiselle un billet de première classe pour le rejoindre lors d'un séjour à Paris. « Pour nous, raconte Gebauer, les voyages à l'étranger sans prostituées sont devenus impensables, peu importait dans quel pays ou quelle ville on se trouvait », avoue-t-il. Dans certaines villes, Volkert et Gebauer faisaient ensemble la tournée des bordels de luxe. Les enquêteurs vont de surprise en surprise. Ils passent des mois à recenser les défraiements de maîtresses et les services sexuels fournis à l'occasion de visites dans des clubs de Prague, Barcelone et São Paulo. D'après leurs estimations, ce sont en réalité plus de 3 millions d'euros qui auraient été dépensés indûment en voyages, fêtes et services sexuels par cette fine équipe.

Pendant les quatre dernières années de leurs tribulations, Volkert s'est attaché la compagnie d'une beauté brésilienne nommée Adrianna Barros, ex-présentatrice de télévision. Officiellement elle était chargée de réfléchir pour Volkswagen à un projet « d'aide sociale aux enfants des rues du Brésil ». La jeune femme dément s'être prostituée. Elle reconnaît seulement avoir reçu 7 000 euros par week-end, à titre « d'argent de poche ». Convoqués par les enquêteurs, les auditeurs de la firme KPMG, censés certifier les comptes du comité d'entreprise, se sont montrés incapables d'expliquer comment Madame Barros avait pu recevoir plus de 200 000 euros, pour l'essentiel en liquide, pour un projet qui n'a jamais vu le jour.

Les exploits de Gebauer ne s'arrêtent pas là. On découvre que lui et son ami Helmuth Schuster, directeur de la filiale Skoda, ont monté une série de sociétés écrans destinées à détourner plusieurs millions d'euros pour leur usage personnel. Ils ont, par exemple, subtilisé une subvention d'un million d'euros versée par le gouvernement indien pour l'implantation d'une usine Volkswagen. À Prague, Volkert et Gebauer ont créé une série de sociétés holdings, officiellement dirigées par une ancienne reine de beauté. Les trois hommes y faisaient souvent la fête en compagnie d'une ancienne playmate et d'autres filles rencontrées dans des clubs.

Une fois les vannes du procès ouvertes, Gebauer n'a plus rien à perdre et décide de « balancer » ses anciens patrons. Il affirme dans un entretien au magazine *Stern* que depuis dix ans, il fournissait régulièrement à son patron, et divers cadres du groupe, des call-girls qu'il faisait pénétrer nuitamment dans leur suite, les soirs de séminaires de direction. Il précise encore qu'il fournissait aux plus âgés du… Viagra, qu'il se procurait dans une petite pharmacie près du siège social. Enfin, il révèle avoir loué aux frais du groupe un appartement qui servait à des dirigeants syndicaux et à un « top manager » du groupe pour y rencontrer incognito des prostituées.

Nous avons voulu savoir si une affaire similaire serait possible en France, et interrogé pour cela « Frédéric », un ancien dirigeant d'une filiale du groupe PSA. Celui-ci reconnaît que « pour les gros contrats, en particulier avec les Allemands, il fallait fournir la chambre garnie. Lors des visites de clients à Paris pour le Salon de l'automobile, pour les expositions de nos machines plusieurs fois par an dans diverses villes européennes… ça ne passait pas par moi mais par les commerciaux. Ceci dit j'étais bien sûr au courant. » Toutefois, précise-t-il, il n'y a jamais eu, à sa connaissance, de « dérapages » comparables à ce qui s'est produit chez Volkswagen : « Je ne vois d'ailleurs pas comment cela aurait été possible. »

Il a fallu, en effet, de nombreuses complicités de haut niveau pour que perdure le système Volkswagen, et un état d'esprit qui n'a pas été remis en question. Klaus-Joachim Gebauer n'exprime aujourd'hui aucun regret : « Personne n'avait mauvaise conscience. Certains d'entre nous ont essayé d'en retirer tout ce qu'ils pouvaient – de l'argent et des filles. C'est tout ce qu'ils avaient en tête. Plus d'une fois en réunion je les entendais crier : "Gebauer ! où sont les filles ?" »

Dans les affaires, c'est souvent une question cruciale.

CHAPITRE 5

LES INTERMÉDIAIRES

On l'a compris, le monde des affaires internationales a souvent recours aux charmes féminins (parfois masculins) pour atteindre ses objectifs. C'est tout particulièrement le cas quand il négocie avec les pays de l'hémisphère Sud, dans lesquels les décideurs politiques n'ont pas trop de comptes à rendre sur leurs commandes d'armes, d'avions, de palais, etc. Sur ces marchés compétitifs, aux enjeux considérables, les multinationales travaillent le plus souvent avec des intermédiaires bien placés, au carnet d'adresses fourni, sans se soucier outre mesure de leur respectabilité. Les champions français de l'armement ne font, bien sûr, pas exception.

Le destin tragique d'Altantuya [1]

Anciennement connue comme la « Direction des constructions navales », la DCNS commercialise aujourd'hui des bateaux et sous-marins de guerre français, parmi les plus performants au monde. Partiellement privatisée, elle a accueilli à son capital Thales (ex-Thomson-CSF) pour mieux affronter la concurrence internationale. Mais pas question d'en savoir plus sur ses méthodes de prospection... ni sur les intermédiaires auxquels elle fait appel. Dans la trop fameuse affaire des frégates de Taïwan, ou dans l'enquête sur l'attentat de Karachi, que l'on soupçonne d'avoir été déclenché par l'interruption des commissions attendues par des officiers pakistanais, le « secret-défense » est systématiquement opposé à la presse et à la justice.

C'est pourquoi la DCNS ne s'exprimera pas non plus sur une récente affaire qui a provoqué quelques remous en Malaisie : la vente, pour près d'un milliard d'euros, de deux sous-marins Scorpène à propulsion quasi silencieuse. L'État fédéral malaisien, dont la population se partage entre Malais, Chinois et Indiens, est coupé en deux. D'un côté la péninsule malaise continentale, de l'autre la partie nord de l'île de Bornéo. Entre les deux, plusieurs détroits, dont celui de Malacca, concentrent le trafic maritime d'Asie vers l'Europe ou l'Afrique, ce qui crée un carrefour particulièrement stratégique et difficile à

1. Merci à Patrick Pesnot et à Monsieur X de nous avoir signalé cette histoire.

sécuriser. Une situation qui fait de la Malaisie un client de choix pour la DCNS…

Pour gagner ce marché, les Français vont s'appuyer sur un « homme d'influence » local, Abdul Razak Baginda, un riche play-boy éduqué au King's College de Londres et amateur de voitures de course, descendant d'une dynastie politique malaise. C'est sans doute un grand ami de la France, puisqu'elle lui a déjà décerné la Légion d'honneur ! On peut croiser cet élégant cosmopolite dans de grands sommets internationaux, comme celui de Davos. Dans son pays, il évolue dans l'orbite du ministre de la Défense, Najib Tun Razak (il n'y a pas de lien de parenté entre eux). En 2004, Baginda a fait la connaissance à Hong Kong d'une très belle interprète mongole, Altantuya Shaaribu, qui travaille pour des multinationales (elle parle notamment russe, chinois et anglais) après avoir travaillé à Saint-Pétersbourg. C'est le coup de foudre. Il en fait sa maîtresse, l'emmène dans ses voyages et l'épouse même à Hong Kong, alors qu'il est déjà légalement marié en Malaisie… Mais surtout, cela ne l'empêche pas de pousser la belle Altantuya dans les bras de son ami et mentor, le ministre de la Défense. Une façon comme une autre, pour cet homme aux idées larges, de renforcer son influence sur un personnage clé au cœur des contrats d'armement malais ?

Quoi qu'il en soit, en 2005, en prévision d'un voyage à Paris, Baginda obtient facilement (et dans des délais records) un visa pour sa maîtresse auprès de l'ambassade de France à Kuala Lumpur, sur intervention de la société Armaris, une filiale de la DCNS. Heureux hasard, la visite de Baginda et Altantuya à

Paris va coïncider avec celle du ministre de la Défense Najib Tun Razak au Salon du Bourget. La présence d'Altantuya à Paris intrigue les observateurs : soit le ministre ne peut plus se passer d'elle (mais lui aussi a la réputation d'accumuler les conquêtes), soit elle joue un rôle plus actif qu'on ne le croit dans les affaires de Baginda. Difficile, en tout cas, d'en savoir plus, puisque la DCNS refuse de commenter son rôle dans les réunions qui ont eu lieu à Paris.

De retour en Malaisie, coup de théâtre ! Baginda rompt avec sa maîtresse et refuse de la revoir. Celle-ci ne lâche pas prise, se rend dans ses bureaux et réclame une indemnisation de 500 000 dollars, qui pourrait correspondre à sa part de la commission versée à son amant. Celui-ci reste inflexible. Altantuya campe alors plusieurs jours devant le domicile familial de Baginda. Là, deux policiers l'interpellent et l'emmènent dans leur voiture, dont un chauffeur de taxi a relevé l'immatriculation. L'un des policiers, Hadri, est le chef de la sécurité du ministre de la Défense. Emmenée dans un lieu discret, la jeune femme est abattue, puis son corps volatilisé par une charge explosive. L'analyse ADN des fragments permettra d'établir l'identité de la victime. Interpellé, Baginda reconnaît s'être confié au barbouze Hadri du « harcèlement » dont il était victime. Peut-être a-t-il simplement pris sur lui de lui rendre service ? On découvre aussi que le contrat de vente des Scorpène par la DCNS s'accompagnait d'une mission de formation des sous-mariniers malais… Mission confiée à une société appartenant à Baginda moyennant un contrat de près de 100 millions d'euros !

Difficile pour Baginda d'échapper alors au procès, pendant lequel sera confirmé le versement par Armaris d'une importante commission à sa société. Et pourtant, le procès s'achève fin 2008 par son acquittement, tandis que les deux policiers sont condamnés à mort quelques mois plus tard. En avril 2009, au moment où le ministre de la Défense Najib Tun Razak devient le Premier ministre de Malaisie !

Bien sûr, tout ce qui précède est une déplorable affaire intérieure malaise qui ne concerne en rien la DCNS... La mort malheureuse d'Altantuya n'aurait jamais été rendue publique sans le zèle d'un chauffeur de taxi. La jeune femme aurait simplement disparu corps et biens, simple fait-divers sans importance. On ne connaîtra sans doute jamais les détails de l'affaire. Peut-être Altantuya a-t-elle voulu jouer un rôle de premier plan qui n'était pas prévu pour elle ? Ou bien a-t-elle cru pouvoir se mettre à son compte et concurrencer Baginda en travaillant en direct pour d'autres industriels ?

Des Baginda, la DCNS est amenée à en fréquenter beaucoup. Mais, malgré les sommes recueillies, ces intermédiaires font rarement long feu : attachés à un seul politicien, ils dépendent exclusivement de lui et de sa carrière. Que leur champion se retrouve dans l'opposition ou soit éliminé de la vie politique, et c'est la retraite anticipée. Rien à voir, donc, avec les plus grands intermédiaires, ceux qui vont de pays en pays à bord de leur jet privé et tutoient de nombreux chefs d'État. On pense par exemple au truculent André Guelfi, dit « Dédé la Sardine », intermédiaire d'Elf pour gagner des concessions pétrolifères en Ouzbékistan ou en Amérique du Sud, mais aussi VRP de Dassault en Russie, tout en représentant la Russie auprès du Comité international olympique, vendeur d'avions de chasse russes équipés de réacteurs SNECMA, et bien d'autres choses encore. Mais on pense surtout à celui qui fut sans doute le plus grand intermédiaire des années 1970-1980, un personnage démesuré, à l'époque un des hommes les plus riches du monde, dont les disciples sont encore aujourd'hui dans les affaires…

Adnan Khashoggi, « l'homme le plus riche du monde »

Mohammed Khaled Khashoggi, né en Turquie, a suivi des études de médecine en Syrie et s'est installé en Arabie saoudite où il a épousé une Saoudienne. Elle lui a donné six enfants, dont Adnan, le héros de notre histoire, est l'aîné. Mohammed devient vite le médecin personnel du roi Saoud, avec rang de ministre. Il apprend à son fils comment respecter et servir la famille royale, pour en être récompensé au centuple. Lors d'une chasse en compagnie du roi, ce dernier remarque une paire de jumelles que le médecin a achetée en France : un objet encore inconnu dans le royaume. Le roi propose à son médecin de les lui revendre : « Votre Majesté, répond-il, je vous prie de les accepter comme un cadeau. » Au retour de la chasse, le roi lui offre une de ses voitures de luxe [1].

Le jeune Adnan apprend aussi beaucoup de son oncle Yassin, le frère de sa mère, secrétaire du roi et conseiller à la sécurité nationale. Ce dernier a aussi une fonction moins officielle. Il est en effet chargé de fournir au roi vieillissant, inquiet de sa virilité, des filles de plus en plus jeunes. Une tâche de confiance qui lui garantit une influence considérable. L'oncle d'Adnan lui apprend comment s'adresser au roi, avec déférence mais en donnant son avis lorsqu'on lui demande. Il faut exploiter l'accès privilégié au souverain sans éveiller les jalousies de la Cour.

À 17 ans, le jeune Khashoggi démontre déjà ses talents de commerçant dans une entreprise d'import-export familiale. On l'envoie étudier aux États-Unis. Il passe sa première année à l'université de Chico State, au nord de San Francisco, où il découvre avec ravissement les robes courtes et la liberté des jeunes femmes californiennes, tout en restant mal à l'aise dans les soirées : les filles flirtent volontiers mais n'acceptent pas facilement de passer la nuit avec lui. Toute sa vie, Adnan cherchera à supprimer cette douloureuse incertitude dans les rapports entre les sexes ! Pendant ses premières vacances, il devient un habitué du *Club 21* à Londres, qui fournit à ses riches clients des hôtesses de charme que l'on emmène dans les étages. C'est pour lui une double révélation : il est possible d'obtenir les faveurs de femmes superbes

1. Ronald Kessler, *The Richest Man in the World*, Warner Books, 1986. Plusieurs anecdotes concernant Khashoggi en sont extraites.

sans se fatiguer à les séduire pour un résultat aléatoire, et surtout, un commerçant comme lui peut fournir de somptueuses créatures à ses clients, ce qui lui conférera un ascendant certain sur ses concurrents. À cette époque, Adnan découvre aussi Las Vegas, lieu magique où il emmènera bien des clients et des princes arabes pour jouir, à l'abri des regards, des jeux de hasard, de l'alcool et des femmes.

Encore à l'université, Adnan commence à vendre pour le compte de la société Kenworth des camions en Arabie saoudite [1] qui lui rapportent ses premières importantes commissions, et lui permettent de louer une maison où il donnera de nombreuses fêtes. Il commence dès cette époque à entretenir une cour de collaborateurs : chauffeur, jardinier, cuisinier, etc. L'année suivante, il abandonne ses études d'ingénieur pour se réorienter vers le commerce à Stanford University. Désormais connu des entreprises saoudiennes comme un intermédiaire fiable pour l'achat de matériel en tout genre, il est de plus en plus sollicité et quitte Stanford après un unique semestre pour ouvrir ses bureaux à Djeddah, puis Riyad.

À l'âge de 21 ans, il obtient son premier contrat de fournitures militaires : le ministère de la Défense lui commande 3 millions de dollars de camions. Sa commission atteint 150 000 dollars, qu'il dépense en une nuit lors d'une fête somptueuse au *George V* à Paris, avec une nuée de jolies femmes dont la présence devient sa marque de fabrique. Il s'agit pour lui d'impressionner ses invités, princes et hommes

1. En particulier à l'entreprise de travaux publics de Mohammed Ben Laden.

d'affaires, pour se lancer définitivement comme un intermédiaire qui compte. En 1962, lorsqu'une guerre civile éclate au Yémen, son ami le prince héritier Fayçal demande à Khashoggi de fournir discrètement des armes aux forces royalistes qui combattent une guérilla soutenue par l'Égypte de Nasser. En refusant de recevoir une commission pour cette mission très politique, Adnan réédite la manœuvre qui a si bien réussi à son père et devient l'homme de confiance de la famille royale pour l'achat de matériel de défense. Il réalise un autre coup de maître en organisant la visite de Fayçal, successeur de Saoud, auprès du président Johnson à la Maison Blanche en 1966. Désormais, les grands industriels américains de l'armement et de l'aviation, tels que Lockheed, Northrop ou Raytheon, doivent en passer par lui. Il devient leur agent pour l'Arabie saoudite. Même les intrigues de palais au sein de la famille royale ne parviennent pas à le déstabiliser.

Alors que les revenus du pétrole s'envolent dans les années 1970, les achats d'armes connaissent une progression exponentielle. Toujours plus incontournable, Khashoggi exige des pourcentages croissants, passant de 5 % à 10 %, puis 15 %. Pour les justifier, il explique qu'il doit couvrir les princes de cadeaux et leur prodiguer de multiples faveurs, y compris quelques pots-de-vin habilement déguisés en transactions commerciales.

Travaillant pour tous les industriels à la fois, il accumule des centaines de millions de dollars de commissions, virées sur ses comptes en Suisse. Ses activités ne se limitent plus à l'Arabie saoudite et il passe désormais le plus clair de son temps dans son avion privé, sautant d'une résidence à l'autre (il en possédera jusqu'à douze). En apparence très désorganisé et mondain, il est capable de mener plusieurs négociations de front au cours d'une soirée, passant d'un groupe à l'autre et reprenant la conversation au point exact où il l'a laissée. Bien avant Internet, il fait mettre au point un système de courrier électronique qui lui permet de recevoir à toute heure des informations de ses employés aux quatre coins du monde, pour réagir avant les autres.

D'une grande générosité, Khashoggi entretient désormais une véritable cour, donne des fêtes somptueuses dans toutes les capitales et devient un pilier de la jet-set internationale. Ses soirées voient défiler les plus belles actrices de l'époque : Farrah Fawcett, Gina Lollobrigida, Raquel Welsh, Brooke Shields… et les acteurs les plus fameux : Sean Connery, Frank Sinatra, Christopher Reeve et Roger Moore, ainsi que le gratin du gotha européen.

Dans son avion privé, Khashoggi est en contact avec ses bureaux du monde entier et passe des coups de fil à des chefs d'État. Puis il se fait raser, masser, prend une douche et s'endort dans sa chambre particulière, attaché à son lit géant par une ceinture de sécurité en or massif. À bord ses invités, installés dans de confortables fauteuils en cuir ou recouverts de soie, ont le choix entre plusieurs buffets de nourriture française, chinoise et arabe. Ils peuvent aussi faire la conversation aux très belles jeunes femmes dont la seule mission est de les divertir. Le milliardaire a acquis son premier avion privé, un DC-9, auprès du financier Kirk Kerkorian, propriétaire de la MGM. Très vite, il achète ensuite deux Boeing 727, dont il fait entièrement réaménager l'intérieur avec une cuisine, un salon, une salle de conférence et une suite avec WC et salle de bains aux robinets plaqués or. Chacun de ses trois avions dispose de deux équipages, afin d'être toujours prêt à décoller sans préavis. En un an, ils font environ 80 fois le tour du globe. Désormais à la tête d'une immense fortune, Khashoggi entreprend de l'investir dans de nombreux secteurs économiques. Il crée pour cela le groupe Triad qui va gérer l'ensemble de ses participations.

Au début des années 1980, le producteur Robert Evans, auréolé de ses succès pour la Paramount *(Rosemary's Baby, Love Story, Le Parrain)* et désormais producteur indépendant, recherche des fonds pour financer un projet de saga sur le Harlem des années 1930, qui deviendra *Cotton Club*. Il est présenté à Khashoggi par Melissa Prophet, une ancienne Miss Californie devenue actrice qui participe souvent aux fêtes du milliardaire. Elle espère aider Evans à monter son projet, et en retour se faire attribuer un rôle dans le film à venir. Le producteur est convié à New York : Khashoggi envoie un de ses avions le chercher à Los Angeles. Montant à bord de l'appareil, Evans (qui s'y connaît en belles filles) est accueilli par une époustouflante beauté qui lui sert le champagne puis enfile une nuisette et lui propose : « Allons nous mettre au lit. » Il lui répond simplement « bonne nuit ». « Vous ne venez pas ? » insiste-t-elle. « Non », répond-il. Arrivé à New York, – il reçoit un coup de fil amusé de Melissa, lui révélant qu'elle a écouté avec Khashoggi toute la conversation enregistrée sur cassette !

Partout où il se trouve, Khashoggi « commande » huit ou dix call-girls d'un coup. Il les fait venir de Californie ou de France, par le Concorde ou par un de ses avions. Elles repartent avec chacune un bracelet en or en cadeau. D'autres fois, l'avion de Khashoggi vient « faire le plein » au Bourget, puis décolle en direction du Moyen-Orient pour de somptueuses fêtes pouvant durer plusieurs jours. Une ancienne call-girl, qui a brièvement travaillé pour Madame Claude, en garde un souvenir ému : « Adnan Khashoggi était un grand consommateur de filles. Il organisait de somptueuses soirées sur son yacht, le *Nabila*. Il savait se montrer très généreux, les filles étaient bien payées, bien traitées (en tout cas par lui) et, au retour, son chauffeur nous emmenait choisir un cadeau chez Cartier. C'était la grande classe ! » On peut se faire une idée du luxe du *Nabila* car il a été prêté pour le tournage du James Bond *Jamais plus jamais*, avec Sean Connery. Ce palace de 1 800 tonnes, qui rend jaloux les milliardaires et les stars du monde entier, compte huit suites, chacune décorée dans la couleur d'une pierre précieuse.

Les exigences de Khashoggi en matière de call-girls sont trop énormes pour se satisfaire d'une seule filière. Plusieurs membres de l'entourage ont donc pour fonction de « fournir des filles » de toutes provenances, comme au début des années 1980 le Libanais Abdo Khawagi, masseur personnel de Khashoggi. Avant son exil américain, Madame Claude est bien sûr mise à contribution. Mais à la fin des années 1970, une autre agence basée dans le sud de la France prend le relais. Khashoggi représente à lui seul plus de 50 % de son chiffre d'affaires ! Mère de famille divorcée avec trois enfants, Mireille Griffon s'est installée à Cap d'Ail, près de Monaco, où elle monte une agence de call-girls pour les millionnaires de la Riviera. Quand elle obtient la clientèle de Khashoggi, son affaire décolle et elle devient la principale fournisseuse de la région. Elle a compris que le Saoudien ne réclame pas juste des jolies filles, il veut des filles superbes qui ne ressemblent pas à des prostituées et qui aient de la conversation. Si elle peut lui en fournir, elle sera riche. Avec le temps, les demandes de ce client pas comme les autres deviennent de plus en plus difficiles à satisfaire : le milliardaire repère une fille dans *Playboy* ou *Penthouse* et la réclame ! Une quinzaine de fois, Mireille Griffon part à la recherche de la jeune femme, parvient à la localiser grâce au photographe. Mais lorsque la fille arrive, elle ne ressemble pas du tout à ses photos ! Griffon doit alors passer du temps avec elle, pour essayer de la faire correspondre le plus possible à son image de papier glacé. Un travail qu'elle facture bien plus cher que l'ordinaire, mais qu'importe… Son réseau sera démantelé par la police en 1983.

Par la force des choses, un grand nombre de jeunes femmes fréquentent le milliardaire, parmi lesquelles certaines deviendront célèbres. Pamella Bordes, par exemple. Fille d'un officier indien, née au Rajasthan, Pamela Singh Choudhary est élue, en 1982, « Miss Inde », puis envoyée aux Pérou pour le concours de Miss Monde, où elle échoue. Elle s'installe aux États-Unis. Serveuse dans des restaurants de luxe, elle fait la connaissance de Khashoggi et devient une familière de ses soirées. Elle y apprend à côtoyer de hautes personnalités comme l'émir du Qatar. Lors d'une visite à Paris, elle fait connaissance de Henri Bordes, un marchand d'armes français qu'elle va bientôt épouser. Mais à la même époque, et dans la même ville, la belle devient aussi la maîtresse de Ahmed Kadhafi, cousin du guide suprême libyen, chef de ses services de sécurité et, heureux hasard, en charge des acquisitions de matériel militaire ! Elle l'accompagne désormais lors de ses séjours en France et se rend plusieurs fois en Libye avec lui. Leur relation dure plus longtemps que le mariage avec Bordes, qui débouche sur une séparation.

Désormais, Pamella partage son temps entre Paris et Londres, où elle monnaie ses charmes auprès de la haute société : on la photographie au bras du ministre des Sports, Colin Moynihan, elle devient aussi la maîtresse d'un député conservateur qui lui obtient un « pass » pour pénétrer au Parlement en tant qu'assistante. Sans doute par peur de s'ennuyer, elle devient aussi la maîtresse du rédacteur en chef du *Sunday Times*, en même temps qu'elle partage le lit du patron de l'*Observer* ! Tout cela en ne perdant jamais de vue son mentor Khashoggi… Même si la preuve d'une instrumentalisation de l'ancienne Miss Inde par le milliardaire n'a jamais été apportée, il est certain que les deux personnages trouvent mutuellement intérêt à se fréquenter… Lorsque l'affaire est révélée en 1989 par le *News of the World*, le scandale est énorme, à la fois pour les services de sécurité britanniques, censés avoir mené une enquête sur la jeune femme lors de l'obtention du « pass » pour le Parlement, et pour les politiques qui ont partagé une maîtresse avec un proche du leader libyen, avec qui la Grande-Bretagne est alors en froid. Certains tabloïds londoniens prêtent à Pamella l'affirmation selon laquelle, si elle raconte tout ce qu'elle sait, cela pourrait « faire sauter le gouvernement tout entier ». Ambiance. Heureusement, la jeune femme (bien conseillée ?) choisit la voie de la raison et du retour au pays natal. Elle change radicalement de mode de vie et choisit de devenir photographe, métier dans lequel elle rencontrera d'ailleurs un certain succès.

Vers la fin de sa carrière, Khashoggi ne se cachera pas d'avoir utilisé les courtisanes les plus habiles pour conclure certains deals : dans les années 1970, il a ainsi consacré beaucoup d'efforts et d'argent pour recruter toutes les call-girls employées par le Chah d'Iran afin d'en apprendre plus sur ses projets militaires. « Le Chah était d'un naturel secret et timide, explique-t-il au *Time Magazine*, il aimait impressionner les filles qui partageaient son lit en leur révélant des secrets d'État. » Quand il repère une femme qui obtient régulièrement les faveurs du monarque, il les forme à diriger subtilement la conversation sur les terrains qui l'intéressent particulièrement. « Elles revenaient toujours avec des informations précieuses », avoue-t-il [1].

Toutes les escort-girls qui ont fréquenté les soirées de Khashoggi n'ont pas été aussi « talentueuses ». Mais bien peu aiment qu'on leur rappelle cette folle époque. C'est particulièrement le cas de Heather Mills, plus connue sous le nom de Madame Paul McCartney. Une femme au-dessus de tout soupçon :

1. « Businessman Adnan Khashoggi's High-Flying Realm », *Time Magazine*, 19 janvier 1987.

ancien mannequin, elle se bat désormais pour de nobles causes comme l'interdiction des vêtements de fourrures. En mai 2006, Heather et Paul annoncent cependant leur prochain divorce, par consentement mutuel. Tout semble devoir se passer entre gens du meilleur monde. Mais deux mois plus tard, changement de ton : on apprend par la presse tabloïd que la jeune femme a autrefois posé pour des photos très lestes et vendu ses charmes, notamment dans l'orbite du milliardaire Khashoggi. La belle Heather voit là une manœuvre des consultants appelés par son mari pour lui éviter de « passer à la caisse ». En effet, la fortune de l'ex-Beatles est estimée à plus d'un milliard d'euros. Lors du divorce, Heather pourrait donc prétendre obtenir entre 50 et 200 millions de livres. Cela vaut la peine de se battre. La jeune femme va donc recruter à son tour un ancien directeur de la rédaction du sulfureux *News of the World* pour traîner à son tour Paul dans la boue et dévoiler ses aspects les moins reluisants. Les couteaux sont tirés et chaque camp se prépare à une guerre totale, en recrutant les meilleurs avocats du pays, rien moins que ceux qui ont négocié le divorce du prince Charles et de Lady Di !

« Ils ont été au grand rendez-vous de l'Histoire, raconte le correspondant du *Monde :* le divorce, en juillet 1996, de Charles et de Diana. Elle, Fiona Shackleton, l'élégance classique, l'allure altière, l'aisance aristocratique. Lui, Anthony Julius, "le plus brillant de sa génération", selon ses confrères, doté d'une mécanique intellectuelle hors pair et d'un sourire contagieux qu'il met au service des altesses, milliardaires et célébrités du show-bizz. La première a aidé l'héritier au trône à retirer à son ex-épouse le titre d'Altesse royale. Le second a permis à la princesse de Galles de "plumer" le fils aîné d'Elizabeth II. Ils se retrouvent aujourd'hui dos à dos dans la procédure de divorce entre Sir Paul McCartney et Heather Mills. L'ancien Beatles, 64 ans, s'est en effet attaché les services de Madame Shackleton dont le cabinet avait réglé les divorces des Windsor. Par ailleurs, Heather Mills, ex-mannequin, a recruté l'avocat de feu Diana. Les honoraires de ces deux ténors du barreau sont identiques : 500 livres l'heure, une vétille pour leurs deux clients [1]. »

C'est une guerre dans laquelle on ne fait pas de prisonniers. Le 12 novembre de la même année, à la surprise générale, Adnan Khashoggi sort de son silence et de sa retraite pour accorder une interview télévisée à une chaîne américaine sur cette question devenue cruciale : Heather Mills est-elle une ancienne call-girl ? Une ancienne « collègue » de la jeune femme retrouvée par la presse, affirme en effet qu'elles ont toutes deux participé à une soirée donnée par le milliardaire à Marbella en 1988, en échange de 2 000 livres chacune. À la question « avez-vous déjà payé pour des services sexuels ? », Khashoggi répond malicieusement : « Voyons voir, si je suis sous serment, je répondrai oui, si je ne le suis pas, je répondrai non ! » Interrogé sur le témoignage de la jeune femme qui affirme être venue à la soirée avec Heather, il finit par lâcher : « Comment pourrait-elle nommer les gens et les lieux si elle n'y était pas

1. Marc Roche, « Paul McCartney et Heather Mills s'offrent le divorce du siècle », *Le Monde*, 11 août 2006.

venue[1] ? » De son côté, Heather se défend : « J'ai rencontré Adnan Khashoggi, c'est un homme adorable, poli et charmant. Mais je n'ai pas eu de relation sexuelle avec lui. Je n'ai jamais vendu mes charmes et je ne suis pas une call-girl. » De son côté, Khashoggi précise qu'il a prévenu « Sir Paul » qu'il allait donner cette interview. Peut-on en déduire que l'amitié de l'ex-Beatles a plus de valeur à ses yeux que celle de son épouse ?

Rarement, en tout cas, les call-girls auront autant occupé la vie d'un homme d'affaires. Mais, saturé par les belles filles qui l'entouraient constamment, Khashoggi les a « consommées » de moins en moins dans les années 1980. Elles étaient surtout là pour conforter son image d'homme d'affaires glamour et faire rêver les clients. Toutes les femmes de son entourage ne sont d'ailleurs pas des prostituées *stricto sensu*. Certaines sont des « jet-setteuses » aux mœurs libres, d'autres sont là pour profiter quelques jours d'une vie digne des Mille et Une Nuits, et se considèrent amplement dédommagées par les vins, les mets fins et peut-être aussi par la cocaïne en libre service. Laura Biancolini, surnommée « la Comtesse », est une des plus étonnantes jeunes femmes du cheptel Khashoggi. D'une rare beauté et d'une vive intelligence, elle commence à voyager avec Khashoggi à l'âge de 17 ans. Elle se convertira à l'islam et changera son prénom en Lamia pour devenir la deuxième épouse Khashoggi. Ses qualités exceptionnelles ne suffiront pourtant pas à retenir son mari très longtemps. La vérité est que l'homme le

1. *The Mail on Sunday*, 12 novembre 2006.

plus riche du monde, qui a obtenu en claquant des doigts des milliers de femmes parmi les plus belles au monde, en a aussi, peu à peu, perdu le goût. Seules les affaires retiennent complètement son attention… Peut-être parce qu'elles laissent toujours une part à l'incertitude ?

Sans doute le plus important intermédiaire de son temps, Khashoggi est aussi celui qui a institutionnalisé l'usage du sexe dans les affaires internationales. C'est en partie à travers lui que les princes saoudiens se sont initiés dans les années 1960-1970 aux turpitudes occidentales (même si la prostitution était déjà largement pratiquée dans le monde arabe). Au faîte de sa splendeur dans la première moitié des années 1980, Khashoggi a contrôlé plus de 80 % des contrats d'armement en Arabie saoudite. Négociateur de génie, il s'est cependant avéré un investisseur peu rigoureux, empilant les acquisitions dans tous les domaines, sans véritable stratégie, et sans se donner le moyen de les contrôler efficacement, d'où de mauvaises surprises notamment dans l'immobilier, où plusieurs investissements ont dû être revendus à perte. Ne déléguant aucune décision, Khashoggi n'a pas su retenir, sur le long terme, les meilleurs hommes d'affaires recrutés à prix d'or mais déroutés par son mode de vie et de travail. Surtout, le scandale de l'Irangate a endommagé sa stature internationale. Le milliardaire a accepté de servir d'intermédiaire pour la vente d'armes par les États-Unis et Israël à l'Iran de Khomeiny, afin d'obtenir la libération des otages américains entre les mains du Hezbollah au Liban. Lorsque l'affaire éclate, la famille royale saoudienne est obligée de désavouer publiquement son trafic avec Israël et la République islamique chiite, devenue une menace pour la monarchie sunnite. Autre coup dur, le 18 avril 1989, Khashoggi se retrouve incarcéré en Suisse : il est accusé d'avoir aidé le dictateur des Philippines Marcos, alors en fuite, à dissimuler sa fortune mal acquise. Transféré dans une prison new-yorkaise, il doit régler une caution de 10 millions de dollars et rester en liberté surveillée dans son duplex de la 5e Avenue. À l'évidence, ces épisodes ne peuvent que nuire à son prestige auprès des chefs d'État et ministres qu'il côtoie, et par contrecoup mettre un frein à ses affaires. Il ne disparaît pas brutalement de la scène internationale, mais il perd graduellement son influence, avant de prendre sa retraite à Monaco et Londres dans les années 2000. Plusieurs de ses anciens collaborateurs sont à leur tour devenus des intermédiaires qui comptent dans le monde des affaires… et qui ont retenu les méthodes de leur mentor.

La galaxie Khashoggi

Parmi les hommes de confiance d'Adnan Khashoggi, l'un des plus doués faisait partie de la famille. Mohammed al-Fayed, fils d'instituteur égyptien, a en effet épousé Samira, la sœur d'Adnan, après avoir été recruté comme directeur commercial d'une de ses sociétés. L'homme est un self-made man : déjà vendeur de limonade avant même d'avoir quitté l'école à Alexandrie, il lance divers business avec autant de succès avant d'être repéré par Adnan lors d'une réception. De l'union entre Mohammed et Samira naîtra bientôt un fils, Dodi, le futur amant de Lady Di. Mais le bouillant tempérament d'Al-Fayed se conjugue mal avec l'autorité de Khashoggi : lorsqu'il divorce de sa femme, c'est en même temps le clash avec son beau-frère. Ce dernier lui intente procès sur procès pour détournement de fonds avant de conclure un armistice à la fin des années 1950. Mais l'affaire laissera des traces. À la mort de Dodi, Mohammed refusera de recevoir Khashoggi venu lui présenter ses condoléances. Après cette rupture, Al-Fayed crée avec ses frères une compagnie maritime en Égypte, mais ils sont contraints de quitter le pays après la nationalisation par Nasser de la société. Al-Fayed s'établit alors à Londres et s'associe à un milliardaire du Golfe, Mahdi al-Tajir, qui lui présente l'émir de Dubai dont il devient proche, tout en travaillant comme agent pour des compagnies de BTP, de pétrole et de transport. Il sera pourtant mis à la porte de l'émirat, où on l'accuse de pratiques illégales. Le même scénario se répétera en Haïti où le dictateur Duvalier l'accuse d'escroquerie dans une affaire de BTP [1]. Qu'importe, Al-Fayed trace sa route, accumule ses premières centaines de millions de commissions et devient une figure – controversée – de l'establishment financier britannique en rachetant à la hussarde les grands magasins Harrod's, ainsi que le *Ritz* de Paris. Il se fait l'intermédiaire entre le gouvernement Thatcher et le sultan de Brunei

1. Jean-Michel Demetz, Jean-Pierre de La Rocque, « Le rêve brisé d'Al-Fayed », *L'Express*, 25 septembre 1997.

dont il est devenu le conseiller et qui, en 1985, sauve la livre de l'effondrement. Il semble alors intouchable. Mais au début des années 1990, le ministère du Commerce britannique publie un rapport accablant pour lui : « Les Fayed ont menti sur leurs origines, leurs richesses, leurs liens d'affaires, leurs ressources financières. » Malgré tous ses efforts, jamais il n'obtiendra la nationalité britannique dont il rêve tant. Furieux de ce qu'il juge être du racisme antimusulman et de l'ingratitude du gouvernement conservateur, il donne publiquement les noms de députés à qui il aurait accordé des pots-de-vin, brisant la carrière de quelques-uns. Cette fois, le divorce avec l'establishment britannique est définitif.

Heureusement, la France lui tend les bras. En 1986, Jacques Chirac lui remet la Légion d'honneur avec ces mots : « Dans un monde où chacun s'affronte sur la base du profit, vous apportez une note inhabituelle d'altruisme et de charité. Comment pourrais-je ne pas ressentir une infinie gratitude [1] ? » Sans doute certaines de ses générosités ont-elles échappé aux observateurs… La Ville de Paris lui concède, pour vingt-cinq ans, l'hôtel de Windsor qui lui servira de base pour ses affaires, et où il rêvera plus tard d'installer le couple Dodi-Diana. L'homme sait être œcuménique : c'est à la demande de Roland Dumas, alors ministre des Affaires étrangères, qu'il sera fait officier de la Légion d'honneur, début 1993. Pour services rendus ?

1. *L'Express*, *op. cit.*

L'idylle entre son fils Dodi et la princesse de Galles aura été, pour Mohammed al-Fayed, une victoire à la Pyrrhus contre la bonne société britannique. Leur disparition tragique sous le pont de l'Alma a mis fin à ses rêves de mariage.

Au faîte de sa splendeur, Khashoggi qui contrôlait la majorité des contrats saoudiens, avait en apparence quelques concurrents, parmi lesquels Akram Ojjeh, qu'il serait plus juste de décrire comme un partenaire. Né en 1918 en Syrie, Akram Ojjeh grandit au Liban, élevé par des prêtres français, et fait ses études de droit à Paris. Un premier emploi dans la fonction publique (il est chargé des programmes en langue arabe de la radio nationale) lui permet de gagner l'amitié du ministre saoudien de la Défense, le prince Mansour. Akram s'établit alors comme agent dans le domaine de l'armement, mais les débuts sont laborieux. Alors qu'il frôle la banqueroute, Khashoggi l'aide à se renflouer en l'associant à un contrat. Ojjeh ne l'oubliera pas et, chaque fois qu'on vient lui proposer de « souffler » un marché à Khashoggi, il reverse à ce dernier la moitié de sa commission. Khashoggi lui retourne la politesse : après tout, il faut bien accepter un semblant de concurrence, mais si on peut l'organiser soi-même, c'est encore mieux. Si Khashoggi travaille surtout pour les Américains et les Britanniques (en faisant une exception, tout de même, pour la maison Dassault), Ojjeh se spécialise en France, où il a des attaches. Il travaille pour Thomson-CSF, Matra, Dassault et bien d'autres. La Délégation générale de l'armement (DGA) lui accorde, par le biais de sa filiale la SOFRESA (bras armé de la DGA), une commission de 7 % minimum sur tous les contrats signés avec l'Arabie saoudite. Avec l'argent de ses commissions, Ojjeh se diversifie et crée en France le groupe Techniques Avant-Garde (TAG), achetant des parts de la compagnie régionale Air Alpes, de la compagnie de BTP Dumex et du Crédit commercial de France. En 1977, il acquiert également le paquebot *France*, qu'il revendra en 1979. Avec deux Boeing 707, quatre résidences parisiennes et une cour de jolies femmes, Ojjeh est dans ces années-là l'intermédiaire qui ressemble le plus à Khashoggi, mais sans parvenir à l'égaler en fortune ni en splendeur. La France sait lui marquer sa reconnaissance : Vincent Auriol le fait chevalier de la Légion d'honneur en 1950 ; il sera promu officier en 1974 par Valéry Giscard d'Estaing, puis commandeur par le ministre Charles Hernu en 1983.

Après la mort d'Akram Ojjeh en 1991, sa troisième femme, la jeune Nahed (née en 1960), perpétue la tradition mondaine de son mari. Décrite par certains comme la « plus belle femme du Moyen-Orient », cette francophile est la fille du général syrien Mustafa Tlass, ex-ministre de la Défense et chef des services secrets : un pilier du régime de Hafez el-Hassad. Surtout connue comme une mécène (elle a aidé la BNF à acquérir le manuscrit du *Voyage au bout de la nuit* de Céline), cette hôtesse recherche autant la compagnie des puissants qu'elle fuit la publicité et les questions indiscrètes sur ses activités. Elle bénéficie curieusement du statut diplomatique syrien, ce qui lui confère un voile de mystère supplémentaire. Selon le général Jean-Louis Esquivié, ancien membre de la cellule antiterroriste de l'Élysée sous François Mitterrand, elle aurait joué un rôle clé dans la libération des otages français du Liban (Carton, Fontaine, Kauffmann et Seurat), en 1988. C'est dans un immeuble de la famille Tlass à Damas qu'auraient été menées les négociations entre les Iraniens et les représentants français. Lors des visites de son père à Latché, Nahed l'accompagne en tant qu'interprète auprès du président Mitterrand. Dans les années qui suivent, elle a porte ouverte à l'Élysée et s'affiche au bras de Roland Dumas, au grand bonheur de son père, « ravi de cette proximité » selon *Le Monde* [1]. Le nom de la Fondation Tlass est cité pendant la campagne législative de 1988 par le candidat Dumas comme futur mécène d'un scanner pour l'hôpital de Sarlat, en plein dans sa circonscription. L'affaire ne se fera jamais, en raison de l'opposition du ministère de la Santé.

Depuis une vingtaine d'années, le Tout-Paris des affaires et de la politique se presse dans les réceptions de Nahed Ojjeh, qui a la réputation de rechercher la compagnie des hommes de pouvoir, si ce n'est plus. Au milieu des années 1990, elle tient salon aux côtés de Franz-Olivier Giesbert, alors patron du *Figaro*, et qui lui présente le gratin du CAC 40 ainsi qu'un certain Nicolas Sarkozy. Au début des années 2000, elle se montre très attentionnée pour Jean-Marie Messier, patron du groupe de communication Vivendi-Universal... hélas, leur amitié ne résistera pas à sa chute. En 2003, le ministre des Affaires étrangères, Dominique de Villepin, fête

1. Ariane Chemin, « L'attachée de presse de la Syrie », *Le Monde*, 3 octobre 2006.

chez elle son cinquantième anniversaire, « sur une nappe spécialement imprimée de maximes napoléoniennes », rapporte Ariane Chemin, auteure d'un rare portrait de la dame [1]. Les cercles du pouvoir l'intéressent exclusivement : « Elle a pénétré tous les milieux politiques, des balladuriens aux fabiusiens. Au fond, il n'y a que la jospinie qu'elle n'ait pas réussi à séduire », raconte un habitué de ces agapes [2]. En dehors de ces précieuses mondanités, quelles sont les véritables activités de la veuve d'Akram Ojjeh ? A-t-elle complètement rompu avec les occupations de son défunt mari ? Se contente-t-elle d'un rôle diplomatique officieux pour le compte de la Syrie ? Difficile à dire. Une seule chose est sûre : cette femme d'influence a été à bonne école.

L'ultime personnage de cette galaxie est le plus connu des lecteurs français car son nom a été cité dans plusieurs affaires des années 1990. Dans ses Mémoires, Gérard de Villiers, qui a fréquenté le yacht *Nabila* le présente ainsi : « Pierre Bérégovoy, alors ministre des Finances, fêtait son anniversaire au restaurant en vogue de la rue Marbeuf, *Chez Edgar*. Qui était son invité d'honneur ? Le même qui autrefois amenait des filles sur le bateau d'Adnan Kashoggi – et que je pense bien avoir vu recevoir de leur part quelques billets dûment gagnés grâce au plus vieux métier du monde. Un de ceux qui, un peu plus tard, se firent prendre la main dans le sac,

1. « Les dîners de Madame Ojjeh », *Le Monde*, 3 octobre 2006.

2. *Ibid.*

compromis dans un délit d'initié dont l'origine fut trouvée du côté de Pierre Bérégovoy, l'affaire "Triangle". Quand on apprenait aux Libanais de Beyrouth qu'il était devenu un des meilleurs amis du ministre français des Finances de la France, ils en pleuraient de rire [1]. » Les initiés ont reconnu Samir Traboulsi. Plus jeune que les précédents personnages, entré plus tardivement dans la galaxie Kashoggi, ce Libanais, né en 1938 dans une famille de commerçants aisés, achève ses études à Paris, où il se fait plus volontiers remarquer dans le monde de la nuit que par ses études de droit. Jacques Follerou le décrit ainsi : « Séducteur effréné et organisé, il devient dix ans plus tard une des coqueluches de la nuit parisienne. On le voit *Chez Régine*, au *Privé*, rue de Ponthieu, ainsi que dans les cercles de jeu à la mode. Il joue peu et étoffe son carnet d'adresses. Les femmes vont lui ouvrir les portes du monde qu'il veut conquérir. La comtesse Jacqueline de Ribes l'introduit dans les milieux qui règnent, loin des boîtes de nuit, sur le monde des affaires, de l'administration et de la politique. La baronne Empain l'accueille dans ses soirées et il devient le confident de femmes célèbres, comme la première épouse du président indonésien Soekarno ou la sœur du Chah d'Iran. Son arrivée à Beyrouth dans une Mercedes cabriolet rouge, au bras de l'actrice italienne Gina Lollobrigida, en laissa plus d'un pantois. C'est la fille du richissime armateur grec Aristote Onassis, Christina, qui lancera sa carrière. Elle l'aide à organiser un

1. Gérard de Villiers, *Sabre au clair et pied au plancher*, Fayard, 2005.

dîner avec son père et Adnan Khashoggi [1] […]. » Dès 1964, le jeune homme est adopté par le milliardaire saoudien qui l'initie au monde merveilleux du commerce et des commissions sur les grands contrats avec les pays du Golfe. Samir le séducteur se rend d'abord indispensable comme « vizir des plaisirs », selon une expression de Khashoggi lui-même. Il est capable, dit-on, de lui obtenir des filles de luxe pour ses soirées, en trente minutes.

Dans un témoignage sous serment recueilli à l'occasion du procès fait à Khashoggi devant la cour de Californie par son ex-femme à la fin des années 1970, l'acteur hollywoodien Sean Walsh se souvient de sa rencontre avec Traboulsi et Khashoggi. En octobre 1974, il assiste à une soirée privée de Beverly Hills quand un homme se présente comme « Samir Traboulsi, associé de Khashoggi, l'un des hommes les plus riches du monde », lequel réside alors au *Beverly Hills Hotel*. Le Libanais explique à l'Américain que Khashoggi veut « se détendre pendant quelques jours » et lui demande s'il peut fournir de la compagnie féminine qui a envie de s'amuser. Les filles seront payées 1 000 dollars chacune, juste pour venir dîner. Traboulsi affirme pour sa part n'avoir gardé aucun souvenir de Walsh et de cette soirée.

Walsh raconte ensuite s'être présenté au *Beverly Hills Hotel* à 11 heures du soir avec pas moins d'une trentaine de filles. Traboulsi en sélectionne une quinzaine et renvoie les autres. Le groupe restera faire la fête dans l'hôtel pendant trois jours complets. Le

1. Jacques Follorou, *Bérégovoy, le dernier secret*, Fayard, 2008.

deuxième soir, Khashoggi se fait livrer deux Porsche flambant neuves, les paye cash… et les offre à deux des filles ! Traboulsi explique alors à Walsh qu'il s'agit « d'argent de poche » pour son patron. Quelques mois plus tard, il le recontactera pour organiser une nouvelle soirée au même endroit.

Bien entendu, l'objectif ultime de Traboulsi est de se faire associer aux affaires du « patron ». Car il a bien essayé en solo de contacter un industriel français pour lui offrir ses services en 1969, mais sans succès, malgré ses prétendues relations dans l'entourage du général de Gaulle. C'est qu'on n'entre pas si facilement dans ce milieu très fermé. Alors Traboulsi attend que Khashoggi veuille bien l'associer à des affaires, ce qu'il commence à obtenir dans les années 1970.

Apparemment, son ascension suscite quelques jalousies. En décembre 1976, un homme armé d'un pistolet menace Traboulsi dans le hall de son immeuble parisien, pénètre chez lui, l'attache avec des menottes, vide son coffre et, avant de s'en aller, lui tire une balle dans la bouche. Par miracle, la balle ne traverse que la joue. Samir refuse de porter plainte. En janvier 1982, à l'arrière de sa voiture dans Paris, il est poursuivi et mitraillé par deux motards qui blessent son chauffeur au ventre, tandis que lui s'en tire avec une égratignure. Il expliquera plus tard à Jacques Follerou : « J'ai su qui était derrière : il vivait à Paris et appartenait à l'entourage d'Ojjeh. Il estimait que je lui avais pris sa place. J'ai réglé ça à la libanaise. Il est venu s'excuser [1]. »

1. *Ibid.*

Fin psychologue, Traboulsi n'a pas son pareil pour séduire et circonvenir les hommes et femmes de pouvoir en multipliant les petites attentions, envers eux et leur entourage. Devenu l'un des lieutenants d'Akram Ojjeh, il donne sa pleine mesure dans les années 1980. Dès 1981, Traboulsi a su se rapprocher d'Alain Gomez, nouveau patron de Thomson, dont il devient, en 1987, conseiller à l'exportation. Lequel Gomez le recommande ensuite chez Elf. Bien plus tard, sous Philippe Jaffré, le Libanais sera missionné par Elf pour l'aider à s'implanter au Nigeria, gagnant au passage une commission de 6 millions de francs.

Sachant que les grandes affaires ne peuvent se conclure sans amitiés haut placées, Traboulsi fait le siège de la gauche au pouvoir et notamment de Pierre Bérégovoy et son directeur de cabinet Alain Boublil. Invitations à des week-ends en famille sur son yacht, soirées à la *Scala*, dîner d'anniversaire *Chez Edgar*, rien n'est de trop pour gagner l'amitié du ministre et faire en sorte qu'il ne puisse, le moment venu, rien refuser à son bienfaiteur.

En 1984, Traboulsi « tue le père » en négociant avec la SOFRESA la mise à l'écart d'Adnan Khashoggi des contrats français avec l'Arabie saoudite. C'est le début d'une solide rancœur entre les deux hommes. Le Libanais semble avoir conquis toute la bonne société française. En 1986, Jack Lang, Charles Pasqua et François Léotard joignent leurs voix pour réclamer que lui soit attribuée la Légion d'honneur ! C'est Pierre Bérégovoy qui la lui remettra en personne.

La chute vient de l'affaire Pechiney. En 1989, Traboulsi qui fréquente à Monaco l'homme d'affaires américain Nelson Peltz, et rêve de devenir son agent, obtient de le présenter à Alain Boublil, directeur de cabinet du ministre des Finances. Il en ressort un projet de rachat d'une de ses sociétés, American National Can, par le groupe français Pechiney. Or, la COB détecte des achats suspects de titres, avant que la transaction soit officielle et fasse monter les cours. Sont impliqués un proche de Traboulsi, ainsi que Roger-Patrice Pelat, ami de François Mitterrand, et Max Théret, soutien financier historique du PS. Or Alain Boublil a séjourné sur le yacht de Samir Traboulsi en août 1988, au moment même où se tenait une réunion entre Peltz et la direction du groupe français. On apprend à la même époque que Traboulsi a financé le dîner organisé *Chez Edgar* le 13 novembre 1988 pour le quarantième anniversaire de mariage des époux Bérégovoy – dîner auquel assistaient la plupart des protagonistes soupçonnés dans cette affaire. Ils auraient pu, à cette occasion, évoquer le projet de Pechiney. Le 20 janvier 1989, Boublil est contraint à la démission. Il sera condamné en appel. Samir Traboulsi écope pour sa part en 1994 de 3 millions de francs d'amende et deux ans d'emprisonnement aménagé en semi-liberté. Mais ce n'est pas tout. En 1989, la COB croit détecter une nouvelle affaire de délit d'initié, à l'occasion du raid raté de Georges Pébereau contre la Société générale. On retrouve dans cette affaire Samir Traboulsi qui, particulièrement bien inspiré, a acquis avant le lancement de l'opération des actions qu'il revendra avec une plus-value de 25 millions de francs ! Lors du procès qui a lieu en 2002, Traboulsi est cependant relaxé.

Après avoir purgé sa peine dans l'affaire Pechiney, le financier libanais s'est replié sur Londres, où la justice est plus favorable aux intermédiaires. Il estime avoir été jugé sur des critères moraux et non juridiques.

L'âge d'or des intermédiaires dans l'armement est bien révolu, comme le constate Traboulsi : « La vente d'armes à l'époque, c'était de l'escrime, aujourd'hui avec les restrictions budgétaires et l'exacerbation de la concurrence, c'est de la boucherie. » Il est devenu beaucoup plus difficile de faire fortune dans le commerce d'armes légal entre grands pays. Pour s'enrichir, il faut accepter de faire comme le Russe Victor Bout (qui a servi de modèle au film *Lord of War*, avec Nicolas Cage) : il ne faut pas avoir peur de se salir les mains dans des trafics illicites, par exemple acheter des armes dans des pays de l'Est, officiellement pour le compte de pays autorisés, puis les revendre en sous-main à des pays du Sud en guerre, frappés d'embargo. Et risquer à tout moment d'être jeté en prison ou de se faire « descendre », si on n'a pas su obtenir les bonnes protections. Dans ce monde impitoyable, les yachts, les avions de luxe et les call-girls sont beaucoup moins utiles qu'autrefois.

Les héritiers de Khashoggi ont fait du chemin dans la vie et sont loin d'être à la rue malgré leurs déboires. Mais aucun n'a eu le génie des affaires de leur mentor. Adnan Khashoggi a sans doute eu la chance de pouvoir exercer ses talents à une époque où les relations *intuitu personae* comptaient pour beaucoup. Il n'est pas sûr qu'il se sentirait aussi à l'aise dans le monde actuel, où de grands conglomérats de la Défense, du pétrole et du BTP tirent les ficelles de la politique internationale… à commencer par celle des États-Unis.

CHAPITRE 6

LES BONNES AFFAIRES DU PENTAGONE

Washington est habituée aux affaires de call-girls. « Cela n'a rien d'étonnant, nous explique un journaliste américain, dans la mesure où cette ville concentre le gouvernement, les deux Chambres, l'administration, K Street (fameuse rue qui concentre les plus fameuses agences de communication politique) et toutes les grandes entreprises qui dépendent de contrats publics, en particulier les industries et services de la Défense. On compte sans doute une trentaine d'agences de call-girls dans le district. Une fois tous les trois ou cinq ans, on en fait "tomber" une pour l'exemple, ce qui fait frémir tout le monde, et puis l'affaire se tasse et le "business" reprend son cours. Il n'est jamais question de faire vraiment le ménage, d'abord parce que tout le monde, républicains et démocrates, est mouillé, et ensuite parce que Washington sans call-girls deviendrait incontrôlable : il y a ici des milliers de lobbyistes, hommes d'affaires, sénateurs, etc. qui viennent quelques jours à Washington en semaine et rentrent chez eux le week-end. Imaginez-les le soir écumant les boîtes de strip-tease et les bars louches, plus ou moins “bourrés”, à la recherche d’un peu d’action ! Ça ferait la “une” de la presse locale tous les jours... On préfère de loin le système actuel : tout se passe à l’abri des regards dans des chambres d’hôtel. Alors ce n’est pas près de changer ! »

« Hookergate »

Une récente affaire, baptisée « Hookergate » par la presse, semble lui donner raison. Elle a probablement coûté sa place au patron de la CIA de l’époque, Porter Goss. Et elle montre que certaines entreprises utilisent le système à leur profit. Début 2006, une enquête du FBI établit que depuis une douzaine d’années, deux industriels de l’armement ont mis au point une méthode marketing imbattable pour doper leur chiffre d’affaires. Brent Wilkes, patron d’ADCS, un fournisseur du département de la Défense, et Mitchell Wade, président de MZM, autre prestataire du Pentagone, organisent régulièrement des soirées poker très « festives ». Elles ont lieu tantôt à l’hôtel *Westin*, tantôt au *Watergate* (le même que celui du scandale qui fit chuter le président Nixon). À chaque soirée, les deux P-DG réservent une ou plusieurs suites dans lesquelles on joue aux cartes, mais aussi de charmantes escortes, disponibles pour un tête-à-tête privé dans une des chambres adjacentes. Très courues, ces soirées rassemblent des députés et des sénateurs, des pontes de la CIA et du Pentagone.

Brent Wilkes n'est pas n'importe qui : c'est un des plus gros contributeurs financiers du Parti républicain, qui a versé plus de 100 000 dollars pour la campagne de réélection de George Bush. Parmi les personnalités ayant bénéficié de sa générosité, l'ex-représentant à la Chambre Randy Cunningham a profité de limousines, de prostituées et de chambres d'hôtel, ainsi que de la prise en charge d'échéances mensuelles de crédit immobilier, le tout pour un total d'au moins 600 000 dollars. Ces faveurs n'étaient pas gratuites : avec le soutien de Cunningham, ADCS s'est vu attribuer, pendant cette période, plus de 80 millions de dollars de contrats militaires.

Autre généreux donateur du Parti républicain, Mitchell Wade avoue des versements de près de 1,5 million de dollars au même parlementaire. Sa société MZM, qui n'avait pas signé le moindre contrat public avant 2002, a depuis lors connu une croissance fulgurante. MZM prodigue ses conseils à la NSA (National Security Agency), au Centre national antiterroriste, au commandement central de l'armée, au département de la sécurité intérieure, auprès de l'unité antiterroriste du FBI, entre autres agences.

Au moment où l'affaire s'est éventée, la CIA lui résistait encore, mais ce n'était sans doute que partie remise. Parmi les piliers des conviviales soirées du *Watergate* figurait en effet le numéro 3 de la CIA, un curieux personnage du nom de Kyle Dustin Foggo. Avec Brent Wilkes, ils se sont connus au lycée de San Diego, puis perdus de vue pendant de longues années. Après un début de carrière médiocre dans la police, Foggo est entré à la CIA, où il accomplit un parcours non moins médiocre : responsable logistique à Washington, puis en poste au Honduras, à Vienne et à Francfort. Il parvient le plus souvent à se faire confier l'*accueil* des parlementaires en visite, tâche purement « diplomatique » que ses collègues lui abandonnent bien volontiers lorsqu'ils sont débordés. Cela lui permet en particulier de nouer une amitié professionnelle avec Porter Goss, alors représentant républicain de Floride et président de la commission du renseignement. À l'époque, Goss ne s'entend pas avec George Tenet, le patron de la CIA, et il est ravi de trouver en Foggo une source inépuisable de « potins » sur l'Agence. Ce dernier est récompensé de ses efforts lorsque son mentor remplace Tenet en 2004. Le voici bombardé à la direction des ressources humaines ! L'homme a sans doute dépassé son seuil d'incompétence : pendant ses dix-neuf mois de règne, l'agence connaît plus de 300 démissions. Les proches de George Tenet sont poussés vers la sortie sans considération pour les services rendus ou pour leurs compétences.

Hélas, sans aucun égard pour l'auguste fonction de Kyle Foggo, le FBI enquête sur les liens qu'il a renoués, au début des années 1990, avec son vieux copain de lycée Brent Wilkes. Et le Bureau fédéral découvre que, lors de l'occupation de son poste à Francfort, Foggo a fait attribuer un marché d'un montant de 3 millions de dollars de fournitures pour les forces américaines en Afghanistan et en Irak à… Archer Logistics, société dirigée par un parent de Brent Wilkes !

En mars 2006, l'ex-représentant Randy Cunningham est condamné à huit ans de prison, et la presse commence à enquêter à son tour sur les soirées du *Watergate*, dossier aussitôt rebaptisé « Hookergate » (*hooker* = prostitué(e)) ». Kyle Foggo est le prochain « gros poisson » sur la liste. Le FBI perquisitionne sa maison et son bureau le 12 mai. Par la voix du directeur national du renseignement, John Negroponte, l'administration Bush réclame alors à Porter Goss la tête de Kyle Foggo. À la surprise générale, Goss refuse de sacrifier son adjoint. Se pourrait-il qu'il soit aussi mêlé à l'affaire ? Un peu gêné aux entournures, il déclare qu'il n'a « jamais participé aux parties de poker en tant que directeur de la CIA »... ce qui veut dire qu'il l'a probablement fait avant, comme représentant à la Chambre ! L'affaire commence à sentir très mauvais. Porter Goss est limogé, après vingt-deux mois de mandat.

Si l'on en croit le journaliste qui parlait d'un scandale tous les trois à cinq ans, après cette affaire, les pontes de Washington devaient pouvoir respirer pendant quelques années. Erreur : quelques mois plus tard, un scandale de plus grande ampleur menace Washington.

La liste téléphonique de Deborah

À l'été 2006, le Parti républicain et le président George W. Bush (qui arrive au milieu de son second mandat) sont confrontés à deux problèmes sérieux : tous les sondages montrent qu'ils sont sur le point de perdre la majorité dans les deux Chambres aux prochaines élections de mi-mandat. Et il se pourrait bien que la nouvelle séquence commence par un cauchemar politique. La majorité démocrate au Congrès pourrait choisir d'inaugurer son règne en déposant une motion de défiance envers la Maison Blanche. Une « motion de défiance » est un acte de blâme exceptionnel du corps législatif envers l'exécutif, justifié par des infractions graves. Qu'a fait la Maison Blanche pour mériter cela ? Elle a refusé d'obtempérer aux assignations qui lui ont été présentées par la commission des affaires judiciaires de la Chambre des représentants et du Sénat, enquêtant sur le renvoi non justifié de huit procureurs par le ministère de la Justice, renvoi motivé par des considérations politiques aux yeux de l'opposition démocrate.

Que se passe-t-il si le Congrès dépose une motion de défiance contre la Maison Blanche ? Dans un tel cas, c'est le procureur du district de Columbia, Kenneth Wainstein, qui devra décider de sa validité. Or, personne ne peut prédire ce qu'il décidera. Pour Karl Rove, le conseiller politique de George Bush, cette incertitude est inacceptable. C'est pourquoi le 22 septembre 2006 est nommé un nouveau procureur du district, à la loyauté moins douteuse, Jeffrey Taylor. On peut compter sur cet ancien assistant du procureur général John Ashcroft, en charge des questions de terrorisme, pour bloquer toute motion embarrassante pour le président Bush. Parmi les dossiers que Taylor trouve en arrivant au district de Columbia, il découvre une enquête ouverte depuis déjà six ans par le fisc américain sur une « agence d'escortes », comme on en trouve à la pelle dans le district. Un simple examen des Pages jaunes de l'annuaire de Washington pour l'année 2006 permet d'en dénombrer pas moins de 87 (mais certaines agences passent plusieurs publicités sous des noms différents) ! Alors, qu'a donc ce dossier de si extraordinaire ?

Depuis 1993, Deborah Jeanne Palfrey (déjà condamnée pour proxénétisme en 1991) gère l'agence Pamela Martin and Associates qui opère sur la région de Washington. Elle-même habite en Californie et répond depuis la côte Ouest aux appels des clients, avant d'organiser les rendez-vous avec ses filles, lesquelles lui envoient ensuite sa commission de 50 % par la poste. Selon les témoignages de certaines call-girls interpellées et interrogées six mois plus tôt, l'agence a pour clients des politiciens démocrates connus. Son démantèlement pourrait offrir matière à un scandale bienvenu peu avant des élections qui s'annoncent mal pour le Parti républicain. Une manière de rééditer l'affaire Dick Morris, qui avait poussé à la démission le principal conseiller politique de Bill Clinton en 1996, après la révélation par un tabloïd de sa liaison avec une call-girl. Le problème dans le dossier Palfrey est qu'après treize ans d'activités, la dame a décidé de tout arrêter pour partir vivre en Allemagne où elle veut refaire sa vie. Une fois installée en Europe, elle sera hors de portée de la justice américaine. Une bonne raison de laisser tomber la procédure ? Non, une raison de l'accélérer au contraire !

Le 29 septembre 2006, jour même de l'entrée en fonctions du nouveau procureur, un mandat de perquisition est délivré pour fouiller la résidence californienne de la proxénète. De façon beaucoup moins classique, tous ses biens vont être saisis en vertu de la *civil forfeiture*, une procédure rare, utilisée contre les grands trafiquants de drogue internationaux. Malgré le caractère très discutable du procédé, la justice refusera à plusieurs reprises de l'invalider. La conséquence la plus grave sera d'empêcher l'accusée de financer sa défense, puisqu'elle ne dispose plus d'un seul dollar à elle et doit vivre aux crochets de sa mère en Floride, dans l'attente du procès. Il en résulte de nombreuses incohérences, entre d'un côté des avocats commis d'office qui ne consacrent qu'un temps minimum à son dossier et privilégient une transaction (qui inclurait une reconnaissance de culpabilité en échange d'une peine de prison réduite), et de l'autre un avocat jusqu'ici obscur, nommé Montgomery Blair Sibley, qui se passionne pour son cas et recommande à Palfrey une « défense de rupture [1] » consistant à mettre en cause les motivations politiques de l'État dans ce procès et à exposer le plus grand nombre de clients prestigieux de l'agence. Ce sont ses efforts et ses provocations qui, pendant plusieurs mois, vont semer la pagaille à Washington, jusqu'aux plus hauts sommets de l'État et du complexe militaro-industriel.

1. Pour reprendre un concept mis au point par Jacques Vergès pendant la guerre d'Algérie, lorsqu'il choisit de défendre ses clients nationalistes algériens jugés pour « terrorisme » en mettant en cause la légitimité des juges français, représentant à ses yeux une armée « d'occupation ». Il utilise ses plaidoiries pour faire le procès de l'État français, sans chercher à adoucir le sort de ses client(e)s, transformant les audiences en tribunes médiatiques.

L'instruction est menée avec pugnacité, et même violence, par l'équipe du nouveau procureur. Elle démontre un zèle étrange à vouloir rendre publics les noms des anciennes escortes, tout en refusant obstinément de faire de même avec les clients. Les ex-escortes identifiées sont soumises à une forte pression psychologique pour qu'elles acceptent de venir témoigner à charge contre Palfrey. L'une d'elles, Brandy Britton, professeure associée à l'université du Maryland, 43 ans, est retrouvée morte par pendaison chez elle en janvier 2007. A-t-elle craqué face aux pressions psychologiques des procureurs qui tenaient à ce qu'elle vienne à la barre incriminer son ancienne employeuse ? Ce n'était pas une fille fragile, mais cette « intellectuelle » avait refait sa vie, et sa comparution au procès aurait sans doute nui à sa carrière universitaire. Selon certaines indiscrétions, la belle aurait notamment eu comme client fidèle le gouverneur républicain du Maryland, Bob Ehrlich. L'audience permettra de montrer que le profil des escortes proposées par l'agence Pamela Martin était plutôt de haut vol. Elle employait, entre autres, une femme officier de la Navy (dont la carrière va être brisée par sa hiérarchie), une autre professeure d'université, une secrétaire juridique d'un prestigieux cabinet d'avocats…

En perquisitionnant le domicile de Deborah Palfrey, les enquêteurs ont commis une seule erreur, mais de taille : ils ont négligé des cartons dans lesquels elle conservait toutes ses factures de téléphone. Or aux États-Unis, les appels de la côte Est vers la côte Ouest, et vice versa, sont considérés comme des coups de fil « longue distance ». Ce qui veut dire que chaque appel de ce type, entrant ou sortant, est identifié par un numéro de téléphone et une durée précise ! Avant que le bureau du procureur ne réalise la gaffe monumentale, l'avocat Sibley se fait envoyer les archives, les photocopies en plusieurs exemplaires et les dépose en lieu sûr. Il se retrouve ainsi à la tête d'une base de plus de 10 000 numéros de téléphone détaillant chaque contact entre la « madam » de Washington et ses clients ! Une vraie bombe… Grâce aux annuaires inversés disponibles sur le web, il va être possible d'identifier une grande partie des clients, à l'exception de ceux ayant utilisé un numéro de portable. Ne disposant pas de moyens d'investigation, Sibley décide d'offrir une copie des fichiers à un média en exclusivité, en échange d'un partage d'informations sur les clients identifiés. Son choix se porte sur l'équipe du magazine d'investigation *20/20*, émission vedette de la chaîne ABC News, filiale du groupe Disney. Il s'en est fallu de peu qu'il n'en soit empêché : quelques heures après avoir transmis les fichiers, il se voit interdit par le juge en charge de l'affaire de les communiquer à qui que ce soit et contraint de restituer les originaux.

L'équipe d'ABC se met au travail. Pendant ce temps, Sibley et Palfrey décident de faire monter la pression en identifiant publiquement un client régulier de l'agence dont l'ex-« madam » a gardé le souvenir : Harlan Ullman, membre du prestigieux « think tank » conservateur Center for Strategic and International Studies (CSIS), contributeur du *Washington Times* et de la chaîne Fox News, et ami personnel du vice-président Dick Cheney. Cet intellectuel de renom a publié *Finishing Business. Ten Steps to Defeat Global Terror* [1] (avec une préface du leader républicain Newt Gingrich) et conçu la doctrine « choc et terreur » visant à éliminer définitivement tous les ennemis de l'Amérique. Sans doute trop occupé par ses réflexions de haut niveau, il a poussé l'inconscience jusqu'à payer les prostituées, non pas en liquide, mais par chèques nominatifs ! Brian Ross, journaliste vedette de l'émission *20/20*, commence à son tour à laisser filtrer les premiers résultats de son enquête : lors d'une interview à CNN, début mai 2007, il lâche le nom de Randall Tobias, un sous-secrétaire d'État. Hélas pour ce dernier, il a longtemps prêché l'abstinence sexuelle à travers le monde lorsqu'il dirigeait le programme américain d'assistance internationale à la lutte contre le sida ! Il démissionne vingt-quatre heures plus tard, pour « raisons personnelles ».

À l'approche de l'émission d'ABC News, qui promet un grand déballage, c'est toute la haute société de Washington qui est frappée de « choc et terreur ». Dans des interviews au *Washington Post*, puis à Fox News, puis à la radio nationale, Brian Ross promet des révélations fracassantes incluant des « gens haut placés à Washington » et des « lobbyistes ». Sur son site Internet, ABC précise que parmi les clients de Palfrey, on trouve notamment un conseiller économique de l'administration Bush, un ex-P-DG d'une grande entreprise travaillant avec le Pentagone, le patron d'un cabinet de réflexion

1. Naval Institute Press, 2004.

conservateur ainsi que des militaires de haut rang et des membres de plusieurs groupes de pression. Le 4 mai, jour de l'émission, tout le monde est devant son poste. Et là, surprise, aucun nom nouveau n'est lâché. Le commentaire final est particulièrement lénifiant : « Nous n'avons pas pu trouver de membres du Congrès, personne de la Maison Blanche. Franchement, la plupart des hommes sur cette liste ne méritent pas de faire la une des journaux. » En bref, ABC News se « dégonfle ». Sibley le reconnaîtra *a posteriori*, c'était sans doute une erreur de confier la liste à un grand réseau de télévision nationale, filiale du groupe Disney, donc plus sensible aux pressions que n'aurait pu l'être un quotidien indépendant et prestigieux comme le *Washington Post*. Ce retournement, qui amorce une démobilisation de l'opinion, marque un premier revers dans sa stratégie.

Après plusieurs rebuffades procédurales devant la cour, la défense reçoit pourtant une aide inattendue, de la part d'un des plus grands pornocrates américains, Larry Flynt, le fondateur de *Hustler Magazine*. En lutte depuis plusieurs décennies contre l'hypocrisie et l'ordre moral (un combat retracé dans le film de Milos Forman *Larry Flynt*, le « tycoon » du porno s'offre, le 3 juin 2007, une pleine page de publicité dans le *Washington Post* : « Avez-vous déjà eu des relations sexuelles avec un membre du Congrès actuel ou un autre personnage officiel de haut rang ? Larry Flynt et *Hustler Magazine* vous paieront jusqu'à 1 million de dollars si nous choisissons de publier votre histoire et vos preuves, après vérification. »

Peu après, la juge Kessler, en charge de l'affaire, autorise finalement Palfrey et Sibley à communiquer la fameuse liste à la presse, afin de les aider à identifier de possibles témoins de la défense. Grâce à elle, un membre de l'équipe *Hustler* parvient à identifier un « gros client » : le sénateur républicain de Louisiane, David Vitter, lequel est contraint de faire des aveux publics dans la grande tradition américaine, avec sa femme à ses côtés, déclarant qu'il a « commis un péché très grave ». Bien qu'ayant bâti sa carrière sur le respect des valeurs familiales, le refus du mariage gay et l'abstinence sexuelle jusqu'au mariage, le sénateur reste en fonction.

La base de numéros de téléphone est mise en ligne par un groupe de jeunes informaticiens qui créent bénévolement le site www.dcphonelist.com afin de permettre aux internautes de travailler collectivement en partageant le résultat de leurs recherches. Un nouveau client est ainsi identifié : Ronald Roughead, ancien officier de liaison de l'armée américaine travaillant désormais pour la société Science Applications International Corporation (SAIC), prestataire du Pentagone. Roughead bénéficie du plus haut niveau d'accréditation « secret-défense », ce qui signifie que l'on a très bien pu utiliser les escortes de l'agence Pamela Martin à des fins d'espionnage pour une puissance étrangère : c'est du moins l'un des arguments que Sibley compte développer à l'audience.

Pour pouvoir l'établir, l'avocat parvient à convaincre la juge Kessler de le laisser interroger les agences fédérales de renseignement sur leur connaissance des activités de sa cliente. Le 13 novembre

2007, il est autorisé à envoyer 24 assignations, notamment aux sociétés de téléphone utilisées par l'agence Pamela Martin depuis 1993, aux services de police et agences de renseignement ayant surveillé les activités de l'agence, ainsi qu'à ABC News et aux personnalités déjà mises en cause. L'avocat décide de présenter l'une des assignations... à la Maison Blanche ! Ceci afin de trouver trace d'éventuelles instructions « politiques » ayant déclenché les poursuites contre sa cliente. Cette fois, la réaction va être foudroyante.

« À compter du 28 novembre 2007, la juge Gladys Kessler est dessaisie de l'affaire susmentionnée, qui est attribuée au juge James Robertson. » La décision, présentée comme purement administrative, est exceptionnelle et sans la moindre justification. On en voit en revanche très vite les conséquences pratiques. Le juge Robertson casse toutes les assignations qui avaient été autorisées par la juge Kessler. Entre-temps, l'avocat a toutefois reçu une première réponse de l'opérateur téléphonique Verizon, concernant des numéros de téléphone non publiés jusqu'à présent : une liste de plus de 800 noms, anciennes escortes et anciens clients de l'agence. Jamais publiée par la presse, elle est pourtant du plus haut intérêt, comme en témoigne cet extrait communiqué par Montgomery Sibley, concernant uniquement les entreprises et institutions :

- Jones Day Reavis and Pogue, cabinet d'avocats
- Archevêché de Washington
- Hewlett Packard
- Akin Gump Strauss, cabinet d'avocats

- The Durst Law Firm, cabinet d'avocats
- Philips Electronics North America
- NXP Semiconductors
- Patterson Belknap Webb, cabinet d'avocats
- Defense Group Inc.
- The Roger Richman Agency Inc.
(spécialisée dans la gestion de copyright)
- Ministère du Commerce
- The Army Capabilities Integration Center
- US Army Training and Doctrine Command
- US Postal Service
- USPS – Information Technology
- US Coast Guard
- Ambassade du Japon
- Constellation Energy
- Andersen Consulting
- The National Geospatial-Intelligence Agency
(agence du ministère de la Défense)
- Reed Smith, cabinet d'avocats
- USAISC – US Army Information Systems Command
- Atlantic Research Corporation Political Action Committee
- Banque Fauquier
- Lockheed Martin MS2

Certes, tel ou tel client a parfaitement pu appeler le numéro de l'agence Pamela Martin pour des raisons innocentes. Mais pas tous ! Et pas plusieurs fois… À elle seule, cette liste très partielle (un seul opérateur téléphonique a répondu avant que les assignations soient cassées) suffit à faire comprendre l'ampleur du phénomène. Malheureusement, la boîte de Pandore a été très vite refermée, de ce côté-là.

Pendant que le juge Robertson s'applique à déminer les bombes amorcées par sa consœur, un autre numéro client est identifié par l'entremise du site participatif www.dcphonelist.com. Il s'agit de la firme Kellogg Brown Root (KBR) qui a des bureaux au 1550 Wilson Boulevard, à Arlington (Virginie). Des bureaux où l'on semble avoir eu beaucoup recours à l'agence Pamela Martin en l'an 2000. *A priori*, rien de surprenant, KBR est un important fournisseur du Pentagone. Un détail échappe pourtant aux internautes sur le moment... un détail qui change tout. En 2000, l'équipe de transition du nouveau président élu George W. Bush s'est installée dans des locaux aimablement prêtés par le groupe Halliburton (dirigé jusque-là par le nouveau vice-président Dick Cheney), plus précisément des bureaux de sa filiale KBR, au... 1550 Wilson Boulevard, Arlington. Pendant cette période, plusieurs coups de fil ont été passés à l'agence Pamela Martin, avec un pic d'appels le soir de l'élection. Besoin de décompresser, sans doute... Ne serait-ce pas là une des pistes dans lesquelles on craignait de voir s'engouffrer la défense de Deborah ? Cette coïncidence présente en tout cas l'inconvénient de diriger les regards tout à la fois vers Dick Cheney et Halliburton...

Le fabuleux destin de Dick Cheney

Le rôle de Dick Cheney comme P-DG de la firme Halliburton, entre 1995 et 2000, est mal connu du grand public, même aux États-Unis. Il est pourtant riche d'enseignements pour comprendre l'importance prise, ces dernières années, par le complexe militaro-industriel. Un complexe contre lequel le président Eisenhower mettait déjà en garde ses concitoyens dans les années 1950…

Élève médiocre en sciences politiques à l'université du Wyoming (après avoir échoué à Yale), le jeune Dick Cheney obtient en 1968 un stage dans l'équipe du gouverneur républicain du Wisconsin fraîchement élu, Bill Steiger. À Washington, il fait la connaissance d'une jeune star du Parti républicain, Donald Rumsfeld. Lorsque ce dernier est nommé par Nixon à un poste subalterne à la Maison Blanche, il recrute Cheney comme assistant, en charge de toutes ses tâches secondaires. Coup de chance pour les deux hommes, Rumsfeld est nommé ambassadeur à l'OTAN avant que n'éclate le scandale du Watergate qui va mettre sur la touche une grande partie des collaborateurs de la Maison Blanche. Le nouveau président Gerald Ford, aussitôt investi, fait appel à Rumsfeld qui ramène Cheney dans ses bagages à Washington en 1974. L'un sera secrétaire général, l'autre secrétaire adjoint de la Maison Blanche. Cheney, qui est toujours resté très discret sur ses opinions, commence alors à exprimer des orientations claires, en particulier sur la guerre froide, que l'ancien conseiller de Ford, Robert Hartmann résume ainsi : « Chaque fois qu'il exposait son idéologie, il se positionnait un peu à droite de Ford, de Rumsfeld, voire de Gengis Khan [1]. » Rumsfeld et Cheney s'opposent directement à Kissinger, qui cumule les

1. Cité dans John Nichals, *Dick. The Man Who is President*, The New Press, 2004 (tr. fr. : *Le Vice au pouvoir*, Saint-Simon, 2005).

fonctions de conseiller à la sécurité nationale et de secrétaire d'État, et va devoir abandonner la première. Ils obtiennent aussi le départ du secrétaire à la Défense James Schlesinger, remplacé par Donald Rumsfeld fin 1975. Pour ne pas perdre son influence à la Maison Blanche, Rumsfeld convainc alors le président Ford de choisir Cheney comme secrétaire général. Ce dernier, à seulement 34 ans, sort enfin de l'ombre. Hélas pour lui, son règne est de courte durée. Le jeune homme se montre incapable de gérer la campagne des primaires où le président sortant a du mal à s'imposer face à la nouvelle étoile montante du Parti républicain, un certain Ronald Reagan. Il l'emporte de justesse aux primaires mais sera défait à la présidentielle par le démocrate Jimmy Carter.

Jouant sur son statut d'ancien secrétaire général de la Maison Blanche, Cheney parvient à se faire élire comme représentant du Wyoming à la Chambre. Comme avec Rumsfeld, il accepte les tâches les plus ingrates et complexes, mais indispensables pour le parti. Alors que Ronald Reagan entre à la Maison Blanche en 1980, l'omniprésent Cheney, qui est de toutes les commissions, est déjà devenu une figure centrale de la Chambre des représentants. Il travaille sans relâche en coulisses à rendre le parti plus conservateur. En 1986, il ira jusqu'à voter contre une résolution demandant à Reagan d'exiger la libération inconditionnelle de Nelson Mandela et des autres prisonniers politiques en Afrique du Sud.

En 1988, l'ancien vice-président de Reagan, George Herbert Walker Bush, lui succède à la Maison Blanche. Il choisit Dick Cheney comme secrétaire à la Défense, sans placer en lui d'espoir particulier : la guerre froide est sur le point de prendre fin et les États-Unis espèrent tirer les dividendes de la paix en réduisant leurs dépenses militaires. Ce n'est pas l'avis de Cheney qui défend dès son arrivée chaque dollar des budgets de la Défense contre les inconscients du Congrès, comme Edward Kennedy qui imaginent pouvoir piocher 200 millions de dollars dans *sa* caisse pour financer un système national de santé ! Il est vrai que les campagnes du congressiste Cheney ont toujours été soutenues généreusement par de grands fournisseurs du Pentagone, comme Lockheed, McDonnell Douglas, TRW et United Technologies... De fait, sous le règne de Dick Cheney, les grands conglomérats comme Bechtel ou Halliburton n'ont pas à se plaindre de son action. L'invasion du Panama, en 1989, fournit l'occasion d'une répétition générale aux nouvelles opérations militaires de l'après-guerre froide. Surtout, la guerre du Golfe, en 1991, vient confirmer les prophéties de Cheney sur les nouvelles menaces contre l'ordre mondial. On le dépêche bientôt en Arabie saoudite pour convaincre la famille royale de laisser l'armée américaine s'implanter dans le royaume. Cheney commence alors à nouer des relations qui s'avéreront précieuses par la suite. La victoire de la coalition emmenée par les États-Unis contre l'armée de Saddam Hussein lui offre bientôt un argument supplémentaire pour réclamer plus de moyens : les États-Unis doivent pouvoir faire la guerre à tout moment, contre n'importe quel ennemi, n'importe où dans le monde. L'objectif est d'éviter l'émergence de toute superpuissance susceptible de s'opposer au leadership américain.

En 1992, vers la fin de ce qu'il pense être le premier mandat de George W. Bush, Cheney s'attaque à un gros chantier : la privatisation des opérations logistiques de l'armée. Celle-ci permettrait à la fois de supprimer des centaines de milliers d'emplois publics et de garantir à des fournisseurs privés des marchés récurrents de plusieurs milliards de dollars. Des fournisseurs qui ne pourront que se montrer reconnaissants envers un homme qui pense déjà à se présenter aux primaires républicaines de 1996 ! Pour surmonter les réticences du Congrès et de ses généraux qui voient là une source possible de corruption à grande échelle, Cheney fait rédiger une étude d'experts détaillant les avantages et inconvénients du projet. Et il la confie tout simplement à... KBR, filiale d'Halliburton ! Lequel expert va, en toute indépendance et transparence, proposer au Pentagone de créer son propre marché qui devrait atteindre en vitesse de croisière dans les 150 milliards de dollars par an. Le mouvement est lancé dès le mois d'août 1992, avec un premier contrat permettant à Halliburton de fournir un soutien logistique aux soldats américains en opération à Haïti, en Somalie et dans les Balkans. Malgré le changement de président (à la surprise générale, Clinton remplace Bush en 1992), la privatisation des moyens de l'armée se poursuit à grandes enjambées dans les années 1990.

Pendant deux ans, en 1993 et 1994, le citoyen Cheney sillonne le pays et fait campagne pour lui-même, espérant s'imposer comme le nouvel espoir du Parti républicain. Mais force lui est de constater que l'enthousiasme des foules reste très mesuré. Seuls Halliburton, Bechtel et Science Applications

International Corporation (SAIC) lui témoignent leur fidélité par des contributions. Alors, quand Halliburton se met en quête d'un nouveau P-DG en 1995, les administrateurs se disent « pourquoi pas lui ? ». Personne en effet n'est mieux placé que Cheney pour faire rentrer dans les coffres du groupe les dollars du Pentagone. Les contacts internationaux noués comme secrétaire à la Défense lui seront de plus très utiles pour conquérir de nouveaux marchés au Moyen-Orient. Et le miracle espéré va opérer. Pendant le mandat du P-DG Dick Cheney, le chiffre d'affaires d'Halliburton va doubler pour atteindre 15 milliards de dollars. Le groupe devient le premier mondial pour l'exploitation du pétrole et du gaz. Toujours sous la direction de Cheney, Halliburton est passé dans le classement des fournisseurs du Pentagone de la 73ᵉ à la 18ᵉ place, gagnant 2,3 milliards de dollars de contrats publics, soit près du double des contrats signés auparavant. Pendant cette période, Halliburton reçoit l'équivalent de 1,5 milliard d'aides de diverses agences gouvernementales (contre 100 millions de dollars dans les cinq années précédant son arrivée). Ce qui n'empêche pas le groupe de créer de nombreuses filiales dans des paradis fiscaux pour réduire son imposition aux États-Unis de quelques centaines de millions… Lors d'un débat pendant la campagne présidentielle de 2000 avec le colistier d'Al Gore, Joe Lieberman, Cheney affirmera tranquillement : « le gouvernement n'a absolument rien à voir avec mon succès comme P-DG d'Halliburton ». Pendant ses cinq années à la tête d'Halliburton, Cheney a touché 44 millions d'euros de salaires et primes diverses.

Mais une fois à la Maison Blanche, il a continué à toucher des centaines de milliers de dollars en salaire différé et conservé des stock-options lui donnant le droit d'acheter 233 000 actions d'Halliburton à tarif préférentiel. Il est vrai qu'Halliburton n'aura pas non plus à se plaindre de l'administration Bush entre 2000 et 2008, mais c'est une autre histoire…

On peut se faire une idée des méthodes de travail de grands groupes comme Halliburton grâce au témoignage d'un ancien cadre d'une société concurrente. John Perkins commence sa carrière en 1971 comme économiste chez Main, une firme de consultants et d'ingénierie qui effectue des études préalables à la construction d'infrastructures internationales pour le compte de gouvernements ou de la Banque mondiale.

Il ne tarde pas à découvrir que les multinationales comme Main, Bechtel ou Halliburton, ont pour seul but de vendre aux pays du tiers-monde toutes sortes d'infrastructures lourdes, d'équipements ou de services pour lesquels ils vont lourdement s'endetter en gageant leurs ressources naturelles. Ces grands projets se montent au détriment d'investissements plus légers qui auraient pu développer un tissu de PME locales. Ces projets lucratifs sont confiés à des sociétés américaines, parfois les mêmes que celles qui ont conseillé les investissements. L'argent est donc prêté par des agences occidentales d'aide au développement, mais revient presque aussitôt aux États-Unis sous forme de commandes pour de grands conglomérats. Affligés de lourdes dettes, incapables de faire face à leurs échéances, les pays entrent alors en dépendance vis-à-vis des États-Unis.

En 1975, le premier choc pétrolier déverse sur les pays producteurs une véritable manne de dollars, que les États-Unis essaient de faire revenir chez eux sous forme d'investissements. Main est donc chargé de courtiser la famille royale d'Arabie saoudite pour la convaincre de recycler ses pétrodollars dans l'économie américaine. John Perkins est plus particulièrement « affecté » à l'un des membres clés de la famille, le « Prince W. ».

« Dès le départ, le prince W. me fit savoir que, chaque fois qu'il viendrait me voir à Boston, il aimerait sortir avec une femme qui lui plairait et dont les fonctions dépasseraient le rôle d'une simple escorte. Il ne voulait pas toutefois d'une call-girl professionnelle, que lui-même et les membres de sa famille pourraient rencontrer par hasard dans la rue ou à un cocktail. Comme mes rencontres avec le prince W. avaient lieu en secret, il me fut assez facile d'accéder à sa demande.

» "Sally" était une magnifique blonde aux yeux bleus qui vivait dans la région de Boston. Son mari, pilote pour la United Airlines, voyageait beaucoup, même en dehors du travail, et ne tentait aucunement de cacher ses infidélités. Sally avait une attitude cavalière à l'égard des activités de son mari, dont le salaire lui plaisait, tout comme leur luxueux *condominium* et tous les bénéfices dont jouissaient alors les épouses des pilotes. Comme c'était une ancienne hippie, elle était habituée à la promiscuité sexuelle. Elle trouva très intéressante l'idée d'avoir une source de revenu secrète et elle accepta donc de rencontrer au moins une fois le prince W., mais à une condition : l'avenir de leur relation dépendrait entièrement de l'attitude et du comportement de celui-ci à son endroit. Heureusement pour moi, il se trouva que chacun des deux satisfaisait aux critères de l'autre [1]. »

Il restait pour Perkins à trouver le moyen de régler les services de Sally sans tomber sous le coup de la loi. Comme à l'époque les reçus de grands restaurants étaient encore faits à la main, il s'arrangea avec certains serveurs pour qu'ils lui fournissent des reçus vierges et le tour fut joué.

« Je ne connais pas les détails des transactions qui ont eu lieu entre mes collègues et les autres acteurs clés saoudiens. Je sais seulement que la famille royale a finalement tout approuvé et que Main fut récompensé par l'un des contrats les plus lucratifs, administré par le ministère américain des Finances. »

Dans l'affaire Deborah Palfrey, imprudemment lancée par les républicains, l'utilisation des services de l'agence Pamela Martin par Halliburton pendant la présidence de Dick Cheney devient vite une source d'embarras potentiel pour le vice-président. Que certains membres de l'équipe de transition du président Bush élu en 2000 aient appelé des escortes le soir de la victoire, passe encore. Mais les fichiers téléphoniques révèlent aussi des appels réguliers du bureau du P-DG d'Halliburton entre 1995 et 2000… pour son propre usage, celui de ses clients (ou les deux ?). L'utilisation de call-girls par la société ne fait guère de doute. Pourquoi l'un des premiers

1. John Perkins, *Les Confessions d'un assassin financier. Révélations sur la manipulation des économies du monde par les États-Unis*, Outremont (Québec), al-Terre, 2005.

fournisseurs du Pentagone fonctionnerait-il autrement que ses confrères ? Mais les grands médias américains sont embarrassés par l'affaire… Difficile de mettre la main sur une preuve matérielle.

C'est alors qu'intervient le témoignage de Wayne Madsen. Cet ancien officier de renseignement militaire anime, avec le concours de nombreux informateurs bien placés, une lettre d'informations confidentielles, *The Wayne Madsen Report*, accessible par abonnement sur le web. Sans faire mystère de son aversion pour les républicains, Wayne Madsen n'en dénonce pas moins toutes les petites et grandes corruptions du personnel politique et administratif de Washington dans son ensemble. Le personnage est controversé, mais nombre de ses scoops pour initiés se sont ensuite transformés en scandales bien réels. Et il ose l'écrire : oui, Cheney est un client de l'agence depuis au moins 1996 jusqu'à 2000. Comme président d'Halliburton, Cheney partage son temps entre Dallas, où réside sa famille, et McLean, une agglomération de la banlieue cossue de Washington, particulièrement prisée de l'establishment républicain. Lors de son entrée en fonction, il fait aménager une grande demeure acquise par Halliburton et située au 6613 Madison of McLean Drive. En consultant Google Maps, on peut constater que cette adresse se trouve à proximité… du siège de la CIA ! Les caméras de surveillance de la CIA disposées dans les rues environnantes ont donc enregistré les allées et venues des voitures à cette adresse. Wayne Madsen affirme, en s'appuyant sur deux sources au sein de la CIA, que Dick Cheney a fait aménager à grands frais sa maison de fonction, dans laquelle il recevait le soir de hautes personnalités étrangères du Moyen-Orient, ainsi que des cadres d'Halliburton et des membres du Pentagone : « Le sous-sol a été transformé en "club" avec un faux plafond pour fixer des barres de strip-tease, et de coûteuses tables hautes en verre épais sur lesquelles pouvaient danser les filles, ce qui permettait de les observer en contre-plongée. » Wayne Madsen affirme encore que « le président Dick Cheney utilisait un pseudonyme lorsqu'il était P-DG d'Halliburton. Il voyageait parfois sous le nom de "Bruce Chiles". Certaines prostituées le connaissaient sous le nom de "Richard", tout court. Il semble que Cheney ait utilisé l'alias "Bruce Chiles" à la fois pour le travail et pour le plaisir. Lorsque le P-DG d'Halliburton engageait des affaires avec des pays sulfureux comme l'Iran ou la Libye, il passait par une filiale étrangère enregistrée aux îles Cayman et voyageait sous un faux nom. » À notre connaissance, Dick Cheney n'a pas poursuivi Wayne Madsen en diffamation, ce qui aurait pourtant été de soi compte tenu de sa position. Si les graves allégations de Wayne Madsen pouvaient être contredites, pourquoi s'en priver ?

L'affaire fait les choux gras du microcosme washingtonien, mais ne sort pas dans la presse écrite, en dehors de quelques tabloïds populaires qui reprennent l'info. Le présentateur d'un talk-show nocturne très populaire sur CBS, David Letterman, s'en empare sur le mode de la dérision : « Alors voilà une histoire sur laquelle on travaille en ce moment, commence-t-il dans son monologue d'ouverture. Apparemment, il y aurait des rumeurs à Washington comme quoi le vice-président Cheney, quand il était P-DG d'Halliburton, a rendu visite à des prostituées. Ça pourrait expliquer pourquoi une fille a reçu 2 milliards de dollars (rires). Je me demandais à ce propos pourquoi Cheney… Je veux dire, aller voir une prostituée, c'est… Je veux dire, je n'arrive pas à croire qu'un beau garçon comme lui ait besoin de payer pour du sexe, vous voyez ce que je veux dire ? »

« À ce moment-là, explique notre correspondant journaliste à Washington, le public était au courant et voulait en savoir plus. On aurait dû prendre le relais et enquêter sur la réalité de ces affirmations qui sont suffisamment précises pour qu'on aille vérifier. Après tout, on en a bien fait des tonnes parce que Clinton s'était fait tailler une pipe par une stagiaire ! Il a failli être destitué pour avoir menti là-dessus ! Et là : rien. Mon rédacteur en chef ne m'a pas laissé enquêter là-dessus. "C'est une affaire privée, et de toute façon Madsen est un fou", m'a-t-il répondu… »

Si les individus les moins recommandables ont droit au bénéfice du doute en l'absence de preuves irréfutables, cela ne sera pas le cas pour Deborah Jeanne Palfrey. Comme on l'a vu, sa défense est mise en pièces par le juge Robertson, l'empêchant de réunir des témoignages à décharge de clients et d'anciennes call-girls. En tirant les conclusions, l'accusée choisit de remettre en cause la stratégie de rupture de son avocat Montgomery Sibley et demande son remplacement. Le juge Robertson lui impose alors de reprendre pour avocat commis d'office celui-là même dont elle avait demandé le remplacement par Sibley… Après un procès lors duquel son nouvel avocat tente, sans grande conviction, de persuader les jurés que sa cliente ne vendait pas du sexe mais du « divertissement érotique pour adultes », Deborah Palfrey est logiquement reconnue coupable le 15 avril 2008, et devra attendre plusieurs mois pour connaître sa condamnation (elle risque huit à dix années de prison). Elle n'en aura pas le temps. Le 1er mai, la police la découvre au domicile de sa mère : l'ex-« madam » s'est pendue.

De nombreuses théories complotistes n'ont pas manqué de fleurir sur le web, affirmant qu'on avait fait taire définitivement Deborah Palfrey pour qu'elle ne puisse pas incriminer de hautes personnalités comme Cheney. Mais ces théories ne sont guère convaincantes. Rappelons qu'elle gérait son agence depuis la Californie et ne pouvait donc connaître la plupart des clients qui se présentaient sous de faux noms. Aurait-elle eu des révélations fracassantes à faire qu'il eût été de son intérêt de les mettre en lumière pendant le procès, ce dont elle s'est abstenue. D'autre part, tous ses proches confirment qu'elle était très éprouvée par la procédure et redoutait le verdict à venir. Elle s'était juré de ne pas retourner en prison. Elle a tenu parole de façon radicale. Depuis lors, les affaires ont repris leur cours à Washington. Les autres agences de call-girls continuent à fonctionner le plus normalement du monde…

CHAPITRE 7

LES INTÉRÊTS SUPÉRIEURS DE L'ÉTAT

Si les lieux et les filières de la « débauche » se sont beaucoup diversifiés ces dernières années, la surveillance, par certains services de l'État, des « turpitudes » réelles ou supposées des « puissants » n'a pas totalement cessé pour autant. Ce travail est certes plus difficile qu'à l'époque, d'autant qu'officiellement il n'existe plus. Les carnets de notes de l'ancien directeur des Renseignements généraux, Yves Bertrand, saisis par la justice dans le cadre de l'affaire Clearstream, ont pourtant montré que le « cadavre bouge encore ». Ils fourmillent de rumeurs non vérifiées sur les hautes personnalités du monde politique et économique. Serge Dassault y est ainsi décrit : « Radin et aime les blondes [1] », ce qui paraît un peu difficile à concilier à son âge. Quant à Axel Ganz, patron de presse de la branche française du

1. Scellé n° 16, p. 70, cité dans Patrick Rougelet, *Les Carnets noirs de la République*, Albin Michel, 2009.

groupe Bertelsmann, qui publie notamment *VSD*, les carnets affirment qu'il « va dans un club dans le 17e arrondissement sado-maso partouzard [1] », ce qui est peut-être une façon d'expliquer ses méthodes de management notoirement autoritaires... Il resterait à nous convaincre que ce genre de « production personnelle » assidûment pratiquée par l'ex-directeur des RG n'a plus cours à la nouvelle DCRI (au sein de laquelle ont fusionné les RG et la DST). Il est vrai que Nicolas Sarkozy, lui-même victime de rumeurs de cet acabit pendant la campagne de la présidentielle 2007, a réclamé aux RG la suppression des « notes blanches » (c'est-à-dire non signées) qui favorisent le colportage des rumeurs les plus sordides sans le moindre danger, puisqu'on ne pouvait en identifier la source. Encore récemment, l'entourage du directeur du FMI, Dominique Strauss-Kahn, s'est ému d'une déclaration prêtée au vibrionnant Frédéric Lefebvre, selon laquelle des « photos compromettantes » pourraient briser net les chances du socialiste pour la présidentielle de 2012. Une menace prise suffisamment au sérieux par « DSK » puisqu'elle a suscité, selon *Le Point*, un vif échange avec Nicolas Sarkozy en marge d'un récent sommet de chefs d'État à New York. « L'aparté a été discret, mais vif, dans la coulisse du sommet du G20 à Pittsburgh, le 25 septembre – et personne, jusqu'ici, n'en avait rien su. Durant une suspension de séance, Dominique Strauss-Kahn a profité d'une rencontre impromptue – aux toilettes ! – avec Nicolas Sarkozy pour lui lancer cet avertissement : "J'en ai plus

1. Scellé n° 12, p. 80, *ibid.*

qu'assez des ragots répétés sur ma vie privée et sur les prétendus dossiers et photos qui pourraient sortir contre moi. Je sais que tout ça part de l'Élysée. Alors, dis à tes gars d'arrêter ou sinon je saisirai la justice [1]." »

Curieux des secrets d'alcôve du CAC 40, l'État ne rechigne pourtant pas quand les intérêts supérieurs du pays requièrent de ses services ou d'entreprises publiques quelques pratiques un peu « à la marge » de la morale publique. Les scandales à répétition autour d'Elf ont notamment permis de lever un coin de voile sur cette opportune élasticité morale…

Les femmes de l'affaire Elf

Ce qu'il est désormais coutume d'appeler « l'affaire Elf » a révélé des pratiques courantes dans le négoce international du pétrole ou des armes : notamment la distribution de commissions (2,5 % des marchés pour le pétrole, jusqu'à 25 % pour l'armement) et de rétrocommissions en partie destinées à financer les partis politiques… et aussi dans certains cas les dirigeants des sociétés eux-mêmes, qui n'en réfèrent que très vaguement à leur tutelle. La porte ouverte à tous les excès. Mais le système ne s'arrête pas à cette dimension financière, certes essentielle. C'est bien connu, pour mener des affaires de haut vol en Asie ou en Afrique, il faut savoir prodiguer mille petites attentions aux

1. Hervé Gattégno, « L'avertissement de DSK à Sarkozy », *Le Point*, 3 décembre 2009.

dignitaires étrangers. Loïk Le Floch-Prigent évoque lui-même cette dimension, au détour de son exposé, dans un livre d'entretiens avec Éric Decouty, *Affaire Elf, affaire d'État* [1] : « Je n'ai pas inventé le système. J'ai été amené à faire des compromis auxquels mon éducation ne m'avait guère préparé. Favoriser l'obtention de marchés en m'appuyant sur la vanité et la vénalité des hommes ; profiter de leur faiblesse aussi, sans jamais toutefois avoir recours à des procédés indignes et indécents. On peut s'étonner d'un tel cynisme. Mais j'ai été à rude école lorsque j'ai fait mes premières armes chez Rhône-Poulenc : une affaire nous avait été enlevée parce qu'une jolie infirmière payée par la concurrence avait fait une "douceur" à un vieillard agonisant… »

Qu'en termes délicats ces choses-là sont dites ! Le sous-entendu est assez limpide. Oui, dans le monde des affaires, une gâterie prodiguée à bon escient compte *aussi* pour décrocher un contrat. Par conséquent, pourquoi se priverait-on d'un tel atout ? L'ancien P-DG de Rhône-Poulenc et d'Elf va aussi loin qu'il est possible dans la confidence, sans s'accuser de nouvelles turpitudes que, pour le moment, on ne lui reproche pas. Et, un peu plus loin, il glisse une autre allusion, mettant cette fois en cause la double vie des élus : « Les édiles se complaisent dans ce rôle qui ménage le vice sous la vertu. Et justifient un train de vie dispendieux par la fonction. Appartements, costumes sur mesure, voyages, filles… » Un livre d'entretiens s'enregistre au

1. Loïk Le Floch-Prigent, entretiens avec Éric Decouty, *Affaire Elf, affaire d'État*, Le Cherche-midi, 2001.

magnétophone, puis se relit et se corrige à tête reposée. Le mot « filles » a donc forcément son intérêt ici. Alors, dans le contexte des élites menant une fastueuse double vie, et à l'échelle de la corruption des affaires internationales, que pèsent les faveurs d'une courtisane face à des dizaines, voire des centaines de millions détournés ? Mais chez Elf Aquitaine, ce ne sont pas une ou quelques courtisanes qui ont été employées pour donner le petit coup de collier décisif, ici ou là, mais de gros bataillons. Et, parfois, leur action tenait plus de la motivation des cadres dirigeants que de la séduction de partenaires potentiels.

À tout seigneur, tout honneur, tournons-nous d'abord vers la plus médiatique de toutes.

En mars 1989, Christine Deviers-Joncour, qui ne bénéficie d'aucune expérience professionnelle en affaires internationales, est recrutée par le groupe Elf. Loïk Le Floch-Prigent vient d'être nommé à la tête de la société. Son bras droit, Alfred Sirven, qui a connu la jeune femme par son ex-mari, découvre que la famille Deviers-Joncour est proche de Roland Dumas, ministre des Affaires étrangères, qui semble très attaché à la jeune femme… Au point de la recommander ? Ce point n'est pas élucidé. Quoi qu'il en soit, Sirven voit tout le parti qu'il peut tirer de la situation et offre à la demoiselle un contrat de travail plus que convenable : elle sera payée 11 500 francs par une filiale française d'Elf, puis 40 000 francs en provenance d'une autre filiale, suisse ; un revenu plus qu'annexe, non soumis au fisc français. À cela s'ajoute un logement de fonction (loyer, payé par Elf, de 22 500 francs mensuels) avec domesticité et ameublement raffiné, dans lequel sont reçus les hôtes de marque de la compagnie, de passage à Paris. Au cas où ce revenu serait un peu juste, la petite société de communication créée trois ans auparavant par la jeune femme, Kairos, est désormais élue par le ministère des Affaires étrangères pour l'organisation d'une exposition itinérante ou la réalisation d'une plaquette dont Elf sera mécène à hauteur d'un million de francs. Des marchés qui suscitent une forte inflation de frais de réception pour Kairos, ainsi que des notes de restaurant de 6 à 10 000 francs par mois (sans justificatifs, ce qui fera tiquer le fisc). Bref, tout cela permet de « voir venir ».

Christine Deviers-Joncour a officiellement pour mission d'assurer la liaison entre le ministère des Affaires étrangères et la compagnie pétrolière. On pourrait préciser entre Elf et Roland Dumas, car de nombreux témoins affirment à l'instruction que cette embauche n'était d'aucune utilité pour Elf qui avait bien d'autres canaux de communication avec le ministère, sinon de faire plaisir au ministre qui aurait suggéré ce recrutement. Pour mieux comprendre cet arrangement, il est nécessaire de suivre le récit d'un épisode clé de ses activités par la principale intéressée.

« "Où est Roland Dumas ? me demande une voix bien connue.

— Il est parti pour New York !" »

Toutes les fins septembre, les ministres des Affaires étrangères du monde entier se réunissent au siège de l'ONU pour une dizaine de jours.

« "Il faut y aller, me dit Alfred Sirven. Il y a urgence. Nous venons d'apprendre que se prépare un voyage présidentiel dans les Émirats. Or, parmi ces pays, il y en a un où François Mitterrand ne s'arrêtera pas. Et justement, nous y avons de gros intérêts. Il faut absolument que Roland Dumas décide le président de la République à y faire escale."

» Le secrétariat particulier du président de la République avait répondu à Elf Aquitaine que "Mitterrand n'était pas un VRP". Alfred Sirven laisse éclater sa colère. Il hurle sa rage.

» "Comment ? Ils se prennent pour qui ? Mais Mitterrand *est* le VRP de la France ! Ils ne comprennent rien... On te fait livrer le billet, tu dois gagner ça auprès de Dumas.

» — Mais comment pourrais-je l'attraper à l'ONU ? Son emploi du temps est bouclé. Chargé. Surchargé.

» — Tu te dém...[1]" »

Deviers-Joncour part donc pour New York, obtient un badge pour entrer à l'ONU grâce au secrétariat du ministre, et le retrouve là-bas.

« Je parviens finalement à trouver une porte non verrouillée sur le côté de la salle où se déroule à huis clos un conseil de sécurité. Je l'ouvre sans faire de bruit. Il y a là, dans cet amphithéâtre plongé dans la pénombre, une quinzaine de personnes autour d'une table, sur une estrade en pleine lumière. Je me faufile dans le noir entre deux rangées de sièges puis m'accroupis derrière l'un d'entre eux, le cœur battant. Bien cachée, j'assiste à une superbe intervention de Roland Dumas devant son homologue

1. Christine Deviers-Joncour, *La Putain de la République*, Calmann-Lévy, 1998.

américain James Baker. Lorsqu'ils sortent de la salle, je me précipite vers Roland Dumas pour lui dire mon admiration.

"Vous ici ? Mais que faites-vous ?"

Sans attendre ma réponse, il s'enfuit, toujours pressé. Il le saura bientôt, ce que je suis venue faire ici ! Je passe quelques jours à essayer d'obtenir un rendez-vous. »

C'est finalement lors d'une soirée au Metropolitan Opera, que le ministre, féru d'art lyrique, n'aurait ratée pour rien au monde, que la courtisane peut enfin accomplir sa mission :

« À l'entracte, nous marchons sur le parvis du théâtre. Sous l'effet bénéfique de la musique, il s'est enfin détendu… J'en profite pour lui expliquer l'importance pour Elf Aquitaine de cette escale supplémentaire, et qu'il est dans l'intérêt de la France que le président de la République s'y arrête.

"Vous êtes là pour combien de temps ? me demande-t-il.

— Jusqu'à ce que vous vous décidiez."

Deux jours plus tard, au *Hemsley Hotel* où je suis descendue, le téléphone sonne :

"Bravo, petit soldat, tu as gagné, me dit une voix méridionale. Maintenant, tu peux rentrer !"

Il s'agissait là d'un énorme contrat. Pour cette seule affaire, Elf Aquitaine aurait pu sans peine me verser une pension à vie… Et il y en eut d'autres. Croit-on que j'ai été rémunérée à ne rien faire par une entreprise philanthropique ? »

Dans de telles circonstances, qui ne se répètent évidemment pas chaque semaine, on perçoit parfaitement l'atout que représente une « femme d'influence » comme Christine Deviers-Joncour, capable, en raison de sa relation intime avec le ministre, d'avoir accès à lui lorsque c'est théoriquement impossible et d'exposer ses arguments dans un cadre privé. Même s'il n'a pas réclamé à Elf l'embauche de son amie, Roland Dumas ne pouvait ignorer l'ambiguïté de ce recrutement ni les possibles sollicitations. Qu'il se soit senti capable de toujours y résister est un autre problème.

En tout cas, Sirven n'est pas un ingrat. Outre les revenus et avantages déjà consentis, Christine Deviers-Joncour va pouvoir fêter dignement la réussite de ses premières missions : vêtements de luxe Mugler, Azzaro ou Dior, parfums, linge de maison haut de gamme, chaussures (dont la fameuse paire de bottes Berluti offerte à Dumas, que celui-ci affirme avoir remboursée), livres et Compact Disc, restaurants à la mode, voyages de luxe : « C'est peu dire que Christine Deviers-Joncour avait l'argent facile et vivait sur un train de vie ahurissant ! », souligne Gilles Gaetner. Selon un rapport d'avril 1998 de la brigade financière de la police judiciaire parisienne, Christine, par le biais de sa carte Elf, aura dépensé, entre juillet 1990 et août 1993, 1 531 804 francs ! L'amie de Roland Dumas précisera à la juge Joly que « de telles mises à disposition de cartes bancaires ont profité à beaucoup d'autres personnes », avant d'ajouter, à l'adresse de la magistrate interloquée : « C'était comme la distribution de caramels [1]. »

1. Gilles Gaetner, *Le Roman d'un séducteur. Les secrets de Roland Dumas*, Lattès, 1998.

Chez Elf, on a parfois laissé entendre que les « affaires » de call-girls faisaient partie des « excès » de l'ère Le Floch, un dérapage en quelque sorte, par rapport aux règles de bonne gouvernance de l'entreprise. Est-ce si sûr ? Un témoignage montre que la pratique existait déjà auparavant. Jeanne-Marie Caldaire, ancienne secrétaire de plusieurs présidents successifs, a affirmé devant les juges Joly et Vichnievsky que ses patrons avaient l'habitude des dépenses somptuaires avec de jeunes beautés : « Tel ce prédécesseur de Loïk Le Floch-Prigent, qui n'hésitait pas à dépenser, grâce à la carte bancaire d'Elf, 30 000 francs en deux jours avec une charmante créature dans un hôtel réputé du Midi de la France. Parfois, ce même dirigeant se contentait d'aller passer un après-midi au *Ritz* avec sa promise, avant de lui offrir quelques bijoux chez Chaumet. Commode, les deux établissements sont distants d'une centaine de mètres [1] ».

Le nom d'Elf aurait tout aussi bien pu être cité dans une autre affaire de prostitution de luxe. En 1997-1998, lors du démantèlement d'un réseau de call-girls par le juge N'Guyen (voir ci-après), les relevés d'appels téléphoniques des filles du réseau révèlent que celles-ci « avaient une fâcheuse tendance à se contacter de longues minutes sur des lignes directes de la tour Elf [2] ». Ces jeunes femmes venaient-elles porter des valises ou aider des cadres stressés à se détendre ? Ultime témoignage, celui

1. *Ibid.*

2. Julien Caumer, *Les Requins. Un réseau au cœur des affaires*, Flammarion, 1999.

d'un ancien employé d'une société de sécurité, qui a accompli dans les années 1990 plusieurs missions de « démicrotage » (recherche d'éventuels micros cachés) dans les bureaux de la direction : « Des micros, on n'en a jamais trouvé, la sécurité de la tour Elf était trop bien assurée. En revanche, on trouvait parfois des capotes non utilisées sous les coussins des canapés ! »

Achevons ce défilé de charme avec un personnage bien moins médiatique que Christine Deviers-Joncour, mais tout aussi fascinant. Anne-Rose Thiam, née en 1960, arrive à Paris au début des années 1980 et fréquente le monde de la nuit où elle vit de ses charmes, tout en se présentant comme la « fille de l'ambassadeur de Côte d'Ivoire au Maroc ». Elle est arrêtée dans le sud de la France et emprisonnée aux Baumettes en 1992 pour une affaire de vol de carte bleue. À la faveur d'une permission de sortie, elle disparaît et se refait une nouvelle identité. Elle affirme cette fois n'être rien de moins que Lyse, la fille du président Houphouët-Boigny ! Elle continue à se prostituer dans les « hautes sphères », mais de façon plus indirecte puisqu'elle recueille des fonds pour de mystérieux « projets immobiliers ». Plusieurs romanciers à succès figurent parmi ses victimes. Repérée par la police, elle est mise sous surveillance et, sans doute aiguillée par un sixième sens très opportun, disparaît juste avant d'être interpellée. On retrouvera sa voiture près de la frontière suisse, à Évian. Dans le véhicule, un petit papier intrigue les enquêteurs : « Lise, voilà 53. Les comptes sont 100 + 3 dans la voiture + 53 = 156 !!

Que fais-tu de tout cet argent ?! » La signature est un simple prénom : Loïk. « 156 » : s'agit-il de 156 000 ou de 156 millions ? Où est passé cet argent ?

Un an plus tard, la police allemande arrête la jeune femme à Dresde où elle se prostitue dans un hôtel de luxe. Expulsée vers la France, elle est incarcérée à Fresnes. La police, en la personne de l'inspecteur Guimares du commissariat Picpus-Bercy, veut cette fois enquêter à fond sur ses activités et interroge toutes les « victimes » pour essayer de comprendre qui est ce « Loïk » (à l'orthographe peu courante). Or, deux témoins affirment que « Lyse » fréquentait le siège d'Elf Aquitaine et son président... Loïk Le Floch-Prigent ! On vérifie les relevés téléphoniques de la jeune femme qui a effectivement passé plusieurs communications sur la ligne directe du président, mais aussi appelé, parfois longuement, des membres de son état-major, ou encore Maurice Bidermann, l'ami industriel de Le Floch dont les entreprises ont été soutenues par Elf au-delà du raisonnable. Anne-Rose Thiam était à l'évidence « en affaires » avec tout ce petit monde. Convoqué par l'inspecteur Guimares au printemps 1994, Le Floch envoie – c'est original – sa secrétaire, qui confirme simplement « une rencontre » avec « une femme de couleur disant être la fille du président de Côte d'Ivoire [1] ». De fait, dans ses carnets de prison, Le Floch écrira : « Je l'ai vue deux fois dans ma vie. Elle se disait fille d'Houphouët-Boigny [...]. À Elf, nous réglions souvent des problèmes aux filles *[sic]* de chefs d'État ou de ministres africains

1. *Le Monde*, septembre 1996.

inadaptées. » Une action sociale dont on ne parle sans doute pas assez, mais somme toute louable… Pourquoi alors ajouter : « Elle connaissait beaucoup trop de choses sur moi et sur le groupe Elf, et cela m'a inquiété » ? Même si Elf a utilisé les « services » tarifés d'Anne-Rose Thiam, y a-t-il là matière à faire trembler la multinationale sur ses bases ? On ne fait pas chanter comme cela un grand patron.

L'enquête de l'inspecteur Guimares aurait certainement permis d'éclaircir cette version des faits, malheureusement, selon *Le Parisien*, il est à son tour convoqué par sa hiérarchie en avril de la même année : « Arrêtez de vous intéresser à cette histoire de Thiam. L'ordre vient de la préfecture de police, à la demande de l'Élysée [1]. » Le quotidien demande alors confirmation à Philippe Massoni, préfet de police, pour qui « cette version des choses paraît relever de la plus haute fantaisie [2] ». Le problème est que l'on ne sait toujours pas quelle autorité a pris sur elle de stopper les investigations de l'inspecteur Guimares.

Toutefois, la juge d'instruction de l'affaire Elf, Éva Joly, entend, dans le cadre de son instruction, la jeune femme. Celle-ci lui affirme qu'elle rencontrait Le Floch « deux fois par semaine, dans son bureau », où elle se voyait confier de fortes sommes qu'elle devait remettre à des personnalités, qu'elle refuse de nommer à l'exception de Maurice Bidermann [3]. Pourtant la juge renoncera à utiliser son témoignage. La jeune femme manifeste une tendance évidente à la

1. *Le Parisien*, 29 septembre 1996.
2. *Ibid.*
3. *Libération*, 16 juillet 1998.

mythomanie, affirmant par exemple avoir présenté Loïk Le Floch-Prigent à tel ou tel chef d'État africain ! Or, le président d'Elf n'a jamais eu besoin d'une call-girl pour cela. La piste s'arrête donc là. Anne-Rose Thiam a été condamnée à six ans de prison et n'a plus fait reparler d'elle. On reste donc sans réponse à la question posée plus haut : « Que fais-tu de tout cet argent ? », lui écrivait Le Floch. On pourrait compléter ainsi la demande : « Mais qu'as-tu fait pour recevoir tout cet argent ? »

Les caprices de la Françafrique

À en croire les usages de la Françafrique, certains chefs d'État justifieraient à eux seuls les dispositifs de charme comme celui d'Elf. Lorsqu'on discute avec telle ou telle « ancienne » de chez Madame Claude, un nom revient inévitablement dès les années 1970, celui d'Omar Bongo. « À l'époque, un homme d'affaires qui voulait travailler avec le Gabon savait qu'il lui fallait d'abord se présenter au palais présidentiel avec une ou deux blondes », se souvient-on. Il faut dire, à sa décharge, que le président Bongo n'était guère heureux en ménage. Pierre Péan a raconté dans *Affaires africaines* [1] que Joséphine, l'épouse du président, prenait parfois des amants sans beaucoup s'en cacher. Hélas pour elle, certains d'entre eux ont connu un destin tragique en croisant la route des gardes du corps français de son mari…

1. Pierre Péan, *Affaires africaines*, Fayard, 1983.

Si Omar Bongo apprécie les prostituées européennes de haut vol pour sa consommation personnelle, il se montre en revanche inflexible sur le plan de la morale publique. En 1978, son pays devant héberger un sommet de l'Organisation de l'unité africaine, il fait emprisonner toutes les prostituées de la capitale. Pas question de donner du Gabon l'image d'un bordel de l'Afrique ! Le président déteste le spectacle public de la prostitution dans son pays. Début 1985, il réunit les officiers de la gendarmerie nationale et leur demande de « rafler » toutes les prostituées, puis de les emmener dans des camps militaires où elles sont livrées aux soldats, soumises pendant plusieurs jours aux caprices d'une troupe avinée. Cela ne réduit nullement la prostitution au Gabon, mais vaut au président un regain de popularité dans l'armée.

Par effet d'imitation, l'usage des call-girls européennes s'est transmis aux dignitaires du régime. Dans les années 1990, les policiers de la BRP ont vu défiler nombre de call-girls soumises à des traitements extrêmes : sadomasochisme dur, urolagnie, pénétrations anales, etc. Malgré les ravages produits par le sida sur le continent africain, la majorité des ministres gabonais refusent le port du préservatif, d'où un surcroît d'anxiété pour les filles qui, de retour en Europe, doivent attendre de longues semaines avant d'être sûres qu'elles n'ont pas été contaminées.

En avril 1995, la 16e chambre correctionnelle de Paris, qui en a pourtant beaucoup entendu en matière de prostitution, est amenée à se pencher sur la vie sexuelle d'Omar Bongo. Le couturier Francesco

Smalto comparaît en effet pour avoir vendu au chef d'État gabonais ses costumes accompagnés de jolies blondes. Les jeunes femmes étaient recrutées par le bras droit du couturier, Michel Mariani. Elles touchaient, pour leur déplacement à Libreville, entre 15 000 et 80 000 francs. Mais une rumeur croissante dans le milieu des call-girls affirmait qu'Omar Bongo serait séropositif et refuserait le port du préservatif. La rumeur n'était semble-t-il pas fondée, mais pourrait être une circonstance aggravante pour le couturier, qui se défend : « Je n'ai jamais entendu parler de cette séropositivité. [...] On s'était aperçu qu'une présence féminine facilitait les commandes. J'avais le soupçon qu'il les gardait pour coucher avec, mais je n'en avais pas la certitude. Je ne voulais pas le savoir, ça ne m'intéressait pas. [...] J'ai agi comme un chef d'entreprise quand on a des difficultés. Nous ne pouvions pas perdre le client. [...] J'avais conscience du côté immoral, mais je ne savais pas que c'était si grave. Je n'ai pas touché un centime dans cette affaire, à part la partie commerciale [1]. » En somme, le couturier n'a fait que s'inscrire dans une tradition bien établie. Peut-on lui en vouloir ?

Omar Bongo n'a pas été troublé outre mesure par cette affaire. Il a simplement fustigé l'attitude « inamicale » de la presse française qui en rendait compte. Et, en 2004, il commet une gaffe qui illustre à nouveau le fonctionnement quotidien de son régime. Fin 2003, une jeune beauté péruvienne, Ivette Santa Maria, Miss Pérou 2003, est contactée par une Argentine affirmant être l'organisatrice d'un

1. *Le Monde*, 13 avril 1995.

nouveau concours de beauté baptisé « Miss humanité », et dont la première édition se tiendra à Libreville. On lui propose 1 000 dollars pour une semaine de travail, une suite dans un hôtel de luxe et des primes marchandises offertes par plusieurs sociétés dont Air Gabon. Mais lorsque Ivette arrive à Libreville avec son fiancé, le 19 janvier 2004, rien ne se passe comme prévu. Elle est immédiatement conduite au palais présidentiel. On lui fait emprunter un ascenseur débouchant sur une pièce recouverte de panneaux de bois. Omar Bongo arrive peu après. « Je me suis sentie bête de ne pas pouvoir communiquer avec lui car je ne parle pas français », explique-t-elle. Le président n'avait pourtant pas prévu de lui faire de longs discours : « Il a appuyé sur un bouton et des portes coulissantes se sont ouvertes, faisant apparaître un grand lit. » Dans un grand geste démonstratif, Omar Bongo désigne le lit à sa visiteuse… Las, elle fond aussitôt en larmes, laissant le chef d'État désemparé. Visiblement, on ne l'avait pas « briefé » sur la provenance de la jeune femme. « Je lui ai dit que je n'étais pas une prostituée, que j'étais Miss Pérou. J'ai fondu en larmes et j'ai paniqué. » Heureusement pour Ivette Santa Maria, Omar Bongo ne va pas plus loin, mais se montre « très contrarié par ce malentendu ». Ivette sort en courant, sans être arrêtée par la sécurité du palais. Mais lorsqu'elle voit sa voiture emprunter un itinéraire différent de celui qu'elle connaît, elle prend à nouveau peur et saute hors du véhicule !

De retour à l'hôtel dans un triste état, épuisée et affolée, elle se retrouve face à des représentants des autorités gabonaises qui lui présentent leurs excuses pour « tout malentendu ». Sans argent pour repartir, il lui faut tout de même attendre douze jours et les protestations officielles d'une ONG pour que sa note d'hôtel soit réglée et qu'elle puisse reprendre l'avion. L'affaire déclenche un beau scandale au Pérou. L'ambassadeur péruvien auprès des Nations unies émet une protestation officielle auprès de son homologue gabonais et lui fait part de « la profonde préoccupation du gouvernement péruvien ». En réponse, Libreville dénonce une attitude « inamicale », des « accusations aussi grossières que mensongères », voire des « intentions machiavéliques dont le but inavoué est de nuire, une fois encore, à la réputation du Gabon et de son président ». Ce ne serait donc pas la première fois ? De fait, en 1991, un ancien fonctionnaire du Service d'information américain (USIS), Fred Shaver, a raconté comment le président gabonais, qui voulait apprendre l'anglais, avait fait des avances à sa jeune professeure américaine. La première leçon fut immédiatement interrompue et Omar Bongo n'a jamais appris l'anglais. C'est dommage car cela lui aurait permis de communiquer avec Ivette…

Les « caprices » des chefs d'État françafricains ont toujours été des ordres. Christophe Deloire et Christophe Dubois rapportent ainsi la première entrevue de l'empereur déchu de Centrafrique, Jean-Bedel Bokassa, tout juste installé en France, avec le commissaire des RG chargé de sa protection, Patrick Rougelet : « Le jour où je viens me présenter, en lui indiquant que je serai dorénavant chargé de sa sécurité, Bokassa me dit : “On fera comme d'habitude, une blonde, une rousse, une brune.” Devant ma stupéfaction, il me répond que les policiers français des Voyages officiels, rebaptisés depuis Service de protection des hautes personnalités, se sont toujours occupés de lui amener des prostituées [1]. » Et les mêmes de citer cet ancien fonctionnaire ministériel : « À l'Équipement, je m'occupais des relations avec le Moyen-Orient. Il y avait une caisse noire, ravitaillée par les entreprises françaises, à la disposition du directeur des affaires économiques et internationales. Dans cette caisse noire, les hauts fonctionnaires pouvaient puiser de l'argent pour mettre une fille dans le lit d'un prince saoudien [2]. » Moins systématique aujourd'hui, ce genre de pratiques n'a pas disparu, loin s'en faut, mais ce sont plutôt des prestataires du secteur privé qui en sont chargés, comme l'illustre la mésaventure du capitaine Barril en 1997.

Le juge et le photographe

L'affaire du démantèlement d'un réseau de prostitution internationale de luxe par le juge Frédéric N'Guyen en 1997-1998 est une superproduction au casting impressionnant : un émir, un ex-officier du Groupe d'intervention de la gendarmerie nationale (GIGN), un photographe de charme, des intermédiaires libanais, des mannequins, etc. Il n'y manque pas même une star du cinéma américain, Robert de Niro. Et c'est d'ailleurs le principal souvenir que l'on

1. Christophe Deloire, Christophe Dubois, *Sexus politicus*, Albin Michel, 2006.

2. *Ibid.*

conserve de l'affaire : l'acteur américain « cueilli » dans sa suite du *Bristol* par sept hommes de la BRP en février 1998, puis retenu plusieurs heures d'affilée au palais de justice, entendu comme simple « témoin » dans une sombre histoire de proxénétisme. De quoi faire la une de tous les journaux de la planète. Plan suivant : mâchoire serrée comme dans un film de Scorsese, de Niro est reçu sur le plateau de *Nulle part ailleurs* sur Canal+ par son ami Guillaume Durand, qui lui présente des « excuses au nom de la France » ! Et pourtant, si de Niro a joué un rôle dans cette histoire, ce serait plutôt celui d'une guest-star...

Tout commence en 1996 par une enquête ordinaire, avec la mise sur écoute d'une ancienne mannequin suédoise, reconvertie en proxénète, Annika Brumark. La dame gère son réseau à partir d'un appartement parisien, boulevard Exelmans, dans le 16e arrondissement. Ses tarifs varient de 3 000 francs à 50 000 francs pour un prince arabe de passage sur la Côte. L'affaire se corse lorsque les enquêteurs s'intéressent à un de ses amis, un photographe de charme bien connu des lecteurs de *Lui* et de *Newlook*, Jean-Pierre Bourgeois. L'homme est soupçonné d'être un des recruteurs du réseau, et surtout d'attirer dans son studio sous prétexte de séances de photos des jeunes filles dont il tenterait ensuite d'abuser. Il est mis en examen pour proxénétisme et pour viol de vingt-sept modèles. Entre en scène un Libanais, Nazi al-Ladki, secrétaire particulier du frère du roi Fahd d'Arabie depuis une vingtaine d'années, et qui accueille sur son bateau le photographe et ses « modèles ». Le Libanais joue aussi les entremetteurs pour un grand nombre de personnalités françaises et étrangères. Son carnet d'adresses, saisi par les enquêteurs, se révèle être un véritable « Who's Who » de la prostitution de luxe. On y trouve les noms de clients prestigieux, de proxénètes et de filles du monde entier. Sur le yacht d'Al-Ladki, on croise aussi un médecin français, propriétaire d'une clinique à Cannes, Alain Meyer. Celui-ci réalise sur les jeunes filles qu'on lui présente des tests de dépistage de maladies sexuellement transmissibles, facturés 6 000 à 7 000 francs et envoyés au client. Une complaisance qui lui vaut une mise en examen pour « complicité de proxénétisme aggravé », mais il bénéficiera d'un non-lieu en raison du refus du parquet de délivrer un réquisitoire supplétif à son encontre.

Dans le bureau du juge N'Guyen, Al-Ladki décrit avec force détails le petit milieu des proxénètes de très haut niveau, à la croisée du commerce international et du marché du sexe. Il raconte l'histoire de l'actrice américaine Brigitte Nielsen, ex-épouse de Sylvester Stallone, qui aurait accepté de coucher avec un prince arabe pour un million de dollars. Et il donne des noms de clients et d'intermédiaires, comme William Kazan, diplomate et financier libanais, grand officier de la Légion d'honneur et de l'ordre national du Mérite, « ambassadeur extraordinaire, plénipotentiaire et itinérant du Qatar ». Ces titres ne font ni chaud ni froid au juge qui le met en examen pour « viol aggravé » sur une mineure de 16 ans.

Autre personnalité intéressante du dossier, celle de Christian Courtin, président des Laboratoires Clarins. Jean-Pierre Bourgeois lui présentait, dans ses bureaux de Neuilly, des jeunes filles pressenties pour poser dans ses campagnes publicitaires. Selon des témoignages rapportés à l'audience, Courtin aurait agressé sexuellement deux postulantes à une campagne de prises de vue devant se dérouler aux Bahamas. Il n'a pourtant jamais été inquiété et est décédé depuis. Apparaissent encore quelques vedettes, outre Robert de Niro déjà mentionné, comme l'ancien international de tennis Wojtek Fibak, reconverti dans l'immobilier et l'agroalimentaire, grand amateur de top models, qui prêtait au photographe son hôtel particulier de Boulogne pour des prises de vue. De même que le producteur de cinéma Alain Sarde, accusé par deux jeunes actrices de « tentative de viol » et incarcéré quatre jours à la Santé avant d'être relaxé.

Et puis il y a Paul Barril. L'ancien membre de la cellule antiterroriste de l'Élysée, qui a créé sa société de sécurité, baptisée Secrets, et assure la protection de l'émir du Qatar. Cheikh Khalifa ibn Hamad al-Thani vit alors une partie de l'année en France, entre l'hôtel *Crillon* où il occupe une vingtaine de chambres et sa résidence cannoise. Al-Ladki affirme que Barril fait venir en France des prostituées marocaines pour son client, l'émir du Qatar. Les témoignages des filles concordent. L'ancien gendarme nie pourtant tout rapport avec un réseau de proxénétisme. Les policiers de la BRP perquisitionnent la suite de l'émir au *Crillon*, sans résultat. « C'est un complot, un coup monté, affirme l'ex-capitaine, qui a été remis en liberté après sa garde à vue et qui porte plainte pour subornation de témoin. Tout est faux. Et si c'était vrai, alors, il faudrait aussi mettre en examen pour proxénétisme le ministère de l'Intérieur. Ses policiers assurent également la protection de l'émir du Qatar [1]. » Des affirmations qui laissent deviner ce que serait la ligne de défense de l'ex-gendarme si on s'avisait de l'inculper. L'État français lui-même fournit ou laisse fournir des prostituées aux « hautes personnalités » reçues dans l'Hexagone, alors pourquoi s'en prendre à lui, et à lui seul ? Le pire est qu'avec son CV, il pourrait sans doute donner bien des noms intéressants… Au final, le parquet, dans sa grande sagesse, refuse au juge une extension de saisine sur le cas Barril, comme il le fait avec Meyer, Kazan ou Alain Sarde. C'est l'application d'un vieux principe selon lequel on ne poursuit que les proxénètes *stricto sensu*, pas les clients ou leurs employés. Inconsolable, la direction du *Crillon* voit partir son meilleur client : l'émir du Qatar décide d'aller poser ses valises dans un palace londonien où on ne viendra plus l'importuner pour de pareilles « bêtises ».

Une affaire brassant de telles personnalités est, dès le départ, un « dossier signalé », comme on a l'habitude de dire à la chancellerie. À l'Élysée et à Matignon, on suit de près son évolution. Les relations commerciales de la France avec le Qatar et l'Arabie saoudite sont en jeu. Selon *Le Monde*, le cabinet d'Alain Juppé suit pas à pas l'instruction du juge N'Guyen : dans une note adressée, le 9 juin, en réponse à une demande d'information du directeur du cabinet de la ministre de la Justice, Élisabeth Guigou,

1. « La call-girl, l'émir et le capitaine », *Le Nouvel Observateur* n° 1702, 19 juin 1997.

nommée depuis moins d'une semaine, le directeur des affaires criminelles, Marc Moinard, fait état des interventions du cabinet de Monsieur Juppé. Il signale que Matignon l'a interrogé « au début de la deuxième quinzaine de mai sur le point de savoir si des diplomates ou des personnalités étrangères pouvaient être mis en examen [1] ». La note demande en particulier des précisions sur le sort du diplomate et financier William Kazan. En réponse, un rapport du procureur général de la cour d'appel de Paris, daté du 23 mai, résume l'état du dossier. C'est sans doute un complet hasard si, parmi les clients du réseau Annika Brumark, figurent un membre du cabinet Juppé et le maire d'une grande ville du Sud-Ouest…

La nouvelle garde des Sceaux, Élisabeth Guigou, ne sera guère plus à l'aise sur ce dossier que son prédécesseur, surtout lorsqu'on apprendra qu'elle a rencontré Robert de Niro lors d'une soirée, par l'entremise de Guillaume Durand. Elle affirme ne pas vouloir prendre parti dans la guérilla procédurale qui oppose le juge N'Guyen et le parquet de Paris, dont on laisse entendre qu'il cherche à « étouffer » l'affaire. Le juge N'Guyen est présenté quasi unanimement dans la presse comme un enquêteur courageux et inflexible, qui s'attaque à de puissants intérêts. Ce qui n'est pas complètement faux. Mais il a aussi ses détracteurs dans la magistrature : « Son manque de souplesse, son refus de composer exaspèrent, rapporte Sara Daniel. Pourtant, jusqu'ici, le récit de ses intransigeances ne sortait pas du palais. Avant de s'attirer la haine des VIP qui aiment choisir leur

1. 2 juillet 1997.

compagne d'un soir sur catalogue, le petit Frédéric a concentré de franches inimitiés au Syndicat de la magistrature. Certains fustigent ses tentatives pour s'imposer à la tête du SM. Un de ses collègues se souvient : « Il représentait la ligne dure, celle qui prônait la non-soumission à un gouvernement, fût-il de gauche. Mais pour arriver à faire triompher ses positions, il était capable de tout, même du pire [1]. » Dans un livre destiné à se réhabiliter, *Profession : photographe* [2], Jean-Pierre Bourgeois ne convainc pas totalement de sa complète innocence dans le dossier de proxénétisme (qui lui a valu une condamnation à cinq ans de prison). En revanche il décrit un juge acharné, instruisant uniquement à charge, suggérant à ses anciens modèles des témoignages qui seront ensuite réfutés, et même refusant de tenir compte des deux infarctus subis par le photographe pendant sa détention. Jean-Pierre Bourgeois affirme que, si le juge N'Guyen a été dessaisi du dossier des viols et agressions sexuelles, ce n'est pas pour des raisons politiques, comme on l'a laissé entendre, mais en raison d'une requête en suspicion légitime de son avocat pour cause de parti pris trop voyant contre son client. De fait, sur les vingt-sept accusations de viols, vingt-six non-lieux seront prononcés.

Quant au volet « proxénétisme », jugé avant celui des viols, il laisse à tout le monde un arrière-goût désagréable, résumé pendant l'audience par le

1. Sara Daniel, « Le juge N'Guyen, dit l'emmerdeur », *Le Nouvel Observateur*, 12 mars 1998.

2. Jean-Pierre Bourgeois, *Profession : photographe. Nul n'est à l'abri*, Ramsay, 2002.

substitut du procureur : « J'attendais en fait dans ce box d'autres personnages qui ont joué un rôle plus important que lui [Jean-Pierre Bourgeois] et auraient dû se trouver à ses côtés, menottes aux mains. Monsieur Bourgeois, qui ne s'est finalement livré qu'à un proxénétisme de copinage, paye pour tout le monde. » Le photographe a sans doute chèrement payé son implication avérée dans cette affaire, mais il n'en a peut-être pas tiré toutes les leçons. En février 2009, il a de nouveau été mis en examen en compagnie d'Irena Chlebovitsova, 36 ans, ex-mannequin et directrice d'une agence basée à Prague. La bien nommée « Perfect Bodies » est suspectée par la police française d'avoir servi de couverture à un réseau de prostitution international opérant auprès d'une clientèle fortunée. Jean-Pierre Bourgeois est à nouveau soupçonné par la police d'avoir joué un rôle d'entremetteur entre des mannequins et des clients.

On le voit à travers ces affaires très différentes, le délit de prostitution ne pèse pas le même poids dans les affaires les plus banales et dans celles qui mettent en jeu de hautes personnalités, par ailleurs clientes de « l'entreprise France »…

CHAPITRE 8

LES FINANCIERS

Les soirées du courtier

Au début des années 2000, Édouard Tétreau, jeune diplômé d'HEC, est analyste en charge des médias dans une société de Bourse filiale du Crédit Lyonnais, Credit Lyonnais Securities Europe. Son travail consiste à suivre, pour les clients du Crédit Lyonnais, la stratégie et les performances des « valeurs médias » cotées au CAC 40, c'est-à-dire des grandes entreprises comme TF1, M6 ou Vivendi, en recommandant d'acheter, conserver ou vendre les titres du secteur. Ses analyses sont censées aider les traders de la salle des marchés à attirer les ordres d'achat ou de vente des investisseurs de toutes origines. *A priori*, il existe une « paroi de verre » entre les analystes qui doivent se distinguer de la masse par la finesse de leurs diagnostics et la salle de marché, avec ses traders rémunérés au prorata du volume de transactions. Pour autant, les analystes ne sont pas confinés dans leurs bureaux. Ils sont chargés de « vendre » leurs travaux à l'ensemble de la communauté financière, ce qui implique de parler à la presse économique et financière, mais aussi de se déplacer à l'étranger, notamment aux États-Unis, pour rencontrer et séduire un maximum de gestionnaires de fonds [1]. Ces voyages marathons sont appelés, en un raccourci pertinent, des « road shows ». À l'inverse, il arrive parfois que des gestionnaires de fonds américains rendent visite à la « vieille Europe », notamment pour rencontrer les dirigeants des entreprises dans lesquelles leur fonds détient une participation. Si ce sont de bons clients, les analystes sont alors chargés de les piloter dans la capitale. Une mission valorisante qui ne leur donne que plus de poids vis-à-vis des sociétés visitées. Un jeune analyste peut ainsi exiger que le P-DG, ou au minimum un directeur général de grand groupe, libère du temps sur son agenda pour recevoir l'important visiteur, sous peine de laisser penser qu'il ou elle a « un problème de *corporate governance* »... Mais la mission de notre analyste ne s'arrête pas là. Il doit veiller aux moindres détails matériels de ce qui ressemble fort à une tournée d'inspection : réserver une suite au *George V*, louer une voiture de maître avec chauffeur, choisir avec soin un restaurant raffiné pour le dîner... et bien entendu accompagner son VIP de client.

Édouard Tétreau se trouve exactement à ce premier point d'orgue de sa jeune carrière, c'est-à-dire au terme d'une journée impeccablement

1. Une expérience qu'Édouard Tétreau relate de façon critique dans *Analyste. Au cœur de la folie financière*, Grasset, 2005.

organisée, à l'issue d'un dîner avec son premier « gros » client – fonds de pension américain qu'il choisit d'appeler pour nous « Gold Bear ». Et là, à sa grande surprise (ou naïveté), ne s'arrête pas l'histoire. Sa suggestion d'aller sagement se coucher est accueillie avec incrédulité : « *You must be joking !* Attends Édouard, tu es broker et tu dis à ton client "bon allez, maintenant au dodo" ? *Is this French humor*[1] ? » En réalité, le client a une idée très précise sur la suite du programme. Il veut aller au *Marquis*, bar à prostituées de luxe qui jouit alors d'une renommée internationale (et a fermé depuis). « Un bar à putes de luxe. Tel était l'ultime objectif de la virée parisienne de John Benchmark Senior, putatif Chief Investment Officer de Golden Bear World, chantre de la *corporate governance*, zélote de la transparence, dernier rempart de l'éthique des affaires dans un monde plein d'Européens, d'Asiatiques et d'Africains, forcément décadents, corrompus, humains. Je ne pouvais pas dire non. Cela aurait mis à mal le courant d'affaires naissant entre le Credit Lyonnais Securities et Golden Bear. » Et nos deux compères de pénétrer dans le temple de la débauche, où le client commande illico une bouteille de champagne à 500 euros, ce qui déclenche un premier mouvement de panique du jeune analyste. Entrepris par deux jeunes « étudiantes » peu vêtues qui lui mordillent l'oreille et glissent une main négligente dans son pantalon, le grand financier propose à Édouard « d'y aller tous les quatre ». Et là, c'est l'affolement, la sortie de route, la faute professionnelle.

1. Édouard Tétreau, *op. cit.*

Le jeune analyste s'imagine qu'une telle dépense de quelques milliers d'euros, qui excède le budget de base « client entertainment », ne sera jamais acceptée par sa hiérarchie. Piteux, l'analyste bredouille de plates excuses au client qui se renfrogne visiblement et laisse son client poursuivre sur ses propres deniers. Fatale erreur du débutant : « Je n'ai plus jamais eu le moindre appel de John Benchmark Senior depuis le *Marquis*. Golden Bear n'a plus jamais accordé une seule commission au Credit Lyonnais Securities depuis ce jour. Notre relation d'affaires, pourtant patiemment construite à coups de notes d'analyses, d'échanges d'opinions boursières, de visites de sociétés cotées, en plus du contact direct avec soit le P-DG, soit le directeur financier, tous ces actifs se sont engloutis sur une banquette du *Marquis*. »

De telles histoires, que l'on se raconte avec un ou deux verres en trop lors de soirées entre anciens d'HEC, de l'ESSEC ou de l'INSEAD, majeure finance, sont aussi fréquentes dans les faits que rares à s'ébruiter. Personne n'y a intérêt, sauf à avoir rompu complètement avec ce milieu. C'est le cas d'Édouard Tétreau qui persiste et signe : ces histoires « abondent là où se concentre l'argent, c'est-à-dire, concernant les marchés financiers, plus à Londres qu'à Paris, et plus du côté des tables de trading que du département déontologie. Cette population particulièrement speedée, sous pression, et tenant physiquement les flux financiers inter-établissements, est naturellement la plus vulnérable à ce genre de pratiques, d'échanges et de services rendus ». Et de citer pour finir une autre histoire bien connue du milieu : « À peu près au même moment que l'épisode du *Marquis*, [...] un vendeur d'actions d'une société de courtage du côté de l'Opéra emmenant ses clients londoniens en tournée à Paris, fit les choses en grand. Une demi-douzaine de call-girls et trois suites d'hôtel pour ces messieurs. *Enjoy !* L'addition se chiffra en plusieurs dizaines de milliers d'euros. » Apprenant l'affaire, le responsable administratif et financier menaça de licencier le vendeur. En réalité, au vu des ordres de Bourse que ses clients partouzards lui avaient adressés le jour même (plusieurs dizaines de millions d'euros), l'entreprenant ne fut pas licencié, mais reçut le plus gros bonus annuel de la société de Bourse...

Le jeune Édouard n'aurait sans doute pas commis une telle erreur de débutant s'il avait travaillé à Londres. Là-bas, les choses sont plus institutionnalisées. Le jeudi soir, pour les call-girls, c'est *broker's day*, le « jour des courtiers », comme en témoigne un financier : « À Londres en particulier, en fin de soirée entre courtiers, on ne se dit pas "Qu'est-ce qu'on fait après dîner ?" Tout le monde le sait : on va dans des bars à filles. Surtout quand il y a un client à appâter ou à remercier. Ce sont des lieux où l'on arrive assez tard, et où celui qui invite laisse sa carte bleue au bar, au cas où... C'est déculpabilisant : le client ne va pas lui-même avec une prostituée, on l'y emmène. Nuance. Mais le résultat est le même : aller aux putes ensemble, ce n'est pas innocent. Il n'y a pas de chantage, mais le rapport n'est plus le même. Cela peut d'ailleurs aussi déboucher sur des liens d'amitié. Les filles sont très belles, comme on n'a pas souvent l'occasion d'en rencontrer dans la vie. Au départ de la soirée, les attouchements sont discrets. Puis l'ambiance se libère : elles dansent, se font mettre des billets dans le soutien-gorge… C'est souvent très cru, parfois vulgaire. On ne consomme jamais sur place, mais on va finir la nuit à l'hôtel. Tous les hôtels de luxe laissent monter les filles. Les débutants et les cadres d'un certain âge sont les deux proies les plus faciles. À Londres, le grand soir, c'est le jeudi soir, le "broker da", le "jour du courtier" [1]. »

Les pratiques décrites ici sont aussi anciennes qu'universelles. Au début des années 1970, l'homologue américaine de Madame Claude se nomme Xaviera de Vries, plus connue sous le nom de plume Xaviera Hollander. Dans ses Mémoires publiés en 1972, *Madam'*, elle consacre un chapitre entier à la finance, intitulé « Wall Street et moi ». On y apprend que les banquiers font partie des meilleurs clients de son réseau de plus de 200 filles, et que cette catégorie assure à elle seule plus de 10 % de ses recettes. Ils sont surclassés par une seule corporation, elle aussi financière : les agents de change (on dirait aujourd'hui les traders). L'auteur les présente ainsi : « Ce sont de véritables rats de lupanars. Je peux affirmer sans me tromper que la moitié de mon chiffre d'affaires est liée aux fluctuations du marché. Si les valeurs s'effondrent, plus d'agents de change ! Heureusement, la réciproque est vraie. Quand la journée a été bonne à Wall Street, je sais que vers 11 heures du soir, le téléphone sonnera toutes les

1. Cité par Hubert Prolongeau dans « Gros marchés et filles de luxe », *Le Nouvel Observateur*, 18 mai 2000.

trente secondes, et que les agents de change frapperont à ma porte par groupe de six ou de huit. Ces derniers fréquentent volontiers mon établissement, tandis que les banquiers, plus conservateurs, ont tendance à demander des services à domicile. Mais quelles que soient leurs exigences, je m'arrange pour leur donner satisfaction, car si je refuse leurs conditions, il y aura toujours une rivale pour les accepter. [...] Les agents de change ne sont pas mes clients favoris, surtout quand ils arrivent chez moi légèrement ivres et se lancent dans des discussions sans fin pour savoir qui ira avec qui et combien cela lui coûtera [1]. » Rien de neuf, en somme, depuis une quarantaine d'années ?

On peut suivre, sinon comprendre, le raisonnement qui conduit à organiser une soirée pour des clients de passage, si cela fait partie des attentes. Mais la plupart du temps, les traders n'ont pas cette excuse : la « soirée arrosée » entre collègues avec conclusion sexuelle n'a pas vraiment d'« utilité » professionnelle. C'est un moment de convivialité masculine sans équivalent dans d'autres professions, sans doute pas exemptes de turpitudes, mais que chacun préférera vivre en toute discrétion. Les raisons les plus fréquemment avancées sont la « pression » et la charge horaire de travail : « Les fonctions *corporate* ou la banque d'investissement, ainsi que la finance de marché, peuvent demander de lourds sacrifices pour la vie de couple, affirme un financier. C'est pourquoi il est préférable de ne pas se marier

1. Xaviera Hollander, *Madam'*, Lattès, 1973.

tout de suite. Et, quand on est jeune, riche, avec un temps libre limité, il est normal de se faire plaisir et d'en profiter pendant quelques années. » Une opinion partagée si l'on en croit certains échanges relevés sur des forums spécialisés, tel celui-ci sur le site eFinancial Carreers :

> Fred : Je compte me marier uniquement à partir de 35 ans ! J'en ai 29 actuellement et je m'éclate en tant que chef de desk dans une salle des marchés immense à Londres (je travaille dans une grande banque suisse) ! Quand on a de l'argent, on peut fréquenter autant de jolies filles qu'on le souhaite, que ce soit dans le cadre professionnel (assistantes des sales et des traders) ou privé (soirées de luxe avec call-girls)... Vive la finance de marché !!!
>
> Thomas : Fred ! Quand tu arriveras sur tes 34 ans, tâche d'épouser une fille qui t'aime pour autre chose que ton argent... Sans quoi ton couple sera aussi solide qu'une promesse de broker. D'ici la, enjoy !
>
> Jean-Jacques : Fred, c vraiment trop cliché, limite l'impression que c un post provoc. Perso je commencerai à chercher une fille parmi toutes celles que tu fréquentes histoire de rentrer dans ton plan en douceur sinon à 35 tu seras pressé, tu feras ça n'importe comment et la proba de mal tombé est élevée.
>
> Mais bon après c'est un choix de vie, je n'adhère pas mais je respecte.
>
> Astrid : Quand je vois ces commentaires, je me dis que j'ai bien fait de ne pas avoir choisi un homme dans la finance !!! Lool !

Pour certains jeunes gens qui embrassent la carrière, brasser beaucoup d'argent serait dans notre société un sacerdoce donnant droit à de légitimes compensations. Il ne s'agit pas d'une opinion et d'une pratique partagées par tous, d'autant que la finance se féminise de plus en plus, mais d'une forte minorité qui a besoin de chasser « en bande »... pour se rassurer ? Il reste à savoir si l'on peut facilement, et sans dommage, s'engager dans une aventure sentimentale après des années de sexualité exclusivement tarifée, où peu d'efforts sont requis pour un résultat maximal. Les habitudes prises s'abandonnent-elles aussi facilement ? Il est douteux que le passage de la polygamie à la monogamie se négocie aisément.

Les photos de Cécile Brossard

En bas de la pyramide financière, des armées de jeunes diplômés à l'avenir prometteur dépensent leur énergie sans compter pour faire tourner les marchés... mais qu'en est-il au sommet ? Les états-majors des banques, petites et grandes, recèlent sans aucun doute d'excellents pères de famille. Le P-DG quadragénaire d'une grande banque française ne montrait-il pas l'exemple dans un portrait brossé par *Le Monde* en 2008 : « Je suis le seul patron du CAC 40 à quitter son domicile le matin avec une couche-culotte et un biberon à la main ! » Audacieuse affirmation, destinée à illustrer à la fois la jeunesse et la pureté morale dans un univers que beaucoup jugent frelaté... De la communication efficace... si l'on est sûr de ne jamais être pris en défaut dans cette noble posture ! Certains grands banquiers préfèrent pour leur part ne jamais mettre ces questions sur le tapis et ne rien laisser filtrer sur leur vie privée. Peut-être gardent-ils en tête la fin tragique du banquier Édouard Stern, et le tapage médiatique qui a suivi.

L'affaire a fait les gros titres de la presse française et internationale. Le 1er mars 2005, le corps du financier est découvert sans vie à son domicile genevois, tué par balles. Il était revêtu d'une combinaison de latex portée lors de jeux sexuels. Très vite, l'enquête s'oriente vers sa maîtresse, Cécile Brossard, qui s'est envolée le jour même pour l'Australie et en revient trois jours plus tard. Elle est arrêtée le 15 mars et passe aux aveux dans la soirée. Sur ses indications, trois armes seront repêchées dans le lac Léman, dont celle du crime. Complexe, l'instruction dévoile la liaison tumultueuse du banquier et de la jeune femme, faite de nombreuses aventures sexuelles avec des tiers, scandée de fréquents voyages, et au cours de laquelle leurs rapports évoluaient de la plus grande tendresse amoureuse à la plus impitoyable des cruautés. C'est au cours d'un jeu sadomasochiste que le banquier a été abattu par sa maîtresse, qui espérait l'épouser. À l'origine de la dispute, le refus de Cécile Brossard de restituer une somme d'un million de dollars versée comme preuve d'amour, et qu'elle s'était engagée à restituer. Selon elle, lorsque son amant prononce la phrase : « Un million de dollars, c'est cher payé pour une pute », elle perd la tête, s'empare d'une des armes qu'il conservait dans son dressing et fait feu sur lui à plusieurs reprises, puis efface les traces de son passage et s'enfuit. Compte tenu de la personnalité de la victime et des circonstances de sa mort, l'affaire connaît un très fort retentissement médiatique. Un livre [1] est même publié, seulement trois mois après les faits, qui déroule la vie hors normes du banquier.

Choquée, l'ex-femme de la victime soupçonne le journaliste d'avoir été instrumentalisé par des ennemis de son mari, qui menait notamment une guérilla juridique contre les anciens dirigeants du groupe Rhodia, un investissement qui lui avait coûté beaucoup d'argent. Le titre a connu une impressionnante glissade en Bourse après son entrée au capital en 1999. Une chute que le financier attribue à des malversations. En 2004, il porte plainte pour présentation d'informations fausses et mensongères, délit d'initié et recel de délit d'initié. Se pourrait-il que l'on ait rassemblé, pour le contrer, des informations gênantes ?

La justice genevoise se montre d'une grande retenue dans cette affaire, susceptible d'éclabousser une partie de l'*establishment* français. Selon les journalistes suisses, Valérie Duby et Alain Jourdan, qui ont suivi le procès de Cécile Brossard à l'été 2009, « les mois précédant la publication de l'ordonnance de renvoi du procureur, deux scénarios étaient encore envisagés : celui d'un procès *hot* étalé sur trois semaines, avec des wagons de témoins, et celui d'un procès *soft*, sur une semaine, avec un minimum de témoins. On a opté pour le second, même si évidemment personne ne reconnaîtra l'existence d'un *gentlemen's agreement* ». De ce point de vue, la décision du procureur général de Genève, Daniel

1. Airy Routier, *Le Fils du serpent. Vie et mort du banquier Stern*, Albin Michel, 2005.

Zappelli, semble surprenante. Alors que les conditions semblaient réunies pour qu'il retienne la qualification d'assassinat, qui faisait peser sur Cécile Brossard le risque d'une peine de vingt années de prison, son ordonnance de renvoi reprend la qualification de « meurtre », ce qui, en droit suisse, limite la peine encourue de moitié. De fait, les avocats de la partie civile et ceux de la défense se montreront ensuite d'une retenue exemplaire quand il s'agira de détailler les perversions supposées de la partie adverse, s'ingéniant à rechercher les responsabilités de l'un et de l'autre ailleurs que dans leurs aventures intimes. Interrogé par les deux journalistes suisses, l'avocat de la défense a simplement admis que « si l'accusation d'assassinat avait été maintenue, cela aurait ouvert les portes à un procès plus musclé. Dans ce cas de figure, poursuit-il, on aurait été obligés de mettre l'accent sur certains aspects privés de la vie d'Édouard Stern. De fait, on aurait entraîné des tiers dans la procédure et on aurait été moins soucieux des dommages collatéraux [1] ». Et Cécile Brossard aurait, de son côté, dû s'expliquer plus en détail sur ses activités dans le monde de la nuit parisienne, avant et après sa rencontre avec Édouard Stern. Or, dès le début du procès elle a déclaré qu'elle ne révélerait rien sur les « secrets » de son ancien amant, apparemment à la satisfaction générale, y compris des juges, ce qui n'est pas courant dans une cour d'assises !

Pourquoi une telle retenue générale ? Parce qu'il n'était pas « convenable » que certains proches de la

1. Valérie Duby, Alain Jourdan, *Affaire Stern. Un procès sous contrôle*, Slatkine, 2009.

victime ou de la meurtrière soient invités à témoigner. Par exemple, le romancier et philosophe français Pascal Bruckner fréquentait Cécile Brossard depuis 1997. Il n'a pas été jugé bon de le convoquer à l'audience, alors qu'il a reconnu dans la presse avoir eu des relations avec elle. Témoin beaucoup plus « sensible », Nicolas Sarkozy, intime de la famille Stern et ministre de l'Intérieur au moment des faits, n'a même pas été entendu par le juge d'instruction. Selon des proches du dossier, il ne connaissait pas Cécile Brossard mais fut témoin de la passion d'Édouard Stern pour la jeune femme. La défense l'a un temps soupçonné d'avoir fourni au banquier les numéros de portable de sa maîtresse lorsqu'elle tentait de lui échapper en changeant d'opérateur. Il aurait ainsi abusé de sa fonction... mais l'avocat n'en fait pas mention à l'audience. Pourquoi déranger de telles personnalités dans une « simple » affaire de mœurs ?

Pourtant, au début de l'enquête, quand il n'est pas encore établi qu'il s'agit d'un crime passionnel, toutes les hypothèses sont envisagées et il apparaît vite que plusieurs officines de renseignement privé ont cherché à creuser cette proximité entre l'homme politique et le banquier, ancien dauphin de la banque Lazard. Il est, par exemple, établi que la société Egideria a été mandatée par Rhodia pour établir un dossier sur les deux hommes [1]. Associé du banquier dans l'affaire Rhodia, le financier Hugues de Lasteyrie a témoigné lors de l'instruction que cette société voulait « constituer un dossier de mœurs sur

1. *Le Monde*, 2 septembre 2005.

Stern pour le déstabiliser [1] ». Une autre société s'est passionnée pour le dossier : Astarte, sous-traitante de Sécurité Sans Frontière (SSF), laquelle appartient en partie à l'État français et par ailleurs à des industriels de l'armement. L'un de ses fondateurs, le général Costedoat, ancien chef du service action de la DGSE, s'est occupé lui-même de l'enquête... commanditée par Thierry Breton, ancien administrateur de Rhodia, alors P-DG de France Télécom [2] ! Si le général se défend d'avoir exploré la vie privée d'Édouard Stern, il est plus difficile à croire quand il affirme avoir constitué une simple synthèse d'informations « ouvertes » (déjà publiques), de sa propre initiative, dans le cadre d'une « démarche commerciale » ! Démarche qui a tout de même donné lieu à une facture, laquelle fut annulée lorsque le P-DG de France Télécom fut nommé à Bercy... sans doute un nouveau geste commercial ? Dans l'entourage de Nicolas Sarkozy, on pense que SSF était chargé de « monter des dossiers » contre le candidat à la présidentielle de 2007 et contre son ami banquier. Selon Duby et Jourdan, la clé de ces affrontements n'est pas l'affaire Rhodia mais le contrat d'armement Miksa, alors en cours de négociation avec l'Arabie saoudite. Les rétrocommissions représentaient un enjeu majeur pour le financement d'une campagne présidentielle : « Chaque camp est à la manœuvre. Tout se passe à Genève. Les contrats qui fixent les clés de répartition des rétrocommissions aux intermédiaires

1. Valérie Duby, Alain Jourdan, *Mort d'un banquier. Les dessous de l'affaire Stern*, Privé, 2006.

2. Voir *Le Canard enchaîné*, 7 septembre 2005.

français et saoudiens font l'objet d'âpres discussions. Édouard Stern est-il, lui aussi, à la manœuvre pour aider son ami Nicolas Sarkozy à décrocher Miksa ? Le banquier a de puissants relais. Seule certitude, les adversaires du ministre de l'Intérieur sont convaincus qu'Édouard Stern est l'un des grands argentiers du candidat à l'élection présidentielle. Ce qui fait une raison de plus de lui en vouloir, une raison de plus de lui coller aux basques les officines chargées de déstabiliser Nicolas Sarkozy. Les deux hommes sont la cible d'un seul et même "cabinet noir [1]" ». Tous les grands cabinets d'intelligence économique jurent, la main sur le cœur, ne jamais s'intéresser à la vie privée des patrons et financiers adversaires de leurs clients. C'est exact, certains s'y refusent et d'autres laissent à des sous-traitants le soin de s'en charger ! Fouiller dans la vie d'un homme pour le faire reculer sur un dossier où de trop gros intérêts sont en jeu n'a peut-être rien de reluisant, mais c'est hélas une pratique très banale. Il se trouve qu'elle apparaît rarement au grand jour dans la plupart des affaires. Comme la dissuasion nucléaire, ce genre de bombes un peu spéciales n'est pas destiné à exploser au grand jour…

De cette dimension « barbouzarde », il n'a guère été question au procès de Cécile Brossard. Sans doute hors sujet ? Pour les observateurs les plus attentifs, le procès a cependant permis de comprendre que la vie nocturne d'Édouard Stern n'était pas si atypique qu'on veut bien le dire… du moins dans son milieu.

1. Valérie Duby, Alain Jourdan, *Mort d'un banquier*, *op. cit.*

Officiellement, Cécile Brossard était peintre et écrivain. On lui reconnaissait d'ailleurs un certain talent dans les deux exercices. Ses toiles ont été exposées dans une grande galerie parisienne. Mais, l'audience l'a établi sans détour : la jeune femme a aussi pratiqué la prostitution de luxe. Elle répond à une question de la présidente : « Call-girl ? Pas vraiment, prostituée si vous voulez. Moi, j'avais des amis qui m'ont aidée sans que cela fasse partie d'un réseau. » Sur l'un des enregistrements saisis chez elle, elle évoque un « ami » avec qui elle descendait sur la Côte d'Azur en Ferrari et qui lui offrait 40 000 francs pour le week-end. Selon Valérie Duby et Alain Jourdan, « Cécile Brossard est avant tout une libertine avide de nouvelles expériences. La jeune femme n'a pas de tabous. Sa sexualité est libre et plurielle. Elle fréquente les milieux échangistes parisiens et participe à des agapes organisées dans les chambres de grands hôtels comme *Le Scribe* et *Le Royal Monceau*. Cécile "partouze" et organise des parties fines bien avant sa rencontre avec Édouard Stern. [...] À la fin des années 1990, Cécile est une habituée des *Chandelles*, le club échangiste le plus sélect de la capitale. Elle s'y rend souvent en compagnie de l'une de ses amies, Séverine, qui partage ses fantasmes, et qui sera aussi son amante. Ici, on croise du beau monde, des gens du show-biz, mais aussi des hommes politiques et des grands patrons. Une faune interlope avide de sensations fortes, de plans à trois ou à plusieurs [1] ». Dans sa

1. Valérie Duby, Alain Jourdan, *Affaire Stern. Un procès sous contrôle*, *op. cit.*

maison de Nanteuil-le-Haudouin, Cécile reçoit de nombreuses visites en fin de soirée. Le voisinage remarque les « grosses berlines » garées à proximité. Autre lieu de contact, certaines soirées privées permettent à un certain monde de la nuit de se retrouver.

« Monsieur Bob » est l'un des points de passage privilégiés. Propriétaire d'une galerie d'art moderne fort réputée dans le 8e arrondissement, Bob est aussi connu pour son goût du libertinage. Selon le témoignage d'un animateur de télévision qui semble apprécier ces deux facettes de l'existence, « Bob organise des soirées. Enfin, vous voyez ce que je veux dire, des rencontres un peu chaudes. J'ai croisé Édouard Stern chez Bob à deux ou trois reprises. C'était un homme très cultivé [1] ». Ami et soutien artistique de la jeune femme, c'est « Monsieur Bob » qui a organisé en juillet 2001 le dîner au cours duquel Cécile a rencontré Édouard Stern, qui figurait au nombre des clients de la galerie.

Cécile Brossard a composé un poème en l'honneur de son ami, dont il a été donné lecture à l'audience :

« Chez Bob, il y a de jolies filles, très jeunes, très folles
Chez Bob il y a des femmes qui sonnent leurs amants et vont sur le
[trottoir les attendre nues sous une cape empruntée
Chez Bob il y a des couples qui s'immiscent dans les couloirs, que
L'on revoit réjouis plus tard, la mine pleine de plaisirs orgastiques,

1. Témoignage cité par Valérie Duby et Alain Jourdan, *Affaire Stern. Un procès sous contrôle*, *op. cit.*

Qui signent leurs chaises d'étranges traces avant de s'éclipser plus
[fort de leur lumière ici même glanée
Chez Bob il y a des hommes qui arrivent timides et tentent de partir
[en repoussant une brune de leurs braguettes
Chez Bob il y a des frasques qui se dessinent avec volupté et compa-
[raissent magiques devant ses yeux à lui
Chez Bob il y a des Wanda, Nadia, Ania
Chez Bob tous les prénoms riment avec prends-moi.
[...] »

« Bob » n'est pas un cas unique. Selon un bon connaisseur des milieux de l'art contemporain, plusieurs galeristes de renom fidélisent leur clientèle huppée grâce à de semblables soirées...

Issue d'un environnement modeste, la jeune femme s'est intégrée à un milieu très fermé, ce qui implique un savoir-faire relationnel qui va au-delà du sexe. Tous ceux qui ont témoigné lors de l'instruction s'accordent à la trouver « fascinante ». « Elle a la capacité de nous renvoyer une image très positive de nous-mêmes », explique un financier. La plupart de ses riches amants se connaissent... et se la partagent avec complicité. « Le genre de connaissances qu'on cache aux épouses mais dont on parle aux copains comme d'un très bon coup », commentent Valérie Duby et Alain Jourdan. Heureusement pour la morale, la plupart des noms seront tenus secrets à l'audience. Un seul financier, très proche du couple, Christian L., n'aura pas cette chance et devra témoigner à l'audience. Son nom sera reproduit dans certains articles publiés par la presse suisse. En revanche, un des dirigeants du groupe Carrefour, qui a aussi eu pour maîtresse Cécile Brossart, est resté anonyme…

Édouard Stern a entamé sa liaison avec Cécile Brossard en sachant parfaitement à quoi s'en tenir sur la personnalité de la jeune femme. Riche divorcé, séduisant (on lui a notamment connu une liaison avec une ancienne Miss URSS [1]), il n'était certainement pas homme à s'attacher à la première venue. Tous les témoins s'accordent à reconnaître qu'un lien affectif très fort les unissait. L'un et l'autre n'ont pas cessé d'avoir des aventures « à côté » mais leurs vies sexuelles étaient désormais liées. Voisin et ami de Cécile Brossard, le maçon de Nanteuil-le-Haudouin, Michel Roussel est venu témoigner à l'audience que le banquier « harcelait » la jeune femme, laissant des centaines de messages sur son répondeur téléphonique. « Édouard Stern demandait à Cécile de lui ramener du… gibier. […] Je me souviens d'avoir entendu Édouard dire : “Pour ce soir, je veux que tu me ramènes deux petites coquines avec un étalon.” » De son côté, l'accusée a précisé lors du procès : « Il est vrai que c'est moi qui ai initié Édouard au latex. Lui, pour sa part, m'a appris d'autres choses. Nous nous sommes construits ensemble sur le plan sexuel. Notre vie sexuelle particulière ne m'a pas gênée tant que tout allait bien. En particulier, cela ne me dérangeait pas qu'il ait des rapports avec d'autres, ou qu'il me demande de lui trouver des partenaires et de

1. Selon l'avocat de Cécile Brossard, il aurait fait espionner cette ancienne maîtresse, Julia Lemigova, par le cabinet américain d'intelligence économique Kroll.

regarder. Je le faisais comme une preuve d'amour. En revanche, il m'était pénible qu'il ait d'autres maîtresses attitrées ou qu'à partir d'un certain moment il ne pense pratiquement plus qu'à des rapports à plusieurs, sans s'intéresser à notre relation à nous. »

Lors d'une perquisition chez Cécile Brossard le 6 avril 2005, le juge d'instruction Michel-Alexandre Graber a saisi une panoplie complète d'accessoires sexuels et, surtout, à l'intérieur d'un coffre-fort, plus d'un millier de photos prises lors de soirées coquines, avant et après la rencontre de la jeune fille avec le banquier. Cécile Brossard aimait immortaliser ses « moments de convivialité ». Édouard Stern avait d'ailleurs essayé à de nombreuses reprises de lui racheter les photos le concernant, sans succès. Au vu des images sur lesquelles défilent nombre de visages connus, la justice suisse comprend parfaitement qu'elle tient une bombe entre ses mains.

Heureusement pour les intéressés, elle va prendre une décision exceptionnelle. À l'issue du procès, la présidente de la cour d'assises ordonne la *destruction* des preuves à expiration du délai légal d'appel : l'arme du crime, les accessoires sexuels et la combinaison de latex portée par le banquier lors du meurtre, mais aussi et surtout *la totalité des photos*. Une mesure incroyable pour les observateurs avertis : on ne détruit jamais les preuves d'un meurtre, ne serait-ce que dans le cas d'une révision du procès. Mais il faut croire que des raisons supérieures se sont imposées à la sagesse des juges.

Cécile Brossard a été condamnée pour le meurtre d'Édouard Stern à huit ans et six mois de prison.

Détenue depuis mars 2005, elle peut espérer sortir au printemps 2010 avec une remise de peine. Aussi bien la défense que la partie civile ont salué un verdict « équitable » : il ne permet pas la libération immédiate de la meurtrière, tout en lui offrant une chance de reconstruire sa vie prochainement. Une nouvelle preuve de « sagesse » de la justice suisse ? Pour les journalistes qui ont suivi le procès de bout en bout, « tout cela contribue à donner le sentiment que le procès a été sous contrôle du début à la fin. Les débats n'ont pas dérapé, et pour cause. Il y avait peu de chance pour que cela se joue autrement. Le nombre de témoins limité et les questions bien cadrées ont permis de glisser sur les sujets qui fâchent, le passé de Cécile Brossard, les fantasmes d'Édouard Stern, les autres partenaires de jeu. Chaque camp possédait des munitions en réserve. Mais elles sont restées dans leurs boîtes [1] ». Justice à deux vitesses ou équilibre de la terreur ? Dans les hautes sphères de la finance parisienne, la vie a repris son cours normal.

1. Valérie Duby, Alain Jourdan, *Affaire Stern. Un procès sous contrôle*, *op. cit.*

CHAPITRE 9

LES SALTIMBANQUES

Il y a quelques années, deux cadres dirigeants de France Télévisions sont invités à dîner par un de leurs animateurs vedettes, dans le salon particulier d'un restaurant à la mode. Vers la fin du repas, trois belles filles au look de mannequin font leur entrée. « Ah, voilà notre dessert ! » s'exclame l'animateur. Gros moment de gêne... Chacun de leur côté, les deux dirigeants affirment qu'ils n'ont pas consommé ce « dessert » inattendu, tout en s'efforçant de ne pas froisser leur hôte. Mais l'initiative ne les a pas vraiment surpris, connaissant l'obsession de l'animateur en question pour le sexe. Le lecteur sera-t-il plus étonné ?

La « sagesse populaire » considère comme une sorte de tradition la présence de belles jeunes femmes peu farouches, rémunérées ou non, dans les métiers du spectacle. La toute-puissance de la télévision depuis trente ans n'a fait que renforcer cette « coutume ». Les anciens de Canal+ évoquent parfois avec émotion la grande époque des années 1980-1990, quand la chaîne cryptée au sommet de sa gloire et de son rayonnement donnait de grandes soirées, à Paris ou à Cannes pendant le festival du cinéma, au cours desquelles ses dirigeants, Pierre Lescure et Alain de Greef en tête, enchaînaient les conquêtes. Une culture qui a quelque peu régressé, il faut bien le reconnaître, sous le règne plus technocratique de Bertrand Méheut…

Infatigables animateurs-producteurs

Michel Malausséna a été assistant puis directeur de production pour nombre d'animateurs-producteurs français depuis les années 1980. Dans *Les Animatueurs* [1], véritable séance de « tir aux pigeons », il « balance » sur tous ceux qu'il a côtoyés, sans oublier de mentionner, juste en passant, leurs compulsions sexuelles. Cela commence par Stéphane Collaro, à la grande époque de *Coco Boy* : « "No zob in job" est le cinquième des Grands Principes qu'elle [la productrice] inculque immédiatement au premier assistant que je suis. Celui-là consiste à protéger le cheptel – Coco girls, playmates, figurantes – de toute convoitise. [...] Catherine n'inclut pas Stéphane dans le principe qu'elle édicte. L'accession au pouvoir affranchit le tyran de ses propres diktats, qu'il s'autorise à transgresser lui-même sans scrupule, tout le monde sait ça. N'est-ce pas cela, tout simplement, le vrai pouvoir : baiser tout ce qui bouge ? Quand on

1. Michel Malausséna, *Les Animatueurs*, JC Gawsewitch éditeur, 2008.

aime ça. C'est ce que, paraît-il, Collaro fait toute la journée et ce serait la raison pour laquelle sa loge est toujours fermée à clé. Alors qu'il est à l'intérieur. » Quelques années plus tard, changement de style avec Thierry Ardisson : « Son bureau, on l'a installé dans son appartement et il y est toujours. Il s'est gardé une pièce pour sa chambre, avec un grand lit rococo moderne en bois sculpté dégoulinant de moulures blanc et or, comme une pièce montée. C'est là que chaque semaine Raquel, une splendide stagiaire magnifiquement développée, "dérushe" les émissions, allongée langoureusement sur le plumard du patron des heures durant, face au grand écran de télé. Pas de mal à voir là-dedans, il n'y a tout simplement pas que le lit qui soit baroque, le patron aussi, et la vie au bureau est indissociable de son quotidien. »

Le cas de Jean-Luc Delarue, un caractère notoirement ombrageux, est abordé avec des précautions de démineur par David Zar-Ayan, narrant ses visites accompagnées dans un club échangiste : « Un jour Jean-Luc descend dans une boîte où les gens changent de partenaire pour danser. On peut même danser avec la femme du voisin. Jean-Luc s'installe sur les coussinets, jambes croisées allongées, silencieux, posé sur un coude. De temps en temps, il change de coude. Jean-Luc regarde sa petite amie danser, il sort de sa torpeur pour aller la gronder si elle danse un peu trop serré. Il fait chaud dans le club, tout le monde tombe la veste, comme chante Zebda. Sauf Jean-Luc. Il garde sa chemise blanche et sa belle veste sombre. Il regarde, sans rien dire, parfois il fait un petit commentaire sur la danse. Un jour que son amie commençait à danser un peu trop collé-collé avec l'un des garçons, il est intervenu pour lui tirer les cheveux et l'a un peu giflée. Hou là là ! La patronne du dancing est aussitôt arrivée pour le calmer, parce que cela ne se fait pas. La danse est une pratique pacifique, voyons. Évidemment, elle ne sait pas trop comment le dire à l'animal, parce qu'il est connu et que c'est souvent délicat de morigéner des gens connus. Mais Jean-Luc comprend et se ravise. Dommage, car il est déjà venu et tout s'est très bien passé. D'ailleurs, il peut même s'adresser à des gens – uniquement des femmes – en regardant sa copine danser, en la surveillant toujours d'un œil. De son sourcil, il envoie des signes aux danseurs. Il dit oui, il dit non avec son sourcil, et les gens s'exécutent [1]. » À la lectrice et au lecteur d'imaginer le reste…

La description sommaire de l'endroit, et surtout la mention de sa « patronne », sera comprise par les connaisseurs du milieu, et même par quelques autres depuis qu'un autre animateur-producteur lui a consacré un livre étonnant… Sans hypocrisie ni fausse pudeur, Patrick Sébastien retrace en effet dans *Vitriol Menthe* [2] la saga de son amie « Denise », première femme à avoir dirigé en toute indépendance un club libertin [3] : ce fut d'abord le *106*, établi en 1981 rue du Faubourg-Saint-Honoré, puis le *41*, rue Quincampoix. Dès 1982, raconte-t-il, « le Tout-Paris médiatique et cinématographique s'y précipite

1. David Zar-Ayan, *Jean-Luc Delarue (biographie non autorisée). La coupe est pleine*, Pharos, 2006.

2. Patrick Sébastien, *Vitriol Menthe*, Oh ! Éditions, 2005.

3. Le récit occulte toutefois le rôle de l'ancien « hardeur », Alban Ceray, aux côtés de Denise, les deux s'étant brouillés depuis.

assez régulièrement ». Dans son récit aussi empathique que délicat, malgré la crudité de certaines scènes, on reconnaît bien sûr le narrateur lui-même, mais aussi un navigateur au long cours et au verbe dru, un chanteur provocateur, déglingué par l'alcool et le tabac, un acteur prolifique au physique de catcheur et au verbe fort et cru, aussi à l'aise dans le cinéma d'auteur que dans la comédie populaire, un chanteur établi dans les îles du Pacifique, etc., etc.

Cette faune se mélange librement à des couples libertins, des jeunes femmes en quête de sensations avec des célébrités, mais aussi des sportifs et des financiers en mal d'encanaillement. Avec le temps, regrette le narrateur, l'ambiance va évoluer du « libertinage bon enfant » des débuts, héritier de l'insouciance des années 1970, à une atmosphère plus glauque, moins généreuse. On voit apparaître des créatures médiatiques plus éphémères : chanteurs, humoristes, animateurs-producteurs, starlettes… soumis à la pression croissante de l'audimat qui ne conçoivent pas de s'amuser sans absorber de drogues et se soucient peu de nouer des relations authentiques : « Il n'est pas rare, après un concert larmoyant où ils ont vilipendé l'égoïste société qui délaisse les plus démunis, de les voir débouler au Club. Ils ont le regard allumé par les agapes bien arrosées au buffet somptueux qui accompagne ce genre d'événement. Le speed entretenu par de la dope à 1 000 francs le gramme, ils garent leur Porsche en vrac sur le boulevard Sébastopol et se dirigent, lunettes noires et pas de course, vers la luxure de la rue Quincampoix sans même un regard compatissant pour les clodos du coin qui leur mendient ne serait-ce qu'un sourire. »

L'auteur préfère donc se souvenir des « grands moments » vécus au sein du club, dont nous retenons, « pour la bonne bouche » cette perle datée de juin 1982 :

« Toujours est-il que vers une heure du matin, une bonne vingtaine de policiers de la Brigade des mœurs fit irruption.

— Police, contrôle d'identité.

— De quel droit ? C'est une soirée privée, tout à fait légale, s'indigna Denise.

— Ça, ma petite dame, on verra après.

Et c'est là que, ce qui ressemblait à *Borsalino* se transforma en *Mon commissaire chez les nudistes*. Parce que l'arrivée des policiers n'avait absolument pas stoppé les étreintes diverses.

On vit des acharnées tendre d'une main leurs pièces d'identité, tout en continuant de l'autre une masturbation vigoureuse. Des cavaliers pour qui il était hors de question de descendre de leur monture avant l'arrivée. Et on entendait, mélangés dans une cacophonie délicieuse, des "Maintenant, ça suffit", criés par les hommes de l'ordre, et des "Continue, encore, encore !", hurlés par des femmes en désordre. Après vingt bonnes minutes d'orgasmes, de rires, de rébellions et de commandements, les contrôlés qui avaient leurs papiers furent priés de quitter les lieux. Quant aux malchanceux qui ne les avaient pas, ils furent embarqués dans des fourgons, direction le 36, quai des Orfèvres. »

Un Quai des Orfèvres où les plus « enragés » poursuivent leurs festivités dans les couloirs !

Souvenir déjà nostalgique d'une époque, ni si lointaine ni si joyeuse qu'il y paraît. En ce temps-là les débordements les plus fous laissaient place, en fin de nuit, aux cafards d'habitués saltimbanques qui abandonnaient le masque du joyeux luron libertin pour redevenir des hommes seuls, séparés de leur femme et de leurs enfants, qui comprenaient que l'argent et le sexe ne suffisaient pas à remplir leur vie. Alors, Denise devenait leur grande sœur, ou leur maman, c'est selon, les prenait dans ses bras et leur conseillait de venir un peu moins souvent.

Patrick Sébastien est sans doute un des rares animateurs à ne pas mélanger ses centres d'intérêts « privés » avec son travail à l'antenne. En effet, au cours des années 1990, on a assisté à une véritable vogue des actrices porno dans les talk-shows télévisés. Sébastien Cauet est le premier à appliquer la recette dans ses émissions matinales sur la radio Skyrock à partir de 1995, qu'il transpose très vite à la télévision. L'humoriste joufflu et décomplexé, qui se veut le représentant d'une France populaire et gauloise, sait que le porno fascine les adolescents qui sont alors son cœur de cible. Et comme de toute façon peu d'invités de prestige se bousculent pour participer à ses émissions... Désormais, les actrices porno deviennent en quelque sorte sa marque de fabrique. En venant montrer leurs seins dans *La Méthode Cauet*, son émission qui triomphe en deuxième partie de soirée sur TF1 avant de s'interrompre en 2008, elles gagnent une notoriété considérable. Devant le succès de la formule, d'autres animateurs embrayent aussitôt. Thierry Ardisson, dans *Tout le monde en parle* le samedi soir sur France 2, reçoit une actrice X à peu près une fois par mois… avant que la chaîne ne lui demande d'arrêter, car cela ne fait tout de même pas très « service public ». Comme dirait l'autre, « ça se discute »… Enfin, Canal+ qui a été pionnière en créant dans les années 1980 *Le Journal du hard*, avant d'être dépassé par des chaînes plus spécialisées, ne veut pas être en reste et on voit les starlettes du moment faire un petit tour dans *Nulle part ailleurs*. Bref, ce n'est plus exactement le ghetto.

Comme on le voit, la télévision donne le ton, et ses animateurs-producteurs n'ont pas peur d'afficher leurs obsessions car ils savent qu'elles sont partagées par une partie des téléspectateurs. S'engouffrant dans cette brèche, des patrons d'industries culturelles suivent le mouvement, toujours au nom des sacro-saints « désirs » du public…

On connaît la musique

Corinne Rousset a été pendant sept ans chef de produit chez Universal Music. En 2004, elle rompt sans espoir de retour avec son milieu professionnel en publiant un roman « à clés [1] » qui met en fureur Pascal Nègre, son ancien patron : elle y imagine une société baptisée « Trashmusic ». On y découvre de l'intérieur le fonctionnement d'une fabrique de musique préformatée, sans âme ni audace, qui a renoncé à faire émerger de nouveaux talents et se contente d'exploiter les stars éphémères de la

1. Corinne Rousset, *Ils ont changé ma chanson*, Stock, 2004.

téléréalité (la fameuse émission *Porn Academy)* avec pour seul mot d'ordre « rentabilité maximale ». Le P-DG de « Trashmusic », Emmanuel Morand, est ainsi décrit : « Le personnage n'est pas représentatif de la caste des patrons français. Décontracté, plus souvent en chemise à fleurs et en baskets qu'en costume sombre, je ne l'avais encore jamais vu porter de cravate. Il était marié à la non moins célèbre productrice télé de Pornidoles, Eloïse Aïach, mais chacun sait qu'ils ne vivent pas ensemble. Comment l'auraient-ils pu d'ailleurs avec leurs agendas de furieux ? Les termes de leur association trouvaient leur origine dans un contexte légèrement plus mercantile : leur mariage était un excellent deal financier. Que rêver de mieux qu'une alliance légitimée par l'Église des deux coproducteurs son et image du plus juteux business que la télé ait jamais pondu ? Pour le reste, bien qu'ils aient au moins copulé une fois ensemble puisqu'ils attendent un heureux événement pour bientôt, Morand est amateur notoire de jeunes hommes. S'entourant systématiquement des plus délurés comme pour s'acheter une éternelle jeunesse [1]. » Lorsque la jeune héroïne est convoquée dans le bureau du P-DG, elle fait son entrée alors que ce dernier visionne le futur DVD vedette de Noël : « Sur l'écran, une douzaine de gars à poil se trémoussent maladroitement dans ce qui ressemble à un making of. Tous sont plus costauds que n'importe quel déménageur, mais n'ont pourtant pas des têtes de jeunes premiers. En y

1. *Ibid.*

regardant de plus près, je comprends qu'il s'agit de notre équipe de rugby.

"Tiens, voilà la pute, me lance Morand sans même me regarder. Assieds-toi."

Il se retourne alors vers Clervaux.

"Floute-moi cette bite qui dépasse, là !

— Et celle-là aussi ! rajoute Bouquet.

— Si je floute celle-là, je perds le visage de l'autre, répond Clervaux.

— C'est pas compliqué, bordel ! Je ne peux pas me permettre qu'il reste des bites sur ce film ! En revanche, je tiens à les suggérer fortement, c'est pas grave s'il reste des poils ! Au contraire ! Coupe-moi ça très serré !" »

Et le distingué P-DG d'enfoncer le clou :

« "C'en est fini du rugby cassoulet-chansons paillardes ! Faut évoluer mon vieux ! Et puis on fait pas un film d'auteur, mais un DVD de rugbymen pour les pédés et les lolitas de 12 ans. Et crois-moi, les premiers ont vu des kilomètres de bites dans leur vie, les autres rêveraient d'en voir. Si tu veux qu'on en vende, il va falloir faire un peu plus que suggérer, réagit Morand en se redressant brusquement."

Je toussote légèrement.

"Tu m'as fait venir, Emmanuel ?

— Hé la pute, tu parleras quand je te l'aurai précisé.

— Je pourrais peut-être savoir pourquoi tu me traites de pute depuis tout à l'heure ?

— T'es pas attachée de presse ?

— Si.

— Toutes les attachées de presse sont des putes, c'est bien connu ! Hein ?" »

On laissera à « Emmanuel Morand » la responsabilité de ses propos. Mais force est de reconnaître que ces dernières années les « calendriers de rugbymen » publiés chaque fin d'année se sont inscrits en tête des ventes de livres illustrés. Un large succès qui va bien au-delà des acheteurs homosexuels et des « lolitas »...

On nous en voudrait sans doute d'achever cette incursion en terrain médiatique sans un regard pour l'industrie du cinéma. Il est vrai qu'elle reste désormais bien discrète, sur le terrain des extravagances sexuelles, en comparaison de la télévision. Mais cette discrétion n'en a donné que plus de relief à une affaire embarrassante pour nombre de gloires nationales.

Astérix et les call-girls

En 2008, Thomas Langmann s'est imposé comme un des producteurs les plus doués de la jeune génération. En début d'année sort *Astérix aux Jeux olympiques*, qu'il réalise et produit, avec un casting aux multiples stars (Alain Delon, Gérard Depardieu, Benoît Poelvoorde, Clovis Cornillac, Franck Dubosc, José Garcia, Jamel Debbouze, etc.) et guest stars (Zinedine Zidane, Jean Alesi, Michael Schumacher, Tony Parker, Jean Todt, etc.). En fin d'année le public découvre aussi le double film consacré au gangster *Mesrine* par Jean-François Richet avec Vincent Cassel dans le rôle-titre. Un projet que le jeune homme porte comme une obsession depuis son adolescence. Soit deux entreprises à très haut risque la même année, produites par un quasi-débutant : une comédie au budget pharaonique (78 millions d'euros), qui malgré des critiques plutôt négatives va trouver son public, et un « biopic » sur une figure des plus controversées, qui parvient à rendre compte d'une personnalité fascinante sans tomber dans la complaisance. Cette année-là, la volonté du jeune homme force le respect de la profession, qui ne pariait pas vraiment sur sa réussite.

Pourtant, côté privé, *Libération* évoque surtout ses foucades : « Nuits agitées, psychotropes expérimentés, call-girls recrutées, compagne bousculée et coup de boule à François Samuelson, agent de Magimel et de Houellebecq [1]. » Le portrait fait allusion, pêle-mêle, à une arrestation en 2008 pour violences sur la compagne du producteur (qui lui vaudra une condamnation de quatre mois avec sursis), à une bagarre avec l'agent de stars Samuelson, connu pour ses manières provocatrices, et surtout à « l'affaire Astérix ».

Une « escort-girl » basée en Suisse, Maria-Antonietta Bertolini (qui se fait appeler Maïté) se retrouve dans le collimateur de la police helvétique. On l'accuse d'avoir fourni, à la demande de Thomas Langmann, douze prostituées de luxe (dont une mineure), et des quantités d'héroïne lors du tournage à Alicante d'*Astérix aux Jeux olympiques*. À partir de décembre 2006, Maïté réclame des arriérés pour des prestations sexuelles que le producteur conteste. Elle exige 50 000 euros pour ne pas révéler toute l'affaire.

1. Luc Le Vaillant, « Junior production », *Libération*, 3 janvier 2009.

Une ébauche de transaction est esquissée pour 10 000 euros, mais quand les enquêteurs suisses, lors d'une perquisition chez Maïté, mettent la main sur une lettre citant Thomas Langmann, ce dernier se ravise et porte plainte devant la justice suisse, se constituant partie civile... Cependant, il décide de se désister peu avant le procès, sans doute par crainte de la publicité négative. Une volte-face qui n'est pas du goût de la justice suisse. À l'ouverture du procès, le juge regrette l'absence du producteur. Lors des auditions, ce dernier avait reconnu la livraison de drogue, mais affirmé que les douze prostituées étaient réservées à son « seul usage », ce qui est chevaleresque mais un peu difficile à croire ! Certains témoignages au sein de la profession font état d'une « chaude ambiance pendant le tournage ». Compte tenu de la lourdeur de cette production et des enjeux financiers considérables, il est imaginable que le producteur ait voulu neutraliser ses stars les plus turbulentes, ou tout au moins les empêcher de s'ennuyer.

L'avocate de Thomas Langmann, Me Watrin, soutient qu'il n'y a pas eu de prostitution sur le tournage lui-même. Elle poursuit en diffamation *Le Parisien* qui sera condamné. L'avocate explique également que son client n'est qu'une victime parmi bien d'autres : « Maïté a fait chanter beaucoup de personnalités, mais la plupart d'entre elles préfèrent rester dans l'ombre car derrière toute cette histoire, il y a des mœurs très libérées [1]. » Le tribunal de Genève n'a

1. Interview donnée sur le site www.lepost.fr, 1er octobre 2008.

pas suivi cette interprétation des faits. Il a reconnu Maïté coupable d'escroquerie, d'utilisation frauduleuse d'un ordinateur, d'encouragement à la prostitution et d'infractions simples à la législation fédérale sur les stupéfiants, et l'a condamnée à une peine de 300 jours-amende avec sursis (à 285 francs suisses le jour) [1]. Un ex-avocat genevois impliqué dans la même affaire a également été reconnu coupable d'infraction simple à la loi sur les stupéfiants. Les deux prévenus qui ont effectué avant leur procès plus de deux mois de détention préventive ont été acquittés des accusations de chantage et d'extorsion. Après avoir écouté les conversations téléphoniques enregistrées entre Maïté et Thomas Langmann, le tribunal a estimé que le producteur n'avait effectivement pas réglé certaines prestations sexuelles qui ont bien été fournies sur le tournage du film *Astérix*. « Selon les juges, rapporte *La Tribune de Genève*, Thomas Langmann a admis devoir une certaine somme d'argent. C'est donc pour récupérer un montant dont elle s'estimait lésée (15 000 euros) que Maïté menaçait de le dénoncer au procureur général de Paris. Dénonciation que le magistrat n'a d'ailleurs jamais reçue. Pas de dessein d'enrichissement illégitime et pas d'extorsion, donc, de la part de la prévenue. L'encouragement à la prostitution s'est également dégonflé puisqu'il n'a été retenu que pour l'une des filles de l'entremetteuse, qui était mineure au moment des faits. Les autres, majeures, ont

1. Catherine Focas, « Drogue et sexe chez Astérix : Maïté condamnée », *La Tribune de Genève*, 10 janvier 2009.

accepté de se prostituer “en connaissance de cause et tout à fait librement”, note le jugement. »

« En ce qui concerne les stupéfiants, ajoute le quotidien, Maïté a été reconnue coupable d'avoir acheté pour 2 400 francs suisses d'héroïne, de l'avoir conditionnée puis d'avoir pris l'avion jusqu'à Alicante pour la remettre à Thomas Langmann. » L'audience a également permis d'apprendre que Maïté a utilisé le numéro de la carte de crédit d'une de ses « conquêtes », un financier suisse, aux dépens duquel elle a dépensé plus de 30 000 francs suisses dans des boutiques de luxe. En plus de sa peine, elle doit payer une amende de 8 000 francs suisses [1].

À vrai dire, cette affaire n'a rien qui puisse nuire à la carrière de Thomas Langmann. Le grand public n'est pas surpris d'apprendre que des stars loin de leur foyer se sont « amusées » sur ce tournage hors norme. « Vu la taille du tournage et le nombre de “grands fauves” rassemblés, les festivités ne pouvaient pas passer inaperçues », estime un journaliste spécialisé, qui ajoute : « Certains acteurs sont bien connus pour exiger une “galante compagnie” en marge des tournages, et la production s'arrange dans ces cas-là pour faire venir une groupie ou une mercenaire dans sa chambre d'hôtel, ni vu ni connu. Sur *Astérix*, Thomas a été victime de sa démesure. »

L'exemple vient de loin. À Hollywood, les scandales impliquant des vedettes de cinéma sont aussi fréquents que sans réelle conséquence. En 1993, l'arrestation de Heidi Fleiss, patronne d'un réseau

1. *Ibid.*

dédié aux grands de ce monde et aux stars, met la planète cinéma en émoi : la jeune femme menace de publier la liste de ses clients. Elle n'en fera finalement rien mais entre-temps, certains se sont dénoncés d'eux-mêmes : le producteur Robert Evans (déjà croisé dans le jet privé d'Adnan Khashoggi), l'acteur Charlie Sheen, les rockeurs Billy Idol et Mick Jagger... En 1997, c'est au tour d'Eddy Murphy d'être arrêté par la police au volant de sa voiture en compagnie d'un prostitué transsexuel. Plusieurs autres travestis témoignent avoir eu l'acteur pour client dans un texte dévastateur publié sur le web, « In The Closet with Eddy Murphy ». Une affaire qui écorne l'image de star familiale de l'ex-« flic de Beverly Hills ». Heureusement pour lui, ses avocats parviennent à acheter le retrait de ces témoignages.

En 1995, quatre prostituées de haut vol ont, elles aussi, décidé de raconter leurs expériences dans un livre confession, *You'll Never Make Love in This Town Again* [1]. Elles y racontent les petits caprices de leurs clients Leonardo Di Caprio, Jack Nicholson, Colin Farrell, Sylvester Stallone, James Caan, Warren Beatty... On y apprend également que la *Playboy Mansion*, royaume des « playmates » de Hugh Hefner n'est, malgré sa réputation glamour, qu'un bordel de luxe : les filles y sont payées pour

1. Robin, Liza, Linda et Tiffany, *You'll Never Make Love in This Town Again*, Beverly Hills, Dove Books, 1995. Le titre parodie celui des célèbres Mémoires d'une productrice hollywoodienne, Julia Phillips, *You'll Never Eat Lunch in this Town Again*, Random House, 1991.

leurs prestations sexuelles. Au regard de ce déferlement récurrent dans les feuilles à scandale américaines, le milieu du cinéma français semble finalement bien sage et bien provincial. Les scandales y sont rares et vite oubliés.

Reconnaissons-le, plus personne ne s'étonne de lire les aventures galantes des saltimbanques… Elles constituent une sorte de folklore, pratiqué par des êtres d'exception, que la société distingue pour leur capacité à fournir du spectacle pour le plus grand nombre. Comment s'étonner qu'en vertu d'une telle distinction, ils refusent la grisaille du train-train quotidien et les interdits du droit commun ? Leurs transgressions, ouvertement tolérées, vont de pair avec une certaine excentricité pour les artistes, ou des besoins de « décompression physique » pour les sportifs. En à peine quinze ans, ces derniers ont d'ailleurs rejoint, voire dépassé les excentricités du petit peuple médiatique…

Sports de haut niveau

Jusqu'à une époque récente, il n'était pas d'usage d'écrire toute la vérité sur la vie sexuelle de certains sportifs. Il y eut certes un reportage resté fameux de Jacques Lanzmann sur l'édition 1990 du Paris-Dakar. Pour *VSD*, l'écrivain levait un coin de voile sur des nuits d'étapes qu'on croyait, à tort, plus sages : « On pourrait même parler d'un Paris-Plumard à l'intérieur du Paris-Dakar. Oui, on pourrait s'amuser à jouer au jeu de "qui baise qui ?", car, contrairement à ce que l'on imaginait, les femmes sont très nombreuses et plutôt jolies. Le dépaysement, le désert aidant, on passe rapidement des bras du compagnon lointain dans ceux d'un héros du jour. Ainsi va la vie. Tout, absolument tout, tourne autour du sexe, même la Terre… Et que dire des escales du type d'Agadez quand les "filles" arrivent par dizaines, et même par centaines du Nigeria, du Ghana, du Burkina-Faso, du Cameroun. Là, on peut carrément parler du Paris-Bracquemard, tellement les gars sont affamés [1]. » L'article provoque, à l'époque, quelques remous chez les coureurs, accusant l'auteur de « salir » la course. Il ne fait pourtant que rapporter une coutume que certains journalistes familiers de l'épreuve s'accordent à trouver bien agréable…

Autre entorse à l'omerta sportive : toujours en 1990, le président des Girondins de Bordeaux, Claude Bez, « mange le morceau » en affirmant dans *L'Équipe* : « La Coupe d'Europe, c'est une fête. Par tradition, il faut accueillir les gens correctement. Mettre des voitures à leur disposition, offrir des repas et des cadeaux […] et surtout ne pas oublier les prostituées pour les arbitres [2]. » Plus explicite encore, Jérôme Jessel rappelle dans *Sexus footballisticus* les propos tenus par le même Claude Bez sur le plateau de l'émission *Téléfoot* concernant trois jeunes femmes attachées à la personne des arbitres du match Bordeaux contre la PSV Eindhoven du 2 mars 1998 :

1. Jacques Lanzmann, « Vatanen tel Lawrence d'Arabie », *VSD* n° 645, 11 janvier 1990.

2. Claude Bez, *L'Équipe*, 30 octobre 1990. Cité par Jérôme Jessel dans *Sexus footballisticus*, Danger public, 2008.

« C'étaient des prostituées que Barin, mon intermédiaire yougoslave, avait fait venir de Paris. En Coupe d'Europe, cela nous est déjà arrivé cinq ou six fois d'agir de la sorte. Mais vous ne pouvez pas dire pour autant que les arbitres ont été achetés [1]. » Non, bien sûr, on ne peut pas dire cela. Mais il a tout de même semblé nécessaire au club, par simple courtoisie, de fournir cette « prestation ». Sur le terrain, mieux vaut un arbitre épanoui que frustré. On ne sait jamais sur qui il pourrait passer ses nerfs...

Bernard Tapie n'a sans doute pas été choqué par de tels propos. Il revient en 2004 dans l'émission *93, Faubourg Saint-Honoré*, sur ses pratiques de manager de l'Olympique de Marseille : « On sait tous que quand les équipes viennent la veille d'un match à Paris, tous les joueurs se barrent la nuit pour faire les cons. Moi, la veille d'une finale de Coupe de France contre Monaco, j'ai dit aux joueurs "Vous bougez pas, j'amène le matos à l'hôtel". Je suis allé mettre du Tranxene dans la purée de Goethals. À 9 heures, il était couché. J'ai fait monter une gonzesse par chambre, seuls deux ou trois joueurs n'ont pas voulu. Une heure après, je suis monté, et ils étaient tous dans la même chambre, ça s'est fini en partouze géante [2]. » Au-delà de la gouaille, le discours est celui d'un manager « responsable ». Puisque de toute façon les jeunes sportifs de haut niveau sont incapables d'obéir à des règles strictes, ne vaut-il pas mieux leur fournir ce qu'ils désirent à

1. Jérôme Jessel, *op. cit.*
2. Émission du 16 mars 2004 sur Paris Première, transcription de Jérôme Jessel dans *Sexus Footballisticus*, *op. cit.*

une heure raisonnable, plutôt que de les laisser s'égarer dans le monde de la nuit jusqu'à l'aube ? Ainsi, ils seront plus efficaces sur le terrain : « Ces gens-là ont besoin de sécréter tous leurs éléments naturels, comme la cortisone ou l'adrénaline, pour être au top », conclut « Nanard ». Compte tenu des enjeux financiers qui sous-tendent un match, *a fortiori* une finale, qui pourrait reprocher à l'ex-patron de l'Olympique de Marseille d'avoir pris le taureau par les cornes ? Bien sûr, à la même époque, il y a des patrons ou entraîneurs réputés, à l'instar de Guy Roux, pour imposer une vie austère à leurs joueurs… mais il est vrai qu'il y a moins de tentations à Auxerre qu'à Paris ou Marseille !

Évidemment, les dirigeants de clubs préfèrent voir « leurs » jeunes se marier et avoir des enfants le plus vite possible. Ils pensent que s'ils sont installés dans la vie, ils seront plus équilibrés, et donc meilleurs sur le terrain. Mais pour les plus doués, qui accumulent rapidement gloire et fortune, les tentations deviennent considérables : ils ont accès presque quotidiennement à des filles fascinées et prêtes à tout pour une aventure avec un joueur connu. L'épopée des Bleus, lors de la Coupe du monde de 1998, a marqué un véritable tournant. À cette époque les « dieux du foot » ont pris la place des stars du show-biz dans la presse people. En Angleterre, la série *Femmes de footballeurs* a popularisé les personnages, inspirés du réel, de la maîtresse de footballeur, qui ne pourra jamais l'épouser, et de la femme trompée mais consentante, influencée par l'argent et la gloire. Toute ressemblance avec le couple David et Victoria Beckham, devenu un business international à lui tout seul avec

30 millions d'euros de recettes annuelles, ne serait pas fortuite.

En France, Alexandra Paressant a connu son quart d'heure de gloire pour avoir convaincu la presse people internationale qu'elle avait eu une aventure avec le footballeur brésilien Ronaldinho, et une autre avec le basketteur Tony Parker... deux aventures fabriquées de toutes pièces, ou presque, puisqu'elle a quand même pu produire des échanges de SMS avec les deux stars. En revanche, la jeune femme a longtemps vécu dans le monde de la nuit et connu bibliquement plusieurs dizaines de joueurs. Elle est donc très bien placée pour décrire cette faune étrange : « La soirée la plus démente à laquelle j'ai assisté reste celle qui a suivi la remise des Oscars du foot, en mai 2008. Nous avons fait la tournée des grands-ducs. *World Place*, rue Marbeuf, *Pink Paradise*, rue de Ponthieu. *L'Alizé* dans le 15ᵉ. L'hallu totale. Casquette Christian Audigier vissée sur le crâne, un attaquant ivoirien de l'Olympique Lyonnais jette par poignées des billets de 500 euros sur le dance-floor. Depuis son transfert à l'OL, il ne touche plus terre, se prend pour Dieu ; dans le club nordiste où il était moins en vue et gagnait moins d'argent, il faisait moins le mariole. Des filles sublimes à quatre pattes se bousculent pour ramasser les billets, perdant au passage toute dignité et offrant un spectacle encore plus désolant que ce que j'ai pu montrer de ma personne dans la plus dégradante des situations. Assis à côté de moi, Didier Drogba, star ivoirienne de Chelsea, lâche, sans rire : “Eh oui, c'est la rançon de la gloire.” Plus loin, j'entends un grand buteur sénégalais, très populaire dans le sud de la

France, dire à une fille : “Tu me veux ? Ok. Mais avant, mon frère t’essaye”[1]. » La jeune femme décrit des joueurs habitués à ce que les filles prennent l’initiative, et qui trouvent normal d’en ramener deux ou trois dans leur chambre. Il faut dire que tout est organisé pour leur plaisir, il n’y a qu’à hocher de la tête pour avoir une aventure, sans se fatiguer à faire la cour… ni même la conversation une fois achevées les festivités. Selon Alexandra Paressant, certains agents indépendants se font une spécialité de pourvoir aux besoins « festifs » : « Deux fois par mois, Edmond, un agent de joueurs griffé Dolce Gabbana de la tête aux pieds, organise des soirées Ligue 1. Ce sont toujours les agents qui montent ces événements dont le seul but consiste à ameuter une prolifération de jolies filles faciles. Elles sont deux à trois fois plus nombreuses que les footballeurs. Des prolongations classées X se jouent souvent à l’hôtel[2]. » Le rôle de ces « agents très spéciaux » est symptomatique du lien étroit entre le « foot business » et le sexe. Cela semble devenir un argument promotionnel de poids pour attirer ou conserver la clientèle de joueurs en vue. De façon plus hypocrite, c’est aussi une façon d’« encadrer » les plaisirs des joueurs pour leur éviter de plus graves excès (drogues) ou des dérapages médiatisés, qui nuiraient autant à leur carrière qu’à leur couple.

Tout le monde a en tête les déboires de l’avant-centre du Real de Madrid, Ronaldo, fiancé à Daniella

1. Alexandra Paressant, entretiens avec Jérôme Jessel, *Sexe, scandales et Internet*, Le Rocher, 2009.

2. *Ibid.*

Cicarelli, mannequin et présentatrice vedette de MTV Brésil : lassée par les frasques de son fiancé, elle décide de poser dans le *Playboy* brésilien de mai 2005 et dénonce ses infidélités à répétition. Une façon de préparer le terrain pour le procès qu'elle intente ensuite au footballeur, lui réclamant 4 millions d'euros pour rupture du contrat prénuptial. Heureusement pour elle, elle se console vite puisqu'en 2006 une vidéo circule sur Internet, la montrant en plein ébat au bord de la mer avec un banquier d'affaires !

Alors, oui, certains businessmen, stars des médias et du sport, semblent bien obsédés par le sexe facile, perçu comme une sorte de rançon de la notoriété et de l'argent. À la différence des financiers, intermédiaires en affaires internationales et autres grandes sociétés, ils ne s'en cachent pas. Bien au contraire, certains affichent leur consommation de jolies filles comme un signe extérieur de réussite ! Il resterait à savoir si ce modèle a un effet d'exutoire (les « people » accompliraient les fantasmes de la foule par procuration), ou au contraire de frustration…

CHAPITRE 10

CHANTAGES

Les grandes entreprises dépensent aujourd'hui des sommes croissantes pour assurer leur sécurité dans un environnement de plus en plus mouvant : attaques informatiques, protection des expatriés, débauchages par la concurrence, campagnes de presse hostiles… Nombreuses sont les occasions de trébucher pour les plus puissantes. Les grands groupes du CAC 40 ont désormais presque tous un « directeur de la sécurité », souvent un ancien de la DGSE ou de la Direction de surveillance du territoire (DST), avec rang de directeur général et accès permanent au président. Leurs responsabilités sont extrêmement larges. Ils disposent d'un budget important qui leur permet de recruter comme sous-traitants des sociétés d'intelligence économique avec des compétences pointues dans la gestion de « risques pays » ou la sécurité informatique, par exemple.

Mais il est un domaine qui échappe à leur autorité et qui peut pourtant mettre en péril tout l'édifice : la vie privée du président. Rares sont les P-DG de grands groupes qui n'ont pas de secret pour leur entourage (à part peut-être, pour des raisons pratiques, leur assistante !). Et rares sont ceux qui n'ont pas de secret tout court. Mais ils se gardent bien d'en faire état devant celui ou celle dont le travail est de leur éviter les ennuis. Difficile de le leur reprocher. Pour arriver au sommet, ces grands politiques ont appris pendant des années à dissimuler et à diviser. Difficile après cela de confier tous ses petits travers à un subordonné ! Alors on prend parfois le risque de laisser éclater un scandale qui aurait pu être étouffé…

Le gigolo de British Petroleum

Le conglomérat British Petroleum, champion des intérêts pétroliers britanniques depuis un siècle, est un des joyaux de l'économie insulaire. Avec un chiffre d'affaires de 7 milliards d'euros en 2007, BP est la première société britannique. Elle emploie plusieurs centaines de milliers de personnes dans le monde et verse chaque année plus d'un milliard de livres par an au fisc britannique. L'action BP est une valeur de base pour la plupart des fonds de pension du royaume. Bref, British Petroleum est une institution. Répondant en 2007 à la question de savoir s'il y avait des personnes plus puissantes que lui dans le pays, le Premier ministre Gordon Brown a cité les noms de quatre grands patrons, dont celui du président de BP, Lord Browne, anobli par la reine en 2001 pour le formidable développement qu'il a impulsé au groupe.

Mais début 2007, la rédaction du *Mail on Sunday* est contactée par un ancien amant de Lord Browne, un jeune Canadien du nom de Jeff Chevalier. Ce dernier affirme que Lord Browne se prépare dans le plus grand secret à transférer le siège social du groupe à l'étranger, ce qui aurait des effets désastreux pour la place de Londres en termes d'emploi, mais aussi pour les recettes du Trésor de Sa Majesté. Les journalistes demandent alors confirmation au principal intéressé. Ils sont aussitôt contactés par un cabinet de relations publiques qui affirme que Monsieur Chevalier a bien été l'amant de leur client, mais que ce dernier n'a jamais discuté avec lui de questions professionnelles. Le lendemain, changement de discours : un rédacteur en chef du journal reçoit un coup de fil du directeur de la communication du groupe qui corrige le tir. Oui, reconnaît-il, le scénario d'une délocalisation a bien été étudié, mais c'était à une époque où le gouvernement envisageait une nouvelle taxation sur les profits du groupe dans ses activités de forage en mer du Nord. Depuis, affirme-t-il, cette idée a été abandonnée. L'homosexualité de Lord Browne n'est pas évoquée. Le *Mail on Sunday* décide alors de préparer un article pour le dimanche suivant, mettant l'affaire BP en perspective d'autres groupes susceptibles de suivre une stratégie similaire.

Entre-temps, un nouveau virage stratégique est amorcé : Lord Browne fait appel à la firme Schillings, un cabinet d'avocats spécialisé dans le show-biz et qui défend, par exemple, les intérêts du mannequin Naomi Campbell. La grande spécialité de Schillings est de bloquer la publication d'histoires embarrassantes en assignant les journaux en référé la veille de la parution. Contredisant le dircom' de BP, les avocats expliquent que Lord Browne n'a jamais envisagé une délocalisation de son groupe et que sa relation avec Monsieur Chevalier est d'ordre privé. Ils interdisent au journal d'en faire état, ou même de suggérer qu'il soit homosexuel. Sans doute emportés par leur zèle, les avocats entreprennent de détruire la crédibilité du jeune homme. Dans une déclaration sous serment, Lord Browne affirme avoir rencontré Jeff Chevalier dans une salle de sport, avoir eu une aventure avec lui mais s'en être éloigné car il souffrait d'alcoolisme et refusait de se faire soigner. Sur la base de ce témoignage, la justice britannique délivre une injonction interdisant au journal d'évoquer ces faits. Mais le jeune homme ne se laisse pas bâillonner si facilement. Il affirme que Lord Browne a fait appel à ses services de prostitué de luxe et obtient un témoignage concordant de l'agence d'escort-boys qui l'employait à l'époque ! Il fournit également son dossier médical, qui ne comporte aucune trace de problème lié à l'alcool. Enfin, il produit un ordinateur portable, cadeau de Lord Browne… qui affiche un message d'accueil prouvant que l'appareil est la propriété de BP ! Un appareil qui se connecte automatiquement à l'Intranet de la société et dont la boîte de messagerie contient les archives d'emails professionnels du président.

Ce dernier doit maintenant reconnaître devant les juges qu'il a menti à ses avocats, trop embarrassé pour avouer comment il a connu son jeune amant. Sa stratégie de communication incohérente produit des effets désastreux. Le *Mail on Sunday* se fait un plaisir de raconter toute l'affaire sans crainte d'être poursuivi [1]. En rompant avec son jeune amant, le président de BP n'avait pas imaginé que ce dernier pourrait se venger sur son propre terrain, et encore moins pensé devoir exposer le problème à ses conseillers. Par sa gestion désastreuse de la crise, il a terni sa carrière et précipité son départ en retraite.

Un tel cas n'est pas isolé, seule sa médiatisation fait exception. Aucun journal français n'accepterait de consacrer un article à la seule révélation de l'homosexualité d'un grand patron. Plusieurs dirigeants du CAC 40 peuvent ainsi vivre en toute tranquillité, quand bien même leurs préférences sont connues des journalistes économiques. Mais en entretenant un jeune compagnon, en lui confiant ses projets secrets, puis en tentant de le décrédibiliser, Lord Browne a creusé sa propre tombe avec une maladresse stupéfiante pour un homme de son rang et de son expérience. Ce qui montre que les présidents de grands groupes peuvent à leur insu créer un risque majeur pour leur entreprise. Nul besoin d'ailleurs d'être homosexuel pour cela : une simple relation extraconjugale peut suffire, comme le montre l'exemple de BMW…

L'héritière et le play-boy

Être à la fois la femme la plus riche d'Allemagne (avec un patrimoine estimé à 10 milliards d'euros), la

1. « Privacy and the Perils of Secret Justice », *Mail on Sunday*, 6 mai 2007.

principale actionnaire de BMW, et descendante d'un industriel nazi, n'est pas de tout repos. Mariée et mère de trois enfants, la blonde et stricte Suzanne Klatten, 43 ans au moment des faits, menait en apparence une vie rangée. Peut-être trop... En 2007, lors d'un week-end dans un spa de luxe à Innsbruck en Autriche, elle fait la connaissance d'un bel homme suisse de son âge, Helg Sgarbi, ex-officier de l'armée suisse et ex-banquier (il a été spécialiste en fusions-acquisitions au Crédit suisse), qui se présente désormais comme un « représentant spécial de la Suisse dans les zones de crise ». Loin des clichés du séducteur pressant, Sgarbi séduit par ses manières distinguées et sa retenue. Suzanne le décrira comme « charmant, attentif et en même temps très triste. Cela m'a rapprochée de lui, nous avions cela en commun ». La milliardaire ne cède pas sur-le-champ à ses avances, mais ils se retrouvent quelque temps plus tard dans le sud de la France et c'est le début de leur liaison. Dans l'intimité, Sgarbi finit par avouer à sa nouvelle âme sœur le terrible secret qui le ronge : conduisant une voiture de location en Floride, il a accidentellement renversé une petite fille qui risque de rester paralysée à jamais ! La famille, qui est liée à un parrain de la mafia, réclame 7 millions d'euros pour abandonner les poursuites et ne pas mettre un contrat sur sa tête ! Bouleversée, Suzanne Klatten accepte de lui « prêter » cette somme. Les deux amants se rejoignent ensuite à l'*Holiday Inn* de Munich. La somme est remise en liquide dans une boîte à chaussures.

Sgarbi décide alors de passer à la vitesse supérieure : il veut convaincre la nouvelle femme de sa vie de divorcer pour pouvoir l'épouser. Et il lui explique qu'elle devra ouvrir un compte commun et y verser 290 millions d'euros pour qu'ils puissent « commencer une nouvelle vie ensemble » sans souci financier. Cette fois, Suzanne Klatten comprend les motivations de son amant, et refuse tout net. Celui-ci devient alors nettement moins suave. Il produit une cassette de leurs ébats au *Holiday Inn* de Munich, qui ont été filmés par une équipe de trois complices. Et il réclame 50 millions d'euros pour ne pas la divulguer et mettre fin à leur relation.

La milliardaire n'a plus le choix. Elle décide de faire face et confie l'affaire à la police allemande qui met Sgarbi et ses complices sur écoute, puis les interpelle. Privé de son arme de dissuasion, Sgarbi envisage un moment de se réinventer en Robin des Bois moderne. On apprend que son vrai nom serait Helg Russak et qu'il serait un descendant de travailleurs forcés dans les usines BMW pendant la Seconde Guerre mondiale. Or Suzanne est la petite fille de Günther Quandt, un industriel, soutien du régime nazi, conseiller de Hitler et dont les usines ont tourné à plein pendant la guerre pour produire des véhicules militaires. Sa première épouse, Magda, est devenue après son divorce la femme de Joseph Goebbels. La firme a échappé aux représailles à la fin de la guerre : pour les Américains, l'économie allemande ne pouvait pas se permettre une épuration des milieux industriels en 1945. Ce n'est que dans les années 1990 qu'un documentaire est venu faire la lumière sur cet épisode.

Le problème est que la police, enquêtant sur Sgarbi-Russak, établit qu'il n'en est pas à son coup d'essai. On découvre qu'il a soutiré par des procédés similaires au moins 2,4 millions d'euros à deux autres femmes fortunées, sans lien avec la famille Quandt ! Il décide donc de tout avouer devant le tribunal et présente d'une voix monocorde des « excuses » aux femmes qu'il a abusées. La justice allemande le condamne en mars 2009 à six ans de prison. À sa sortie, il aura de quoi voir venir : la police n'est parvenue à retrouver ni ses cassettes vidéo ni les 9 millions d'euros soutirés à ses victimes !

Face au chantage

Il serait facile de tourner en dérision des scénarios d'extorsion qui, avec le recul, ne « tiennent pas la route » et ne devraient pas convaincre des personnalités chargées de hautes responsabilités. Ce serait une erreur de jugement : un dirigeant peut parfaitement adopter un comportement irrationnel dans sa sphère privée, en particulier s'il est soumis en continu à une forte pression, et si on le place dans un univers dont il maîtrise mal les codes, *a fortiori* si sa vie professionnelle l'empêche de cultiver un réseau amical séparé. Il n'aura alors pas d'interlocuteur à qui se confier librement. Privé de ses repères et de conseils de bon sens, il ne réagira pas forcément de façon logique, comme l'illustrent les deux histoires qui vont suivre.

Le patron d'une PME française envisage d'étendre son activité en implantant une usine dans un pays de l'ex-République soviétique [1], avec des partenaires russes. L'affaire paraît bien engagée et le P-DG se rend sur place pour négocier les termes du joint-venture avec ses partenaires. Ces derniers l'invitent à dîner. En fin de repas, de superbes créatures font leur apparition et prennent place aux côtés des hommes d'affaires. Au moment de prendre congé, le Français salue sa voisine et fait mine de retourner seul à son hôtel. Ses partenaires se montrent très vexés de son attitude « offensante ». Il finit par céder et emmène sa partenaire. Le lendemain, les discussions reprennent et les Russes se font plus exigeants : ils ne veulent plus entendre parler de partenariat à égalité mais réclament la majorité dans la société commune. Quand le P-DG refuse de céder, ils lui mettent sous le nez des photos de sa nuit avec la call-girl russe et menacent d'en envoyer copie en France à son épouse.

Le Français se sent totalement piégé par la situation. Il rentre chez lui, ne trouve personne à qui avouer sa folie et se met à déprimer gravement. Il lui faudra traverser plusieurs mois d'enfer avant de trouver le courage de tout avouer à son épouse, qui l'aidera à reprendre confiance et couper les ponts avec ses partenaires malsains. Le responsable d'une société de conseil affirme que cette histoire n'a rien d'exceptionnel : « Avec l'ouverture des marchés à l'Est et en Asie, de nombreux patrons de PME, et même des cadres de grands groupes, se rendent sur place sans préparation particulière, confiants dans les qualités qui leur ont permis de réussir chez eux. Ils

1. Pour des raisons évidentes, le lieu et le secteur d'activité ne seront pas précisés.

s'attendent à trouver sur place des interlocuteurs qui fonctionnent avec les mêmes codes qu'eux et n'imaginent pas un seul instant qu'on leur tendra d'aussi grosses ficelles. Ajoutez à cela que la distance peut inciter à des comportements qu'ils ne s'autoriseraient pas à domicile, et tous les éléments sont réunis pour aller au désastre ! Il est assez bizarre que des dirigeants qui trouvent normal de dépenser des sommes importantes pour protéger leur entreprise de l'espionnage économique ou de manœuvres de déstabilisation par voie de presse ne comprennent pas que leur vie personnelle peut constituer une source de fragilité. »

Question de tempérament sans doute, certains peuvent trouver sur le moment la bonne riposte à ce type de pressions. Un autre consultant nous a confié sa récente mésaventure : en 2002-2003, le Club Méditerranée entreprend de restructurer ses centres de vacances, ce qui implique d'importants travaux d'infrastructure, cofinancés par les collectivités locales, pour les territoires français, et par des aides de la Communauté européenne. Logiquement, des experts sont mandatés sur chaque chantier pour s'assurer de la bonne utilisation des fonds. Notre homme arrive sur le site qu'il doit contrôler et bombarde les responsables de demandes de justificatifs en tout genre. Très vite, il en vient à soupçonner des détournements de grande ampleur. La plupart des entreprises qui interviennent sur le chantier appartiennent à une puissante famille qui règne sur l'économie locale et de nombreuses prestations ou fournitures restent injustifiées. Un soir, notre consultant connecté à Internet depuis sa chambre d'hôtel reçoit un e-mail anonyme. À l'intérieur, la photo d'une superbe métisse dénudée, suivie par le message : « Si tu continues comme ça, ta femme et tes enfants apprendront comment tu t'envoies en l'air pendant tes "missions". » Sa réaction ne sera pas celle espérée. « J'ai immédiatement appelé ma femme, raconte-t-il, et je lui ai expliqué ce qui se passait. Je lui ai transmis moi-même l'email en lui disant : "Je n'ai rien à me reprocher, c'est à toi de décider si tu as confiance en moi." Elle n'a pas douté. J'ai ensuite répondu au message de la façon suivante : "Si vous continuez sur cette voie, je crains que la famille untel ne doive bientôt affronter un contrôle fiscal car je me ferai un plaisir d'envoyer un double de mon rapport aux impôts locaux." Je n'ai plus eu à subir la moindre pression jusqu'à la fin de la mission. »

Ces deux anecdotes montrent d'une part que les méthodes les plus usées ne sont pas forcément absentes de la vie des affaires, et d'autre part qu'elles ne sont pas réservées au CAC 40. Toute personne en situation de pouvoir peut y être confrontée un jour.

D'autres méthodes, plus subtiles, peuvent être mobilisées pour déstabiliser une grande figure des affaires. Correctement ciblée, la rumeur peut constituer une arme tout aussi efficace.

Rumeurs parisiennes

On pourrait penser que des dirigeants d'empires industriels et financiers se moquent pas mal de ce qui peut se dire sur leur compte dans les salons parisiens ou sur le Web, *a fortiori* quand ils sont eux-mêmes à la tête de puissants groupes de presse. Pourtant, il n'en est rien ! Ils dépensent au contraire beaucoup de temps et d'énergie à s'informer sur ce qui se raconte et s'écrit à leur sujet. Pour surveiller Internet, nombre de structures proposent aujourd'hui des services coûteux de « monitoring » alliant logiciels sophistiqués et recherche humaine. Dans le camp adverse, de petites structures d'intelligence économique transposent dans le domaine des affaires les méthodes de guérilla et de désinformation qui avaient cours pendant la guerre froide, lorsque tous les coups tordus étaient permis pour déstabiliser un gouvernement ou un mouvement ennemi. Elles agissent dans la clandestinité et font à leur tour appel à des « barbouzes » retraités du renseignement ou à des forces spéciales. La créativité de ces prestataires n'a donc pas d'autre limite que celle que veulent bien fixer les clients… quand ils ne restent pas volontairement évasifs pour pouvoir, le cas échéant, rejeter toute responsabilité dans une entourloupe qui a mal tourné.

Illustration et travaux pratiques dans une affaire récente. La cible : Arnaud Lagardère. Le 19 avril 2007, *Le Point* publie une interview exclusive du dirigeant de Lagardère Groupe. L'actualité de ce dernier est alors plutôt chargée : cafouillages sur l'A 380 dont le retard entraîne une « catastrophe industrielle », accusations de délits d'initiés au sein d'EADS et contre Lagardère qui a revendu des actions avant les mauvaises nouvelles, plan de restructuration controversé d'Airbus, accusations de rétrocommissions chez EADS, et, pour faire bon poids, remises en cause de la stratégie du groupe dans le sport, qui connaît quelques ratés. Pourtant, le sujet qui semble tenir tout particulièrement à cœur au jeune dirigeant n'est pas celui-là. Avant l'interview, Arnaud Lagardère demande spécifiquement aux envoyés du *Point* de lui poser une question qui en fait sursauter plus d'un. Sa réponse mérite d'être citée dans son intégralité :

Une rumeur court sur votre vie privée. Vous auriez quitté votre épouse pour vivre avec le tennisman Richard Gasquet. Vous avez souhaité réagir aux ragots…

(Rire) Cette rumeur-là, c'est ma préférée ! Je suis à des années-lumière d'être homosexuel ; quant à Richard, je n'en parle pas ! Mais là, vraiment, on atteint le degré zéro des officines… Quand on ne sait plus comment faire pour déstabiliser une entreprise ou son responsable, on invente des trucs aussi loufoques que cette pseudo-liaison. En tout cas, ça a fait beaucoup rire mon épouse. Depuis vingt-cinq ans, elle en a entendu, mais le coup de l'homo, c'est le top !… Mais je crois savoir d'où peut venir cette rumeur.

D'où ?

En prenant le Racing Club de France, ce que je ne regrette pas du tout, j'ai bousculé une population, disons, assez coriace et qui s'est défendue avec ses méthodes. Tout cela est parti de mon amitié avec Bertrand Delanoë, lequel, en tant que maire de Paris, a tranché en faveur de notre projet. Certains de mes adversaires qui ne supportaient pas de perdre le Racing ont commenté : « S'ils sont amis, c'est qu'Arnaud doit en être… » Ensuite, il n'y a eu qu'à broder. J'en ai vu d'autres et, à tout prendre, je préfère qu'on m'attribue une fausse aventure avec Richard Gasquet qu'une fausse liaison avec Sophie Marceau. Dans ce dernier cas, j'aurais plus de mal à m'en dépatouiller avec mon épouse... *(rire).*

Décryptage avec un cadre du groupe : « Il y avait effectivement une rumeur qui circulait dans quelques salons parisiens sur une pseudo-aventure d'Arnaud avec Gasquet, et peut-être quelques échos sur des forums gays. Mais pour nous cela n'avait rien de sérieux et ne méritait aucune réaction. 99,99 % de la population ignorait qu'il y avait une rumeur. Le service de com' a fait une bourde en laissant Arnaud s'exprimer là-dessus. Dénoncer soi-même une rumeur vous concernant et dont personne n'a entendu parler, c'est lui donner corps ! Ça a créé un buzz sur le Web. En réagissant ainsi, Arnaud a seulement montré à ses adversaires que cette allégation d'homosexualité l'avait blessé. Il ne faut jamais laisser voir ce genre de choses ! »

Quand on connaît les bonnes personnes, monter une rumeur et la faire circuler n'est pas très difficile. Il y a dans Paris des gens qui se piquent de tout savoir avant tout le monde et préfèrent relayer l'info, au besoin en émettant des doutes sur sa crédibilité pour se couvrir, mais la relaient quand même, ce qui suffit à alimenter les dîners en ville. Sur l'origine de la manipulation, notre source se montre sceptique quant au soupçon exprimé par son président, visant une « population coriace » du Racing Club de Paris.

« Il faut se remettre dans le contexte de l'époque. Le Racing, c'était un sujet médiatique, mais relativement mineur à l'échelle du groupe. Plus préoccupante était la campagne insidieuse qui animait alors la rubrique "indiscrétions" de la presse économique : on y remettait en question le leadership d'Arnaud, expliquant qu'il ne tenait pas la route et qu'il allait bien falloir changer la direction du groupe. Pour cela, on préconisait de "casser" la structure juridique de commandite qui "verrouille" son pouvoir. Reportez-vous à l'interview, on évoque cette question et on y donne des pistes plus intéressantes à creuser de mon point de vue. » Voyons donc comment le sujet est abordé :

Pourtant, votre situation à la tête de la commandite Lagardère fait l'objet de spéculations. Dans les milieux financiers, on entend beaucoup dire qu'une commandite, « ça se casse »…

C'est un fantasme qui agite quelques cabinets d'avocats et certains banquiers, car c'est intellectuellement intéressant. Et puis c'est toujours pareil, les bruits ne coûtent rien. En tout cas, qu'on se le dise, je ne veux pas céder l'entreprise et je ne la céderai jamais.

L'establishment se serait retourné contre vous. La presse a laissé entendre que vous étiez dans le collimateur de Claude Bébéar (président du conseil de surveillance d'Axa), comme en son temps Jean-Marie Messier…

Je ne veux pas le croire. Quand je rencontre Claude Bébéar, je suis abreuvé de messages d'amitié qui sont réciproques. Il m'a toujours assuré de son soutien. Je connais mes amis, mes ennemis aussi.

Ici, la réponse a tout d'un message très calibré. Claude Bébéar ne peut pas être à l'origine des rumeurs qui courent sur Arnaud Lagardère, mais si par extraordinaire il l'était, il devrait comprendre qu'il est peut-être temps de calmer le jeu...

Dans cette interview, il est fait deux fois allusion à Jean-Marie Messier, mais la première est cryptée. Quand Arnaud Lagardère cite comme exemple de rumeur dont il aurait « plus de mal à se dépatouiller » avec sa femme l'hypothèse d'une liaison avec Sophie Marceau, il fait écho, consciemment ou non, à une attitude similaire de Jean-Marie Messier qui a cru bon, lorsqu'il était au faîte de sa splendeur médiatique, de démentir spontanément dans *Paris Match* une rumeur lui prêtant une liaison avec cette actrice. Rumeur dont la presse n'avait jamais fait mention auparavant... Décidément, voilà un sex-symbol qui fait fantasmer le CAC 40 !

La déclaration, faussement chevaleresque, de Jean-Marie Messier a eu à l'époque l'effet inverse de celui officiellement recherché : on s'est mis à débattre d'une question que personne ne se posait auparavant, et la principale intéressée a fait connaître son irritation. Peu rancunière, elle n'en a pas moins accepté de participer à une émission spéciale que Michel Drucker consacrait au médiatique P-DG.

La deuxième allusion, directe cette fois, concerne la campagne menée par Bébéar pour obtenir la démission de Jean-Marie Messier de la direction du groupe Vivendi en juin 2002, alors que sa stratégie d'acquisitions à tout-va a mis sa trésorerie au bord de l'asphyxie et que les marchés parient désormais sur son éviction. La BNP et la Société générale ont choisi de ne plus soutenir le groupe. Toute la deuxième quinzaine de juin 2002 est marquée par des pressions croissantes d'administrateurs de Vivendi emmenés par Henri Lachmann, proche de Bébéar, pour convaincre Messier de lâcher prise. C'est un euphémisme de dire qu'il a du mal à le faire. Il finit par céder le dimanche 30 juin, non sans avoir énuméré ses prétentions dans un email envoyé à 10 h 23, et révélé un an plus tard par le *Canard enchaîné* [1] :

— Accord sur le choix du Pdt (président) et du CEO (A. Touraine) ;
— Rester au Conseil jusqu'à la fin du mandat et Pdt d'honneur ;
— Couverture juridique (pas de procès du groupe et couverture illimitée de tous frais d'avocats… avec de tels voyous, il faut être blindé !) ;
— Garder toutes les stocks-options à leur durée normale ;
— Salaire et bonus 2002 intégralement versés (sur la base de 5,2 m [millions] euros ;
— Indemnité de 4 ? ans de salaire et bonus ou 3 ans minimum (voir contrat EBJ [2]), toujours sur la base de 5,2/an). Voir si un « gross up » peut être organisé, au moins du côté US (là aussi jouer le parallélisme avec contrat EBJ) ;
— Peut-on couvrir en plus, par un contrat de conseil (comme EBJ) ou de non-concurrence mes dettes liées aux levées d'option ? (10 m d'euros) ;
— Couverture sociale et médicale pour 2 ans au moins de ma famille ;

1. *Le Canard enchaîné*, 16 janvier 2003.
2. Edgar Bronfman Junior, administrateur du groupe.

— Situation retraite complémentaire ?? ;
— Disposition pour 2 ans de l'appartement de NY pour lequel j'ai versé à la société 936 000 $;
— 20 h d'avion du groupe par an ;
— 1 m$ et 1 m euros de dons à des œuvres choisies par moi ;
— Poursuite du procès contre *Le Monde* et engagement de ne pas réintégrer P. Lescure ;
— Présider la cérémonie de présentation le 9/9 du film sur le 11 septembre confié à 11 réalisateurs du monde entier.

Finalement, le P-DG qui avait dénoncé dans son livre, *J6M.com*, les parachutes dorés, obtient satisfaction sur le point le plus important : la compagnie accepte de lui verser 20,55 millions d'euros. En revanche, nombre de ses autres prétentions comme la présidence d'honneur, l'appartement, l'avion, le remboursement de son prêt, etc., sont rejetées. Pourquoi, après avoir fait preuve d'une résistance exceptionnelle pendant les semaines précédentes, Messier a-t-il cédé aussi vite ?

Plusieurs sources s'accordent pour affirmer qu'à cette époque, une ou plusieurs officines « travaillent » sur la vie extraconjugale du dirigeant. Des rumeurs sont habilement distillées sur tel rendez-vous avec une jeune femme, dans la suite d'un palace parisien, dont on serait en mesure, le cas échéant, de produire des preuves photographiques. Preuves qui pourraient peser lourd dans les négociations du futur divorce de Jean-Marie Messier. Info ou intox ? Difficile à dire, d'autant que le responsable de la sécurité du groupe, le secrétaire général

Jean-François Dubos, a spécifiquement reçu pour mission de protéger la vie privée du président. Obsédé par la confidentialité de ses rendez-vous, Messier a même demandé que l'on fasse déménager les occupants des rares appartements dont les fenêtres offrent une vue plongeante sur son bureau, avenue de Friedland ! Facile à dire, moins facile à faire… De son côté, Jean-François Dubos, un ancien proche de François de Grossouvre, bon connaisseur des « services », fait fabriquer par Saint-Gobain des vitres pare-balles destinées au bureau présidentiel. Chacune d'entre elles pèse 260 kilos !

Si l'hypothèse du chantage au scandale devait se vérifier, ce serait une histoire d'arroseur arrosé. Car le président de Vivendi Universal, qui fut pourtant victime, dès son arrivée, de nombreuses embrouilles, a par la suite pris goût aux barbouzeries contre ceux qui ne célébraient pas son génie. Nous retrouvons ici Édouard Tétreau, le jeune analyste financier d'une filiale du Crédit Lyonnais, qui s'illustre en étant le premier à publier des notes critiques sur la stratégie de Jean-Marie Messier à la tête de Vivendi Universal. Son rapport de 38 pages, « Vivendi, la fin d'une exception », publié le 20 mars 2002, évoque pour la première fois le scénario d'un renvoi de Messier par son conseil d'administration. Quelques semaines plus tard, l'analyste récidive en évoquant cette fois une possible banqueroute du groupe. Un tel crime de lèse-majesté ne doit pas rester longtemps impuni. « On » se charge de fouiller de fond en comble la vie du jeune homme à la recherche d'un secret compromettant. Malheureusement, il n'a jamais volé ni violé personne. On creuse donc un peu plus les raisons de son départ d'un précédent poste, au sein du Conseil supérieur de l'audiovisuel (CSA). Il apparaît que, à la suite d'une soirée bien plus arrosée que de raison, l'audacieux éméché aurait pénétré dans le bureau du président Hervé Bourges… pour uriner dans son réfrigérateur ! Reconnaissons que ce sont des choses qui ne se font pas.

Mais Jean-Marie Messier va tout faire pour monter en épingle cette pochade estudiantine. Il harcèle l'état-major du Crédit Lyonnais pour obtenir la tête de Tétreau. Il faudra l'intervention du président de la banque, Jean Peyrelevade, pour mettre un terme à ce problème majeur. Tétreau conservera son poste, mais ne couvrira plus Vivendi, son point de vue étant désormais suspect de partialité. Selon la légende qui circule au sein du Crédit Lyonnais, le président de la banque aurait mis fin à l'entretien téléphonique avec Messier par cette phrase : « Je vous conseille d'aller vous faire foutre ! » Mais Jean Peyrelevade est sans doute trop poli pour dire une chose pareille.

Ne soyons donc pas naïfs : le monde de l'intelligence économique est un Far West où chacun invente ses règles, et les manipulations autour de la vie sexuelle des uns et des autres sont trop tentantes pour être oubliées. Il faudra encore du temps pour que la profession se régule, et pour que l'on apprenne à trier les gens fréquentables des autres. C'est ce qu'a compris, mais un peu tard, Son Altesse Sérénissime, le prince Albert de Monaco.

Le 6 novembre 2009, *Paris Match* fait sa « une » sur un nouveau scandale qui frappe la principauté de Monaco. Un ancien espion au service du prince Albert, Robert Eringer, 55 ans, attaque celui-ci devant la justice californienne pour salaires impayés. Une dégaine de cow-boy, barbe et cheveux poivre et sel, colliers branchés et jean délavé : l'homme ne ressemble pas vraiment à James Bond, ni même à un agent « passe-muraille » des services secrets d'aujourd'hui… même si à Monaco, il en faut beaucoup pour se faire remarquer ! Ex-journaliste d'investigation, il a infiltré le Ku Klux Klan avant de travailler pour le FBI (où l'on exprime toutefois quelques réserves sur sa personne). Son père, ancien animateur chez Disney, ayant pris sa retraite à Monaco au début des années 1990, Robert connaît bien la principauté. Auteur de romans d'espionnage, il en a même consacré un aux intrigues du « Rocher ».

On découvre qu'Albert a recruté, en juin 2002, Eringer comme « conseiller spécial pour le renseignement » pour l'aider à moraliser Monaco et faire le tri dans ses fréquentations : « Le prince Albert s'inquiétait qu'on ne lui dise rien, explique l'espion. Il voyageait beaucoup. Personne ne le briefait sur les chefs d'État ou de gouvernement qu'il rencontrait. J'étais sidéré. Même à l'intérieur de Monaco, il n'était au courant de rien. Beaucoup de gens essayaient de l'approcher. Albert voulait savoir à l'avance qui étaient ceux qu'il devait rencontrer [1]. »

1. *Paris Match*, 6 novembre 2009.

À l'époque, le prince Rainier était très affaibli par la maladie et Albert souhaitait faire « le ménage » parmi tous ceux qui utilisaient abusivement son nom pour obtenir des faveurs.

Eringer n'a pas peur de donner des exemples précis de personnalités : « J'ai empêché qu'un Russe à la réputation douteuse, Alexei Fedorichev, n'investisse dans le club de foot de la principauté, l'AS Monaco, ou encore qu'un autre Russe, Sergei Pugachev, ne signe un joint-venture avec la Société des bains de mer. J'ai signalé au prince que Monaco faisait l'objet de tentatives d'infiltration de la part du FSB, le service de renseignement russe, ainsi que de loges maçonniques criminelles. Et j'ai mis en évidence les liens entre certaines banques monégasques et la mafia italienne. » Eringer affirme également avoir contré les manœuvres d'approche de l'homme d'affaires Patrick Maugein, un proche de Jacques Chirac, compromis dans le scandale de l'affaire « pétrole contre nourriture » en Irak, et qui souhaitait vendre au prince ses « grandes idées pour Monaco ». Dans sa plainte, il va encore plus loin : il affirme avoir recueilli des informations selon lesquelles Vladimir Poutine, le président russe, serait le véritable commanditaire d'investissements immobiliers réalisés dans la principauté sous des noms d'emprunt avec de l'argent détourné des recettes énergétiques de son pays ! Autre implication illustre : Eringer aurait empêché la naturalisation de Mark Thatcher, le fils de l'ex-Premier ministre britannique impliqué dans divers scandales et trafics. Le jeune homme fut expulsé de la principauté sur ses conseils.

À la mort de Rainier, Albert aurait demandé à Eringer de mettre sur pied une agence clandestine de contre-espionnage baptisée Monaco Intelligence Service. Ce point est contredit par les proches du prince Albert, qui reconnaissent le travail de conseil effectué par l'Américain, mais nient l'existence de la cellule de renseignement. Dans une interview au magazine *Point de vue*, l'avocat et ami du prince, Me Thierry Lacoste, affirme que les informations fournies par Eringer se sont révélées fausses et qu'il a été décidé de mettre fin à ses fonctions. De son côté, Eringer considère que son contrat a été rompu sans notification ni explication et porte plainte pour honoraires impayés : 40 000 euros, plus 360 000 euros pour rupture de contrat. L'avocat américain d'Albert, Stanley Arkin, accuse Robert Eringer d'être ni plus ni moins qu'un maître chanteur. Dans une lettre adressée au prince en septembre 2009, Eringer réclamait non pas 40 000 mais 400 000 euros pour ne pas dévoiler certaines anecdotes.

Eringer attribue sa disgrâce à l'influence de Me Thierry Lacoste, un proche du prince qui chercherait à étendre son emprise sur la principauté. Il aurait tout d'abord « eu la peau » de Jean-Luc Allavena, le chef de cabinet monégasque d'Albert, débauché de chez Lagardère en 2005 et débarqué quatorze mois plus tard, avant de s'en prendre à l'Américain qui désapprouvait ce renvoi. Mais selon d'autres sources, c'est une tout autre raison qui a poussé le prince à prendre ses distances avec Eringer. En effet, ce dernier avait entre autres la charge d'entretenir des liens informels avec les principaux services de renseignement occidentaux, dont le MI6, la DST, le

FBI et la CIA. Il a par ailleurs tenté de monter un « club » regroupant les services de renseignement de petits États européens comme le Luxembourg, le Liechtenstein, Andorre et Monaco. Un lieu informel d'échanges d'informations financières, qui était surtout prétexte, selon les mauvaises langues, à une débauche de consommations alcoolisées aux frais de la principauté. Mais ce qui pose vraiment problème, c'est que suite à des propositions sonnantes et trébuchantes de la CIA, Eringer aurait convaincu le prince de laisser son « service » de contre-espionnage accepter des subsides de la CIA. Une façon pour l'agence américaine de mettre un pied dans la principauté, traditionnel pré carré des Français. Selon Eringer, les règles du jeu fixées par le prince étaient claires : d'accord pour un « petit arrangement », mais à condition que les Français n'en sachent rien. Or, selon nos informations, la DST, qui surveillait Eringer de près, s'en serait aperçue et aurait été informer Albert, qui aurait été contraint de désavouer son homme de main.

Pour autant, le scandale ne serait pas de nature à déstabiliser la principauté sans sa dimension sexuelle. Car dans ses interviews, mais plus encore dans sa plainte que nous avons pu consulter, Eringer met le doigt sur des affaires embarrassantes pour Albert. Dans ce document, il affirme avoir rencontré Jazmin Grace, fille naturelle d'Albert, avec sa mère, peu avant l'accession au pouvoir du prince en 2005. À l'époque, celui-ci refuse encore de la reconnaître et même de la rencontrer. Mais la mère et la fille sont revenues à la charge l'année suivante : elles ont fait appel à un « garde du corps » américain, Gavin de

Becker, qui se présente comme leur fondé de pouvoir et envoie à Albert une missive de 14 pages ne faisant pas dans la dentelle. Il explique que la jeune fille prépare un livre sur son expérience familiale très particulière : « Pas sur Albert lui-même mais sur l'expérience d'une jeune fille que son père a choisi de ne pas reconnaître et de rendre invisible. » Il ajoute que la célèbre présentatrice américaine Oprah Winfrey se fera un plaisir de la recevoir dans son talk-show quotidien, suivi par plusieurs millions de foyers. Pour montrer qu'il ne plaisante pas, de Becker dévoile les conditions proposées par un grand éditeur américain, et rejette dédaigneusement l'offre de compensation financière formulée par le prince, comme nettement insuffisante. Par peur du scandale, Albert a fini par accepter de recevoir la jeune femme, qu'il reconnaît bientôt comme sa fille. C'est la deuxième paternité qu'il accepte d'assumer, après celle du petit Alexandre, né en 2003 de sa liaison avec une hôtesse de l'air togolaise. Pourrait-il y en avoir d'autres ? Eringer affirme dans sa plainte qu'il existe un troisième enfant illégitime.

Une autre affaire peut s'avérer gênante pour le prince. Robert Eringer l'a racontée brièvement sur son blog avant de l'en retirer, puis elle a paru dans le quotidien britannique *Daily Mail* [1]. Une forme d'avertissement pendant la phase de négociations ? Selon le récit du quotidien, une séduisante jeune femme grecque de 24 ans, Catherine Aikterini, aurait réussi à se faire passer auprès du prince pour… la fille de Mikhaïl Gorbatchev ! Le fait qu'elle ne parle que

1. Voir l'édition du *Daily Mail* datée du 7 novembre 2008.

l'anglais ne semble avoir troublé personne. Catherine prétendait vouloir créer à Monaco un organisme caritatif et a su convaincre Albert, sous le charme, de le soutenir publiquement. Malheureusement, elle est admise en avril 2008 dans un hôpital pour cause de dépression nerveuse, avant de s'éclipser cinq semaines plus tard pour la Suisse, malgré l'avis des docteurs. À son retour à Monaco, elle est interpellée par la police et expulsée de la principauté. Selon leur enquête, la jeune femme aurait été instrumentalisée par la mafia russe pour infiltrer l'entourage du prince.

Enfin, l'affaire qui fait le plus murmurer parmi les affirmations du détective privé est celle de la « cassette vidéo ». Toujours selon son mémorandum de plainte, Eringer aurait neutralisé un soi-disant ami d'Albert qui détenait une cassette vidéo qu'il montrait dans des soirées privées monégasques en disant : « Et voici ce que j'ai sur votre prince ! » L'enregistrement, effectué lors d'une fête privée pour le quarantième anniversaire d'Albert en 1998, montrerait une strip-teaseuse en train de procurer une faveur sexuelle à l'héritier du trône.

Cette situation embarrassante en rappelle une autre qui frappa l'époux de la princesse Stéphanie de Monaco, Daniel Ducruet, en 1996. En août de cette année, Ducruet est filmé à son insu au bord de la piscine d'une villa de Villefranche-sur-Mer, entre Nice et Monaco, en compagnie de Fili Houteman, 26 ans, ex-« Miss Belgique nue ». À la suite de la parution de photos dans des journaux italiens et espagnols, et du scandale qui s'ensuit, Stéphanie de Monaco et Daniel Ducruet divorcent le 4 octobre 1996. Ce dernier a toujours été persuadé d'avoir été

« piégé ». Il faut dire que Fili Houteman a touché pour ces photos plus de 2 millions de francs, grâce au paparazzo Stéphane de Lisiecki, dont elle fut par le passé une amie intime, avant de s'afficher au bras de quelques grandes fortunes wallonnes. On serait soupçonneux à moins. Le 27 avril 2000, la justice française a donné raison à Ducruet en condamnant le photographe Stéphane de Lisiecki à un an d'emprisonnement avec sursis, et 50 000 francs d'amende. Également reconnue coupable, Fili Houteman a été condamnée à six mois d'emprisonnement avec sursis. Tout comme son autre ex-petit ami, Yves Hoogewys, également jugé pour complicité. À titre de dommages et intérêts, tous trois ont dû conjointement payer à Daniel Ducruet une somme de 200 000 francs (75 000 francs pour atteinte à la vie privée, 75 000 francs pour le droit à l'image et 50 000 francs pour le préjudice moral).

Toutefois, les affaires ne sont pas identiques. Il est de notoriété publique que le prince Albert, célibataire recherché, a multiplié les conquêtes féminines. Lors de son quarantième anniversaire, il n'était pas marié et ses éventuels débordements privés n'étaient en rien condamnables. Mais cette addition d'affaires embarrassantes pour sa réputation montre que la faiblesse majeure de la principauté réside bien dans la vie agitée de son prince qui l'expose à toutes sortes de possibles chantages. Quelle que soit la réalité du travail accompli par Eringer, ce dernier a clairement choisi d'appuyer en justice sur les questions intimes, comme en témoignent les 31 pages de sa plainte.

On s'oriente sans doute vers une solution négociée, quoi qu'en disent les défenseurs d'Albert. Son avocat, Thierry Lacoste, a séjourné incognito à New York, la première semaine de février 2010, pour étudier les pistes de sortie avec l'avocat américain Stanley Arkin (qui préside par ailleurs un cabinet d'intelligence économique) [1].

Selon les observateurs, Albert pourrait aussi se sortir de ce mauvais pas en reconduisant la formule qui avait si bien réussi à son père, déstabilisé en 1955 par le krach de la Banque des Métaux précieux, dans laquelle une majorité de fonds du Trésor monégasque était investie. À savoir, organiser un grand mariage princier et lui donner le plus large retentissement médiatique à l'échelle de la planète. Ce serait l'occasion de régulariser la situation de la « maîtresse officielle » du prince, la nageuse sud-africaine Charlene Wittstock qui vit à ses côtés depuis quatre ans et dispose même d'un secrétariat particulier au palais. Mais les choses ne sont pas si simples, explique le magazine suisse *L'Illustré* : « Logiquement, Charlene devrait être radieuse ; or, elle peine à sourire. On l'a vu aux États-Unis. Albert lui a-t-il vraiment tout dit ? Depuis qu'elle partage sa vie, elle a découvert l'existence de deux enfants illégitimes… Il pourrait d'ailleurs y en avoir un troisième selon le *Daily Mail*. On parle aussi d'une vidéo compromettante montrant le prince honorant une strip-teaseuse [2] ! » Pour François Caviglioli dans *Le Nouvel Observateur*, le prince a obéi en attendant si longtemps « à un vieux principe petit-bourgeois qui interdit à un homme bien

1. « Albert de Monaco cherche une sortie face à Eringer », Intelligence Online, 11 février 2010.

2. *L'Illustré*, 11 novembre 2009.

né d'épouser sa maîtresse. Il aurait redouté d'être harcelé, une fois marié, par des hordes de paparazzi à l'affût des aventures extraconjugales qu'il ne pourrait s'empêcher d'avoir ». À défaut de s'acheter une conduite, il lui faut désormais trancher entre des inconvénients.

CHAPITRE 11

ESPIONNAGE HORIZONTAL

Même si cela ne figure dans aucun manuel de management, le sexe a toujours été un outil simple et efficace de la veille économique. Pourquoi perdre du temps à fouiller les poubelles et pénétrer les réseaux Intranet quand il suffit de demander gentiment l'information tant recherchée à la concurrence ? Quand un patron de PME rémunère une occasionnelle qui devient la maîtresse d'un important client, quand Elf salarie la maîtresse d'un ministre, ou quand un service d'État envoie des call-girls recueillir les confidences de négociateurs d'un sommet du GATT [1], la démarche est toujours la même : aller chercher l'information à la source ! Depuis toujours, les services secrets ont montré l'exemple.

1. General Agreement on Tariffs and Trade (Accord général sur les tarifs douaniers et le commerce).

Printemps 2008, les patrons de grands groupes britanniques reçoivent un étonnant rapport cosigné par les deux chefs du renseignement anglais, Jonathan Evans, du MI5, et John Scarlett, du MI6. Celui-ci les enjoint de mettre en garde tous leurs cadres qui s'apprêtent à se rendre en Chine pour les Jeux olympiques. Selon les services anglais, plus d'un millier de jeunes femmes auraient été spécialement formées par leurs homologues chinois pour piéger les hommes d'affaires occidentaux lors de leur séjour. Début 2008, un des conseillers de Gordon Brown a été victime d'une semblable mésaventure : ramenant à son hôtel une créature rencontrée dans un night-club de Pékin, il s'est aperçu le lendemain matin qu'elle lui avait dérobé, en partant, son BlackBerry (mobile muni d'une connexion Internet, permettant un accès et une utilisation permanents à ses messageries électroniques) contenant de nombreuses informations sensibles. À la suite de cet incident, les services anglais demandent aux grandes entreprises qui envoient des cadres en Chine négocier des marchés, de les prévenir au moins quinze jours à l'avance pour qu'elles puissent les faire surveiller sur place par une équipe dédiée à cette seule tâche. Selon le rapport, ce genre d'opération vise des catégories bien précises : « Nous savons que plusieurs de ces lieux [bars de nuit et night-clubs] ont été soigneusement choisis pour piéger des étrangers. Les Chinois recherchent particulièrement des gens qui travaillent dans l'industrie IT (technologies de l'information), ou qui ont des liens avec de grandes banques ou des services financiers. » La tâche d'un agent féminin, précise le rapport, « consiste à persuader une cible de la ramener dans un hôtel et ensuite d'essayer de voler documents ou téléphones portables ». En annexe, le document va jusqu'à fournir une liste d'hôtels indésirables car probablement équipés de dispositifs de surveillance audio et vidéo.

Dans la foulée de cet avertissement, MI5 et MI6 organisent, pour ceux qui le souhaitent, des sessions de formation. On y alterne des exposés sur ce qu'il convient de faire et de ne pas faire, et des témoignages sur quelques épisodes méconnus de la guerre froide. Car, dans la guerre économique actuelle, on ne fait que recycler des méthodes qui ont déjà bien servi par le passé.

Ancien ambassadeur de Grande-Bretagne, Christopher Meyer participe volontiers à ces sessions, et raconte dans ce cadre son expérience de jeune diplomate : « Mon premier poste était à Moscou, en 1968, au cœur de la guerre froide. J'avais 24 ans, j'étais célibataire et innocent. J'ai voyagé dans un avion qui transportait le nouvel ambassadeur, sir Duncan Wilson. Son prédécesseur avait dû quitter Moscou précipitamment, après avoir succombé aux charmes d'une jeune femme de chambre russe, entraînée et dirigée sur lui, bien sûr, par le KGB. Peu après mon arrivée, j'ai été emmené dans la "chambre d'isolation phonique", pour être briefé par l'officier de sécurité. C'était la seule pièce que le KGB ne pouvait pas écouter (des années plus tard, un ambassadeur m'a confié qu'il venait là pour faire l'amour avec sa secrétaire afin que leurs cris ne soient pas détectés).

On m'a expliqué très fermement que pour des raisons de sécurité, je ne devais pas avoir de relations sexuelles avec des filles russes : "Limitez-vous aux femmes, limitez-vous aux Blanches, limitez-vous aux célibataires et limitez-vous aux ressortissantes de l'OTAN !" Combien de ces critères répondraient-ils aux lois antidiscrimination actuelles ? Le KGB a fait plusieurs tentatives pour me piéger. Et puis ils ont pensé que j'étais gay. Comme ils avaient placé des micros dans mon appartement, ils m'ont entendu répéter un sketch pour la fête de fin d'année de l'ambassade, dans lequel plusieurs hommes devaient porter des collants. Du coup, deux jours plus tard, ma professeure de russe est venue me voir avec un album photo montrant de beaux danseurs de ballet. Elle m'a demandé lequel je préférais et si j'aimerais en rencontrer. Elle a rougi quand elle a compris qu'elle s'était complètement trompée sur mon compte.

» J'ai transgressé les règles de sécurité une seule fois, quand j'ai invité une belle blonde nommée Svetlana pour m'accompagner au Bolchoï. C'était une sortie innocente qui n'a pas été plus loin. Mais quatorze ans plus tard, lorsque j'assistais à un dîner officiel à Bakou, alors capitale de la république soviétique d'Azerbaïdjan, je me suis retrouvé assis à côté d'une Russe qui m'a déclaré être une amie de Svetlana et m'a proposé d'organiser une rencontre avec elle à Moscou ! Bien sûr j'ai décliné l'invitation. Mais ça vous en dit long sur la mémoire d'éléphant du KGB et la nécessité d'être prudent. Même quand ma femme et moi étions en poste à Washington où j'étais ambassadeur, bien après la fin de la guerre froide, nous avons reçu une curieuse invitation de l'ambassade russe qui nous proposait des "massages spéciaux" par une équipe de masseurs et masseuses russes célèbres alors de passage. Bien sûr, nous avons refusé. Tout cela n'a rien de spécifique à la guerre froide. Tous les diplomates sont exposés à ce genre de situations où qu'ils soient. » Et tous les hommes de pouvoir.

Il semble que le FSB – successeur du KGB – n'ait pas tout à fait perdu la main. En août 2009, Kyle Hatcher, diplomate américain en poste à Moscou, s'est laissé tenter par une prostituée travaillant pour le FSB. Les Russes ont ensuite tenté de le recruter en le faisant chanter, mais Hatcher a préféré informer sa hiérarchie. Par vengeance, le FSB a décidé de diffuser, sur le site Dailymotion, la vidéo de ses ébats, avec comme fond musical la bande originale du film *Emmanuelle*. Bien sûr, tous ses collègues du Département d'État américain ont pu la visionner ! Il est certain que la carrière du jeune homme est mal engagée…

Les services occidentaux s'accordent à dire que les Chinois détiennent désormais la palme de l'espionnage horizontal. Impression renforcée par le témoignage de transfuges chinois qui ne mâchent pas leurs mots. L'ex-consul chinois de Sydney en Australie, Chen Yonglin, qui a demandé l'asile politique, raconte ainsi comment un officiel australien, en visite en Chine, s'est fait piéger par une fille qui avait moins de 16 ans ! L'homme s'est retrouvé en prison. Effondré, il a aussitôt accepté de travailler comme agent d'influence pour le régime chinois dans les médias australiens. Un exemple à méditer… Un autre transfuge, Guangsheng Han, a fait, en 2005, les gros titres de la presse canadienne en demandant l'asile au Canada. Dans une interview au journal *Epoch Times*, il affirme que les hôtels chinois – y compris les propriétés de groupes occidentaux – sont remplis d'agents de renseignement chinois. Les hommes d'affaires qui y descendent doivent avoir conscience que leurs bagages seront fouillés et les documents qu'ils contiennent photocopiés [1].

Les avertissements répétés des services occidentaux suffisent-ils à éviter les pièges ? On peut en douter à la lumière du cas Ian Clement. Adjoint au maire de Londres au moment des Jeux olympiques de Pékin, Clement est envoyé par le gouvernement britannique pour négocier avec des sociétés chinoises, des contrats de sponsoring pour les JO de 2012 qui se tiendront à Londres. Comme tous les hauts cadres administratifs et du secteur privé, il assiste au fameux séminaire de prévention contre les pièges sexuels. « Honnêtement, avouera-t-il plus tard, je n'ai pas pensé une seule minute que cela pouvait m'arriver à moi ! » Sur place, pendant les Jeux, Clement rencontre une belle Chinoise lors d'une réception officielle. « Elle m'a donné sa carte et proposé d'aller boire un verre. » Après deux verres de vin au bar de son hôtel, Clement invite la fille dans sa chambre, et puis… il ne se souvient plus de rien. Le trou noir ! Quand il se réveille, tous ses documents sont dispersés dans la pièce, et la fille a disparu. La mémoire de son BlackBerry a été copiée. La première réaction de Clement est celle de nombreux hommes d'affaires : il n'en parle à personne, et

1. *Epoch Times*, 2 décembre 2009.

surtout pas à son patron. Ce n'est qu'en 2009 qu'il confie sa mésaventure au *Daily Mirror* [1], reconnaissant les dégâts provoqués par son imprudence : « Ce qu'elle a obtenu de moi, c'était des informations économiques sur l'organisation de la mairie, la préparation des Jeux à Londres et les contacts que nous avions pris auprès de sponsors potentiels à Pékin. » Malgré les séminaires dispensés par les services secrets britanniques, il est à craindre que la presse britannique ait encore l'occasion de rapporter de semblables épisodes dans les années à venir... Début 2010, un nouveau rapport du MI5 transmis à 200 grands patrons britanniques détaille les dangers de l'espionnage chinois et réitère les avertissements sur les pièges de nature sexuelle [2].

Ne soyons pas hypocrites, si les services chinois sont, à l'heure actuelle, les plus actifs dans l'usage de « pièges à miel », comme on les appelle entre professionnels, le procédé n'est pourtant pas inconnu des Occidentaux. Certains anciens du FBI en savent quelque chose...

Rencontres au sommet

Dans la hiérarchie des organisations économiques régionales, les États-Unis accordent une importance particulière à l'APEC, l'Alliance économique Asie-Pacifique, qui représente une part croissante de leurs

1. *Daily Mirror*, 29 novembre 2009.
2. David Leppard, « China Bugs and Burgles Britain », *The Sunday Times*, 31 janvier 2010.

échanges commerciaux. Une importance telle que la conférence APEC de 1993, organisée à Seattle, est l'occasion de mettre en place un dispositif très spécial...

Lorsqu'ils se rendent à un sommet international, les diplomates se doutent bien qu'ils risquent d'être écoutés par le pays hôte. C'est en quelque sorte une « tradition », qui remonte à loin. Le 25 avril 1945, San Francisco accueille la première session plénière des Nations unies, comme l'avait tant souhaité le président Roosevelt. Pour l'occasion, la ville tout entière est parée aux couleurs de fête par un producteur de Broadway. Les soirées glamour se succèdent. Mais pendant ce temps, tous les messages codés envoyés et reçus par les délégations étrangères sont interceptés auprès de la Western Union et des autres compagnies de télégraphe par l'armée américaine. Ils sont ensuite envoyés à Arlington, le QG des « casseurs de codes » qui ont, pendant la guerre, percé les secrets des communications nazies. Lors de la conférence de San Francisco, la Maison Blanche est donc informée heure par heure des intentions et opinions de chaque délégation [1]. Comment se priver de lire dans le jeu de ses adversaires, et même de ses alliés, quand on peut le faire impunément ? Pendant la guerre froide, et grâce au développement des moyens de communication, la National Security Agency (NSA) ne cessera plus d'enregistrer toutes les communications diplomatiques qu'elle peut

1. James Bamford, *Body of Secrets. Anatomy of the Ultra-Secret National Security Agency from the Cold War Through the Dawn of a New Century*, Doubleday, 2001.

capter. Avec la fin de la guerre froide, et avant l'émergence de la menace islamiste, les moyens d'espionnage américains reçoivent, sous Bill Clinton, une nouvelle feuille de route : ce dernier n'oublie pas qu'il a battu George Bush aux élections de 1992 sur le slogan *It's the Economy, Stupid !* (« C'est l'économie qui compte, imbécile ! »). Sa priorité est donc d'aider les États-Unis à conserver et à accentuer leur leadership dans la compétition économique internationale. Il se transforme donc en « président-VRP » et ordonne aux services secrets américains de se mettre au service des entreprises nationales.

C'est dans ce contexte qu'est organisée la conférence de l'APEC en novembre 1993. Fort logiquement, le FBI en charge de la sécurité intérieure reçoit mission de placer sous surveillance les délégations des quinze pays invités, en partenariat avec les services secrets de la marine, de l'armée de l'air et de la NSA. Des moyens spécifiques sont alloués pour renforcer le dispositif du bureau de Seattle. Compte tenu de l'ampleur de l'événement et du nombre de personnes à surveiller (plusieurs centaines), les appareils locaux se révèlent insuffisants. Les services centraux du Bureau fédéral se révèlent même incapables de satisfaire la demande. De ce fait, il est nécessaire de louer et d'acheter des centaines de caméras et de micros très sophistiqués auprès de grossistes, pour un budget qui avoisinera finalement 250 000 dollars. Même s'il sera toujours possible de nier avoir placé l'équipement, il faut à tout prix éviter le scandale pendant la conférence. Les responsables techniques exigent donc de n'utiliser que du matériel de pointe miniaturisé, sans fil, avec une autonomie d'une semaine puisque la conférence doit durer cinq jours. Les micros, dissimulés dans des lampes, doivent pouvoir être réorientés à distance pour capter même des conversations chuchotées ou couvertes par le bruit de la télévision. Tout cela n'est pas simple à organiser puisque la mission n'a pas d'existence officielle et doit laisser le moins possible de traces comptables. Il faut donc faire preuve de créativité, répartir les dépenses d'achats entre plusieurs agences, mais aussi faire régler une partie des locations par des agents à partir de leurs comptes personnels sur lesquels on leur fait déposer des sommes en liquide issues de caisses officieuses. Malgré ces précautions, l'opération laissera des traces… car certains agents du FBI chargés de négocier le matériel acceptent de toucher quelques milliers de dollars en dessous-de-table de la part des loueurs retenus ! Ils le justifieront par la suite lors d'une enquête interne comme une « compensation » pour les centaines d'heures supplémentaires non rémunérées sur cette mission.

Dans les semaines qui précèdent le sommet, les équipes du FBI travaillent dur pour installer leur matériel dans les hôtels du centre-ville, d'autant que les chambres ne restent pas vides très longtemps, entre le départ des clients, le passage des équipes de ménage et l'arrivée des nouveaux occupants. Comme il est impossible de faire autrement, les directeurs des hôtels sont informés que les chambres seront temporairement équipées de micros « pour la défense des intérêts nationaux », mais on ne leur parle pas de caméras pour ne pas les effrayer. Le FBI s'engage à tout démonter dans les deux semaines suivant la conférence. Les enregistrements audio seront transmis en temps réel à la NSA qui dispose d'équipes de traduction dans toutes les langues asiatiques. Les statuts de la NSA lui interdisent pourtant strictement d'effectuer la moindre écoute sur le sol américain… mais dans la mesure où les micros sont posés par le FBI, les apparences sont sauves !

Les responsables savent bien qu'une conférence comme celle-là mobilise des centaines de prostituées de haut vol. Des contacts discrets sont donc pris avec certains responsables d'agences d'escortes, à qui on tient le discours suivant : « Nous n'avons pas de problème avec votre business, le nôtre est d'obtenir un maximum d'informations des délégués étrangers. Nous voulons donc que vos "filles" ouvrent grandes leurs oreilles et, si elles sentent qu'un type est prêt à bavarder sur la conférence, elles l'y incitent adroitement. Si elles obtiennent des informations qui nous échappent, nous voulons que vous nous les transmettiez. En échange, vous ne serez pas inquiétés. »

La seule chose que n'ont pas prévue les cerveaux de l'opération, c'est qu'il n'y a pas que des call-girls pour visiter les chambres des négociateurs la nuit tombée… Dans le QG de l'opération, installé à proximité des hôtels, deux équipes d'une douzaine d'officiers du FBI se relaient chaque nuit pour surveiller en direct les « activités » enregistrées par les caméras de surveillance. Et dès la première nuit, ils découvrent que certains délégués batifolent avec des garçons visiblement mineurs ! Certains membres de l'équipe sont eux-mêmes pères de famille et s'indignent : ils veulent interpeller les clients pédophiles en flagrant délit, là, tout de suite ! Le ton monte très vite au sein du QG. Les responsables de l'opération refusent tout net ; cela pourrait faire tout capoter et créer un scandale néfaste pour les négociations. De toute façon, les coupables seraient immédiatement relâchés pour raisons diplomatiques. Les soirs suivants, les mêmes scènes se répètent avec de nouveaux garçons. Visiblement, au moins une agence d'escortes ne loue pas que les services d'adultes majeurs et vaccinés. Mais en s'associant avec les proxénètes, le FBI s'est interdit de les poursuivre. On imagine déjà les gros titres de la presse américaine si un proxénète venait raconter ses petits arrangements avec le FBI dans le cadre d'un procès public ! Ceux qui louent les adolescents le savent et en profitent…

L'affaire a laissé un goût amer aux équipes chargées de surveiller les folles nuits des délégués. Écœuré, un des agents a demandé sa mise à la retraite dans les mois suivants. Aujourd'hui, plusieurs de ses collègues ont quitté le service et s'accordent à dire qu'on leur a fait faire un « sale travail » qui n'avait rien à voir avec la sécurité nationale. Question de point de vue, sans doute. La pratique n'a pas disparu depuis cette conférence. Il a en revanche été jugé que le FBI n'avait pas la « culture » pour réaliser de telles opérations. Ce sont donc d'autres agences qui en sont chargées, telles que la Defense Intelligence Agency (DIA) qui fait elle-même appel à des prestataires privés. Avantage ? À la différence de la CIA et du FBI, la DIA, qui dépend du Pentagone, ne rend pas de comptes au peuple américain. La commission du renseignement du Sénat peut toujours interroger ses responsables et réclamer des archives… Elle n'obtiendra rien.

Dans le nouveau jeu des affaires mondiales, y a-t-il encore des innocents ? Si tel est le cas, ils restent bien cachés. Certes, d'un pays à l'autre, les méthodes changent d'échelle, mais en France, où l'on a toujours valorisé la galanterie, il serait bien imprudent de prétendre que l'on n'a jamais recours à l'espionnage horizontal pour défendre nos intérêts économiques. Tout au plus peut-on diagnostiquer des moyens bien plus artisanaux que chez nos amis américains…

Il est possible de se faire une idée en assistant, en novembre 2005, à une audience du tribunal correctionnel de Paris, pendant laquelle se règlent de vieux comptes entre les groupes Thomson-CSF et Matra-Hachette. Les anciens dirigeants de Thomson, Alain Gomez en tête, sont poursuivis pour avoir tenté de déstabiliser le groupe Matra (aujourd'hui Lagardère) entre 1993 et 1996, dans le cadre de la désormais célèbre affaire des « frégates de Taïwan », appellation qui désigne improprement plusieurs ventes de matériels militaires.

En 1989, la république taïwanaise décide de moderniser une partie de son arsenal, peut-être effrayée par le durcissement du régime chinois « continental » face aux manifestants de Tiananmen. Tous les industriels en salivent d'avance. Taïwan est riche et paye rubis sur l'ongle, à la différence de bien des clients du tiers-monde. Dès l'annonce des projets taïwanais, les VRP français s'envolent pour l'île et en reviennent tout excités. Les Asiatiques veulent acheter pour au moins 100 milliards de francs de frégates, avions de combat, missiles et systèmes de communication ! L'occasion est d'autant plus belle que les États-Unis privilégient alors leur rapprochement avec la Chine, et interdisent à leurs industriels de répondre à l'appel. En France, les choses sont plus compliquées : le ministère de la Défense encourage les quatre champions nationaux concernés, Thomson, Dassault, Matra et Aérospatiale. Mais le ministère des Affaires étrangères, dirigé par Roland Dumas, reste réticent par crainte de froisser la Chine. Le Premier ministre, Michel Rocard, penche plutôt pour la vente aux Taïwanais, tandis que François Mitterrand, fidèle à lui-même, reste énigmatique.

Pendant ce temps, les groupes français se présentent à Taïwan en ordre dispersé et commencent à se « tirer dans les pattes », en bons Gaulois. Thomson obtient assez vite une intention de commande pour six frégates, à 2,5 milliards de francs pièce. Mais le projet est finalement retoqué par François Mitterrand, sous la pression de Roland Dumas. C'est à ce moment que Thomson fait appel à Alfred Sirven, l'éminence grise d'Elf, société bien placée pour défendre ses intérêts auprès des Affaires étrangères, comme on l'a vu [1]. Parallèlement, un homme d'affaires chinois est appelé à la rescousse pour adoucir l'hostilité de la Chine continentale à la vente de frégates aux Taïwanais : un certain Edmond Kwan, un intermédiaire comme nous en avons déjà croisé. Le projet de contrat finira par être débloqué en août 1991. Dans la foulée, Dassault vendra à Taïwan soixante avions de chasse Mirage 2000, et Matra un

1. Voir le chapitre 7 : « Les intérêts supérieurs de l'État ».

millier de missiles Mica (à lui seul, ce marché serait de 12 milliards de francs). Le total des ventes françaises représente environ 60 milliards de francs, avant que le gouvernement Balladur ne mette un terme aux opérations en 1994.

Dans le contexte de concurrence internationale, les entreprises françaises ont conscience que le secteur va devoir se restructurer : on ne peut continuer à démarcher les clients en ordre dispersé quand les Américains s'organisent sous l'égide de Washington. Chacun manœuvre donc pour que les regroupements à venir lui soient le plus favorables possible. Or la période est délicate pour Jean-Luc Lagardère qui vient de connaître de graves déboires avec la faillite de sa chaîne de télévision, La Cinq. Pour sauver Hachette, son groupe de communication, il décide de le fusionner avec Matra à la fin 1992. Mais au printemps 1993, il doit faire face à une fronde judiciaire de petits actionnaires du nouveau groupe Matra-Hachette. Ceux-ci font valoir que la vente de missiles Mica à Taïwan, pourtant conclue en 1992, ne figure pas dans les comptes de cet exercice, ce qui minore la valeur de Matra par rapport à Hachette ! Donc, leurs nouvelles actions Matra-Hachette valent bien moins que ce que pèseraient les anciennes actions Matra si le groupe n'avait pas fusionné. Pourtant, du point de vue de la Commission des opérations en Bourse et du tribunal de commerce, il n'y a pas eu fraude : lors de l'établissement des comptes de l'année 1992, la vente était couverte par le secret-défense, donc pas question de l'annoncer aux marchés boursiers ! La guérilla juridique des petits porteurs n'aboutira pas. Mais pendant quelques années, elle empoisonne la vie des dirigeants de Matra-Hachette.

Et justement, ceux-ci se persuadent assez vite que ce harcèlement judiciaire contre eux n'a rien de spontané. En effet, les petits actionnaires ont confié la défense de leurs intérêts à un homme d'affaires installé en Californie, William Lee, et à sa société Global Proxy Services Corp [1]. D'origine asiatique, ce fils d'un ingénieur ayant fait sa carrière chez l'avionneur américain Lockheed a lui-même travaillé au Département d'État américain avant de se reconvertir comme avocat d'affaires, étant beaucoup en relation avec des pays producteurs de pétrole. En 1986, il est nommé à la tête du bureau parisien de son cabinet d'avocats, et a notamment pour client le groupe Thomson. En 1992, il démissionne sans motif apparent et fonde sa propre société de conseils juridiques et fiscaux à Hong Kong, tout en continuant à travailler à Paris pour le compte de Kroll, la principale agence américaine d'intelligence économique. Or, c'est précisément à cette période qu'il se met à consacrer beaucoup de temps, sans rémunération officielle, au harcèlement de Matra-Hachette devant la justice française. Reconnaissons qu'on serait méfiant pour moins que ça ! L'état-major de Jean-Luc Lagardère soupçonne d'abord la CIA d'être à la manœuvre, mais après quelques années de

1. Pour les détails biographiques sur William Lee et son rôle dans l'affrontement Matra/Thomson, voir Guillaume Dasquié, *Secrètes affaires. Les services secrets infiltrent les entreprises*, Flammarion, 1997.

procédure, sa conviction est faite : ce n'est pas un coup des Américains mais de Thomson !

Dès 1993, le groupe a saisi la DST de l'affaire. La liaison est assurée par le numéro 3 du groupe à l'époque, Jean-Louis Gergorin, grand connaisseur des arcanes des services français où il compte beaucoup d'amis. La DST enquête d'abord seule, puis en tandem avec la DGSE. Selon les notes de la DST, qui sont lues à l'audience en 2005, « M. Lee a joué un rôle moteur et clandestin dans le cadre de la campagne de déstabilisation de Matra », et ce, pour le compte de Thomson, ce qu'Alain Gomez viendra énergiquement démentir à la barre. L'audience révèle aussi que Jean-Louis Gergorin, directeur de la stratégie de Matra, a versé 300 000 francs en liquide à ses contacts de la DST, pour financer son enquête et notamment la rémunération d'un informateur. Le cofinancement de l'enquête peut surprendre, mais il n'est pas inédit, en France comme aux États-Unis, quand il s'agit des intérêts d'un champion économique national. Il gagnerait toutefois à être... codifié.

Mais la plus grande révélation du procès vient d'un témoin produit par la défense de William Lee, en la personne de son ancienne secrétaire. L'équipe de la DST chargée d'enquêter sur Lee a cherché le maillon faible de son entourage. Et son attention s'est classiquement portée sur la secrétaire de l'homme d'affaires, Florence D. Ce qui est moins classique, en revanche, c'est qu'un des enquêteurs, n'écoutant sans doute que son sens du devoir, a entrepris de séduire la jeune femme, devenant son amant, d'octobre 1994 à juin 1995. Une relation intéressée que l'ancienne secrétaire de William Lee a violemment dénoncée à la barre : « Il me demandait des informations sur M. Lee. Puis il me téléphonait tard le soir. Il venait pour avoir des relations sexuelles. Il me faisait miroiter un travail que je n'ai jamais eu. J'ai le sentiment de m'être prostituée. »

La fin justifie-t-elle les moyens ? Interrogé sur cette affaire, un ancien commissaire de la DST, reconverti comme tant d'autres dans l'intelligence économique, défend mollement ses anciens collègues : « Certes, ce n'est pas très régulier, surtout si la secrétaire en question était une ressortissante française, mais il n'y avait peut-être pas d'autre moyen… » ; tout en reconnaissant : « Je n'aurais jamais donné une telle instruction. Il s'agit vraisemblablement d'une initiative personnelle que la hiérarchie a ensuite "couverte", voyant tout le profit que l'on pouvait en tirer. Il est déjà arrivé que nous soyons contactés par des hauts fonctionnaires ou des cadres dirigeants en situation de recueillir des informations sensibles pour la défense des intérêts nationaux, dans le cadre d'une relation intime… On ne peut pas se permettre d'ignorer ces opportunités. » L'ex-commissaire fait visiblement allusion à une affaire déjà devenue un cas d'école, celle d'une tentative d'espionnage de la CIA en France à la veille des négociations du GATT en 1993. Un membre du Conseil d'État, devenu conseiller du Premier ministre, s'était alors laissé séduire par une espionne américaine, en plein accord avec la DST, afin de fournir aux Américains de fausses informations sur les futures positions françaises lors des négociations [1]. La manœuvre avait fonctionné au-delà de toute espérance et le ministre de l'Intérieur, Charles Pasqua, avait ensuite fait « fuiter » l'affaire dans la presse, provoquant le renvoi de l'équipe de la CIA.

Fuites à haut niveau

Les Français n'ont pourtant pas toujours le beau rôle dans ces affaires. Les cadres dirigeants des grands groupes d'armement de l'Hexagone sont fréquemment « ciblés » lors de leurs déplacements. Une femme qui en a côtoyé plusieurs de près s'en amuse : « Vu leur position très élevée dans l'état-major, ils ont tous plus de 50 ans. Beaucoup sont divorcés, soumis à une charge de travail considérable, pris dans des jeux politiques complexes... Bref, ils connaissent très bien les dangers auxquels ils s'exposent lors de leurs déplacements. Et pourtant... beaucoup ne sont plus des Apollon du Belvédère. Quand une belle Chinoise de 25 ou 30 ans s'intéresse à eux, ils craignent sans doute de laisser passer une de leurs dernières chances de vivre une belle histoire. Même en cas de doute sur les intentions de la belle, ils se croient sans doute capables de ne rien lui lâcher. Ce en quoi ils se trompent : un simple téléphone peut livrer des infos cruciales qui feront beaucoup de dégâts. » *A fortiori*, si on transporte avec soi des dossiers confidentiels, le risque devient majeur.

1. Voir Yvonnick Denoël, *Le Livre noir de la CIA. Les archives dévoilées*, Nouveau Monde éditions, 2007.

Illustration avec une affaire qui a récemment ébranlé l'état-major d'EADS, mais qui a été gérée dans la plus grande discrétion. L'homme figure en position éminente dans l'organigramme du groupe. Ancien des cabinets ministériels et de Matignon, c'est l'un des plus beaux carnets d'adresses du secteur, par ailleurs membre d'un important cercle de réflexion géopolitique. En ce mois de mars 2009, son sort est pourtant en balance lors d'un comité directeur exceptionnel. Les faits qui lui sont reprochés ne sont pas minces. Tout d'abord, ce haut dirigeant s'est choisi, depuis quelques mois, une compagne chinoise que la direction de la sécurité du groupe considère comme un problème. Il faut dire que l'on se montre, dans ce service, un poil nerveux sur tout ce qui est chinois. Il y a quelques années, des bureaux d'EADS en Chine ont été cambriolés, et les ordinateurs piratés. Les visiteurs n'ont pas hésité à abattre un gardien chinois en prenant la fuite !

Bien sûr, il ne sera jamais possible de prouver l'appartenance de la jeune maîtresse aux services secrets chinois, mais sa nationalité, et le simple fait qu'elle l'accompagne dans ses déplacements professionnels à l'étranger, suscitent un malaise chez nombre des collègues de notre homme. Ce personnage controversé au sein du groupe a aussi des soutiens, des réseaux, et il ne se laisse pas facilement intimider sur ce qu'il considère comme une ingérence dans sa vie privée. Il a donc choisi d'ignorer les discrets avertissements qu'on lui a prodigués.

Mais surtout, c'est un voyage à Moscou qui fait basculer l'affaire. La DGSE alerte la direction de la sécurité d'EADS : les agents en poste dans la capitale russe ont mis la main sur une importante documentation technique directement copiée à partir d'un classeur emporté par le dirigeant ! L'émotion est vive, quand on connaît l'intense compétition mondiale dans les domaines concernés. Les informations de la DGSE sont accablantes, d'autant plus qu'elle évite habituellement de s'impliquer dans les affrontements politiques entre clans qui pourrissent le fonctionnement quotidien d'EADS. Cette fois-ci le couperet tombe, sans possibilité d'appel : l'imprudent sinophile perd son habilitation « secret-défense » ! En clair, cela signifie qu'il n'a plus accès aux informations les plus sensibles du groupe, ni à certaines salles de réunion sécurisées. Il doit quitter le troisième étage du siège, sanctuaire des plus hauts dirigeants, pour descendre au second. Il ne sera plus en mesure de diriger ses équipes. La sanction est rare, mais pas inédite, comme nous l'explique un bon observateur : « D'autres cadres du groupe ont carrément subi des refus d'habilitation en raison de doutes trop importants à leur sujet. Une Américaine s'est vu refuser l'accès aux centres de recherches du groupe car on la jugeait trop proche des services secrets américains. Sa carrière s'en est trouvée bloquée. Mais elle est loin d'être la seule. » Pour un dirigeant de haut niveau, le retrait d'habilitation ne comporte pas de sanction pécuniaire ni pénale, mais c'est un véritable camouflet. Une décision lourde, qui n'a pas pu être prise sans l'accord des autorités de tutelle. Il est préférable pour tout le monde de laver son linge sale dans la discrétion. L'intéressé a fini par récupérer son accréditation après six mois de purgatoire, mais n'est pas revenu en grâce pour autant. Selon nos informations, au moment de rédiger ces lignes, il était en train de négocier son départ.

Affaires de famille

Les tentatives de manipulations et de déstabilisations entre États sont imitées par les « grands fauves » du CAC 40 à leur échelle. Les journalistes économiques le savent bien, eux à qui l'on chuchote parfois, en passant, tel ou tel « ragot » bien croustillant sur l'ennemi juré du groupe. L'obsession de la courtisane, « payée pour recueillir les secrets stratégiques du groupe sur l'oreiller du président », est bien présente chez les collaborateurs de certains grands patrons connus pour leur activisme sexuel. Mais comment empêcher un homme amoureux de faire des bêtises, *a fortiori* s'il a l'âge d'être grand-père ?

La rumeur s'est répandue comme une traînée de poudre au sein du groupe mondial de communication News Corp., propriétaire de 175 journaux dans le monde, des studios 20th Century Fox, du réseau télévisuel Fox TV, du groupe d'édition Harper Collins, etc. Une espionne chinoise a « mis le grappin » sur Rupert Murdoch ! Pour elle, il divorce de sa seconde femme après trente-deux ans de mariage. Imaginez un peu, Fox News, la très droitière chaîne d'informations américaine en continu, pourrait devenir un jour la propriété de la Chine communiste ! En juin 1998, alors en visite dans ses bureaux de Pékin, Rupert Murdoch tombe sous le charme de sa traductrice, une jeune employée chinoise nommée

Wendi Deng. Pour elle, il va divorcer à 70 ans, l'épousant dix-sept jours plus tard. Ce qui s'appelle un coup de foudre. Évidemment, les quatre enfants de Rupert Murdoch ne voient pas cela d'un très bon œil, eux qui sont censés se partager l'empire familial, estimé à 13 milliards de dollars, à la mort du patriarche. Et si leur père allait faire un autre enfant avec cette Chinoise ? Eh bien, il lui fera carrément deux petites filles : Grace (née en 2001) et Chloe (née en 2003) ! Le calcul est simple : si Rupert disparaît, Wendi Deng devient tout naturellement la régente d'un tiers des parts du groupe Murdoch… Comment ne pas imaginer un dessein diabolique derrière cette union ? Pour en avoir le cœur net, on fait discrètement enquêter sur le passé de la jeune femme, avant de faire sortir les résultats dans le *Wall Street Journal* [1]. Les premières conclusions nourrissent les inquiétudes. On découvre que dès l'âge de 18 ans, alors étudiante, elle manifeste déjà un goût prononcé pour les Américains d'âge mûr. Suivant des cours de conversation anglaise avec la femme d'un ingénieur américain, elle devient vite la maîtresse de son mari quinquagénaire. Lorsque l'épouse retourne en Californie, le mari lui demande d'obtenir un visa pour Wendi qui veut étudier aux États-Unis. La jeune femme sera hébergée par le couple en 1988, avant que l'épouse ne découvre dans les affaires de son mari des photos dénudées de l'étudiante, prises pendant leur liaison en Chine. Elle met dehors la traîtresse et demande le divorce. Wendi a 21 ans, son amant 53. Ils se marient. Mais quelques mois plus

1. *The Wall Street Journal*, 1er novembre 2000.

tard, l'ingénieur apprend que sa nouvelle épouse le trompe avec un jeune homme d'affaires américain travaillant avec la Chine. Une procédure de divorce est entamée. Entre-temps, la jeune femme aura été mariée juste assez longtemps pour obtenir la fameuse « carte verte » qui permet de séjourner aux États-Unis. Elle accomplit de brillantes études, et décroche en 1997 un MBA (Master of Business Administration) de la prestigieuse université Yale. Elle est acceptée en stage dans les bureaux chinois de Star TV, le bouquet satellite du groupe Murdoch en Asie. Là, sa séduction fait merveille. Bien que chinoise, elle n'affiche pas la réserve de ses compatriotes, mais participe à tous les débats comme une Américaine. Avant même que le président ne la remarque, les cadres du groupe qui la côtoient sont subjugués. Et puis vient la rencontre avec le vieux lion des médias.

Parcours d'une intrigante ou conte de fées moderne ? Roger Faligot, qui a publié une histoire des services secrets chinois [1], est sans doute le meilleur connaisseur de cette nébuleuse. Selon lui, « il est tout à fait possible que Wendi Deng soit une espionne agissant pour le compte de la Chine, mais cela restera impossible à prouver ! » On peut toutefois se demander si le machiavélique Rupert Murdoch serait tombé si facilement dans un tel filet… Peut-être y a-t-il une autre explication à cette étrange alliance. En effet, la Chine et ses 380 millions de foyers équipés en téléviseurs est depuis les années 1980 une

1. Roger Faligot, *Les Services secrets chinois. De Mao aux JO*, Nouveau Monde éditions, 2008.

véritable obsession pour le groupe Murdoch qui y a investi des sommes considérables… avec un succès des plus limités. Selon le journaliste Bruce Dover, qui a consacré un livre entier aux « aventures chinoises de Rupert Murdoch [1] », toutes ses opérations « pré-Wendi » ont été lourdement déficitaires. Il faut dire que Rupert a commencé par gaffer en expliquant, lors d'une conférence en 1993, que le progrès des technologies de la communication allait s'avérer une menace mortelle pour les régimes totalitaires, où qu'ils soient. Pas forcément la meilleure position à prendre quand on vient d'acheter à prix d'or un réseau chinois de télévision par satellite. En réponse à ce discours, Pékin décide d'interdire la vente de paraboles ! Pour se rattraper, Murdoch dont on connaît les solides convictions anticommunistes, entame une campagne de raccommodement qui va en choquer plus d'un. Il supprime la BBC, et ses émissions trop critiques envers la Chine, de l'offre diffusée par son bouquet Star TV. Il annule à la dernière minute la publication, par son groupe d'édition, des Mémoires de Chris Patten, dernier gouverneur britannique de Hong Kong, et offre une avance considérable à la fille de Deng Xiaoping pour qu'elle publie chez lui une biographie complaisante de son père. Il bricole un projet de joint-venture baroque entre le *Times* londonien et *Le Quotidien du Peuple*. Il accepte la proposition d'un producteur chinois, Liu Changle, de financer une chaîne de

1. Bruce Dover, *Rupert Murdoch's China Adventures. How the World's Most Powerful Media Mogul Lost a Fortune and Found a Wife*, Tuttle Publishing, 2008.

télévision populaire en partenariat avec la télévision d'État, la CCTV. *De facto*, les équipes de Fox TV vont apprendre aux Chinois à produire des talk-shows et émissions de variétés à l'occidentale, avec l'argent du groupe Murdoch. Malgré l'incroyable succès de la nouvelle chaîne, baptisée Phoenix, celle-ci perd 53 millions de dollars pendant les trois premières années... entièrement à la charge du groupe Murdoch. Or, jusqu'en 1998, rien de tout cela ne lui permet de revenir complètement en grâce. Dix ans après son entrée en Chine, l'homme que les chefs d'État occidentaux courtisent et redoutent est toujours boudé par les sommets de l'État chinois.

Et puis, dans les semaines suivant son remariage, voici que Wendi, en épouse dévouée, se démène pour promouvoir les activités Internet du groupe dans son pays. Elle obtient, pour elle et son mari, une entrevue avec le président Jiang Zemin fin 1998 ! Entrevue qui va permettre à Murdoch d'entrer dans le tour de table de l'opérateur China Netcom, une société créée par le fils du président chinois, Jiang Mianheng, un garçon que Wendi semble d'ailleurs bien connaître. Peut-être une connaissance des années de fac ? En tout cas, c'est plutôt pas mal joué pour une jeune femme de 30 ans qui n'était quelques mois plus tôt qu'une étudiante, certes brillante... Alors, espionne, Wendi ? Sans nous prononcer sur sa trajectoire, disons plutôt qu'elle joue un rôle d'ambassadrice de charme entre deux superpuissances qui trouvent intérêt à s'entendre. Pour les dirigeants chinois, la position stratégique de leur compatriote est une garantie de pérennité de l'alliance entre Murdoch et la Chine. Quant à Rupert, son audace matrimoniale semble enfin lui donner les clés du plus grand marché lui restant à conquérir pour parachever la construction de son groupe. Au Moyen Âge et à l'époque moderne, les mariages princiers et les remariages royaux n'étaient-ils pas déjà, avant tout, affaire de diplomatie et de business ?

Le clan Murdoch a eu bien du mal à digérer l'affaire Wendi, qui l'a déchiré jusqu'en 2006. Cette année-là, Rupert décide d'arbitrer enfin le débat entre ses enfants qui refusent que leurs demi-sœurs reçoivent la même part qu'eux de l'héritage, et Wendi qui le harcèle pour que leurs filles deviennent enfin ses héritières de plein droit. Courageux, mais pas téméraire, Murdoch décide d'annoncer sa décision publiquement, lors d'une interview télévisée, manière de s'interdire tout revirement sous la pression des uns et des autres. Il explique que chaque enfant recevra une part égale d'héritage, mais que les deux dernières-nées ne bénéficieront pas des droits de vote afférents. Personne n'est lésé financièrement mais le pouvoir demeure au sein de la famille. La décision ne ravit pas ses enfants adultes, mais elle constitue pour eux un compromis acceptable. Il n'en va pas de même pour Wendi, furieuse de se voir privée du pouvoir. Selon plusieurs sources, le couple traverse alors quelques mois d'orage [1]. Et puis la belle se fait une raison. Il y a pire destin que le sien. Le vieux renard a rassuré ses troupes, il n'est pas encore tout à fait gâteux.

1. Michael Wolff, « Murdoch, the Secrets of his Succession », *Vanity Fair*, décembre 2008.

Exceptionnelle cette histoire ? Pas tant que cela. À un certain niveau de patrimoine, la vie sexuelle du patriarche, mais aussi de ses enfants, n'a plus rien de personnel dans la mesure où elle peut affecter les règles de succession et d'héritage. Aux dires d'un agent de recherches privées, qui a eu plusieurs dossiers « sensibles » à traiter, certains patrons du CAC 40 n'hésitent pas à faire enquêter sur les fréquentations amoureuses de leurs enfants pourtant majeurs : « Oui, nous intervenons parfois en toute discrétion sur des problématiques liées à l'environnement des enfants de grands patrons. Il faut les comprendre, leurs enfants sont une faiblesse majeure de leur cuirasse. Avant d'accueillir un ou une petit(e) ami(e) dans leur intimité, ils ont besoin d'être certains qu'ils n'ont pas affaire à des coureurs de dot ou à des gens malsains. Le besoin de se rebeller contre l'autorité parentale peut conduire une adolescente à se jeter dans les bras d'un beau toxico, ou pire. Dans ces cas-là, notre travail est d'informer, nous n'allons pas plus loin… » Il faut croire que les stratégies sociales visant à favoriser les rencontres de jeunes gens « du même monde », notamment grâce à l'organisation de « rallyes », ne sont pas efficaces à 100 %. Et tant pis si, à l'occasion, ce genre d'espionnage provoque des drames familiaux. Récemment, un grand patron français, connu pour avoir plusieurs collaborateurs homosexuels, a reçu le choc de sa vie en découvrant que son fils préférait les garçons. Il a révélé à cette occasion une face bien moins tolérante de sa personnalité, obligeant ce dernier à s'afficher régulièrement dans Paris au bras d'une amie…

Conclusion

Qu'est-ce qui fait courir nos *businessmen* ? On pourrait se le demander à la lecture des histoires rassemblées ici. Bien sûr, il faut se garder de toute généralisation abusive : oui, il existe des hommes de pouvoir qui mènent une vie réglée comme du papier à musique, sans jamais dévier d'une vie de famille ou de célibat sans histoire. Il y en a aussi qui, après quelques décennies de vie « dissolue », finissent par trouver le grand amour et se rangent définitivement (souvent, d'ailleurs, après avoir quitté leurs plus hautes fonctions). Mais, il faut bien l'avouer, nous sortons de cette enquête convaincu que bon nombre de nos élites économiques vivent dans une véritable obsession. Un tropisme sexuel nettement au-dessus de la moyenne, et qui a partie liée avec le pouvoir hors du commun qu'ils exercent. De ce point de vue, il y a une certaine continuité entre politiques et grands patrons.

L'accès au sexe facile est depuis toujours un privilège du pouvoir politique. L'émergence de grandes puissances économiques indépendantes des États, dans la seconde moitié du XXe siècle, a élargi ce privilège régalien au secteur privé. Avantage en nature de la fonction ? Divertissement hors du commun pour ego surdimensionnés ? Besoin de réaffirmer au quotidien ses capacités de séduction ? Sans doute toutes ces explications sont-elles valables, mais elles ne suffisent pas à expliquer la frénésie sexuelle qui agite certains en coulisses. La soif de pouvoir semble indissociable de l'hyperactivité sexuelle. À vrai dire, peu s'en étonnent ou s'en indignent, mais cela doit rester caché du public, au moins dans les sociétés occidentales.

Dès lors, les entourages deviennent pragmatiques. Satisfaire les besoins de leurs présidents revient à libérer un peu de leur temps, précieux pour le groupe, puisqu'ils peuvent aller « droit au but » sans se perdre en marivaudages inutiles. Comme le remarque une call-girl, « la "superwoman", les nouveaux mecs n'en veulent à aucun prix. La "superpute", intelligente, cultivée, en revanche, elle, n'a pas de prix. Ça rassure. Ça n'engage à rien. Ça permet d'être attentif et gentil sans redouter les appels dégoulinants de tendresse esseulée du lendemain matin. Là, c'est donnant-donnant. Merci et au plaisir ! »

Au début de la présidence Kennedy, en 1960, le journaliste américain Ted Sorensen annonçait : « L'administration Kennedy va faire pour le sexe ce que l'administration Eisenhower a fait pour le golf » (le président Eisenhower était célèbre pour ne pas passer un seul jour sans réaliser un petit parcours). L'histoire lui a donné raison. Aujourd'hui, les présidents de grandes sociétés bénéficient des mêmes privilèges que Kennedy : ils peuvent faire à peu près ce qu'ils veulent en toute tranquillité, sans crainte d'être découverts, alors que les leaders politiques n'ont plus de secrets pour leurs électeurs. Une nuance que n'a pas comprise un Silvio Berlusconi, passant de l'entreprise à la politique sans rien changer à ses petites habitudes. Cette « kennedisation » des grands patrons, qui marque la montée en puissance des multinationales, est bien agréable pour les intéressés, mais elle comporte des risques. Dangers d'éclaboussures en cas de dérapages du type mort violente d'un(e) partenaire – finalement assez rares –, mais surtout, menaces pour la sécurité de l'entreprise, risques de fuites dévastatrices, voire de décisions imposées par un contexte passionnel. À quoi bon dépenser plusieurs millions d'euros par an pour assurer la sécurité de son groupe si l'on ne se soumet pas soi-même aux règles élémentaires de précaution dans sa propre vie privée ? C'est une question que vont devoir traiter les conseils d'administration dans les années qui viennent, fût-ce en devenant indiscrets envers les dirigeants qu'ils ont nommés.

Cette vulnérabilité – parfois majeure – chez certains de nos grands patrons, témoigne peut-être aussi d'une paradoxale fragilité : la peur de déchoir. Une hypothèse avancée par une experte, Christine Deviers-Joncour, à qui nous laissons volontiers le dernier mot (provisoire ?) de cette histoire : « Pendant toute cette période où j'ai travaillé chez Elf-Aquitaine, je fus entourée d'hommes à tiroirs. [...] Un singulier manque de confiance en eux leur fait cumuler les maîtresses. Et, s'ils cumulent aussi les mandats, c'est qu'ils ne pourraient se réadapter à la vie "normale". Ils sont "accros" aux affaires.

Arrêter, ce serait tomber du balcon. Ils ont perdu le sens des réalités. Les croit-on morts ? Ils reviennent. Pourquoi ? C'est simple : s'ils perdent ce pouvoir-là – contrairement à une femme qui retombe sur ses responsabilités familiales, ses obligations, et reprend équilibre –, ils ne sont plus rien [1]. »

1. Christine Deviers-Joncour, *op. cit.*

Table des matières

Composition : Facompo, Lisieux
à Lisieux, Calvados

Imprimé en France par

MAURY-IMPRIMEUR
à Malesherbes (Loiret)
en janvier 2011

POCKET – 12, avenue d'Italie - 75627 Paris cedex 13

N° d'impression : 161835
Dépôt légal : février 2011
S20888/01